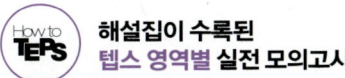

해설집이 수록된
텝스 영역별 실전 모의고사

텝스 어휘 기출분석
실전 10회

How to TEPS 텝스 어휘 기출 분석 실전 10회

지은이 양준희
펴낸이 안용백
펴낸곳 (주)넥서스

초판 1쇄 발행 2009년 1월 20일
초판 2쇄 발행 2009년 1월 25일

2판 1쇄 발행 2011년 2월 10일
2판 2쇄 발행 2011년 2월 15일

3판 1쇄 인쇄 2016년 1월 15일
3판 1쇄 발행 2016년 1월 20일

출판신고 1992년 4월 3일 제311-2002-2호
04044 서울특별시 마포구 양화로 8길 24
Tel (02)330-5500 Fax (02)330-5555

ISBN 979-11-5752-647-5 13740
      979-11-5752-643-7 13740 (SET)

저자와 출판사의 허락없이 내용의 일부를 인용하거나
발췌하는 것을 금합니다.

가격은 뒤표지에 있습니다.
잘못 만들어진 책은 구입처에서 바꾸어 드립니다.

본 책은 〈How to TEPS 시험 직전 리얼 어휘〉의 개정판입니다.

www.nexusbook.com

**해설집이 수록된
텝스 영역별 실전 모의고사**

텝스 어휘 기출분석 실전 10회

텝스 고득점을 보장하는 영역별 모의고사

양준희 지음

PREFACE

넥서스 〈How to TEPS 텝스 기출 분석〉 시리즈로 독자 여러분을 만나 뵙게 되어 매우 반갑습니다. 1999년 1월 처음 시행된 이래 이제 한국의 대표적인 영어능력평가시험으로 자리매김한 TEPS는 실용영어능력시험으로 특히 한국인의 영어 능력을 평가하는 데 있어 신뢰를 받고 있습니다.

특히 TEPS의 어휘 영역에서는 단어의 구어적인 쓰임뿐만 아니라 2차, 3차적인 의미를 알아야만 풀 수 있는 문제가 많이 등장합니다. 즉, 단순히 해당 단어에 대응하는 우리말 단어를 찾는 것이 아니라 그 단어가 쓰이는 상황이나 맥락에 대한 감각을 갖추고 있어야 제대로 문제를 풀 수 있습니다. 이를테면, 혼동 어휘 출제에 있어서도 의미상의 혼동, 즉 뉘앙스의 차이를 구별할 수 있느냐에 초점이 맞춰져 다른 영어 시험들과 차별화되어 있습니다.

이와 같이 TEPS, 그중에서도 특히 어휘 부문의 특징을 고려하여 최단 시간에 최고의 효과를 올리고자 하는 많은 수험생들의 목표에 부합할 수 있도록 본서를 집필했습니다. 영어를 공부하는 학생들이 항상 토로하는 바와 같이 어휘 학습의 가장 큰 어려움은 그 양의 방대함에 있을 것입니다. 하지만 길이 없는 것은 아닙니다. TEPS 출제 어휘의 80%를 차지하는 빈출 어휘 20%만 제대로 알아두면 되는 80/20원칙이 있기 때문입니다. 이번 집필의 기본 원칙 역시 이러한 80/20원칙을 토대로 TEPS에서 자주 출제되는 단어들을 선별해 이것만 확실하게 이해하면 최소한의 노력으로 고득점을 받으실 수 있도록 구성했습니다.

아무쪼록 TEPS 수험생은 물론 일반 학습자들의 영어학습에 많은 보탬이 되기를 진심으로 바랍니다.

양준희

CONTENTS

Preface 5
TEPS Q & A 8
All about the TEPS 10

정답 및 해설

ACTUAL TEST 1 20

ACTUAL TEST 2 34

ACTUAL TEST 3 48

ACTUAL TEST 4 62

ACTUAL TEST 5 76

ACTUAL TEST 6	90
ACTUAL TEST 7	104
ACTUAL TEST 8	118
ACTUAL TEST 9	132
ACTUAL TEST 10	146
i-TEPS Review	160
TEPS 등급표	162

TEPS Q & A

1. TEPS란?

❶ Test of English Proficiency developed by Seoul National University의 약자로 서울대학교 언어교육원에서 개발하고, TEPS관리위원회에서 주관하는 국가공인 영어시험
❷ 1999년 1월 처음 시행 이후 연 12~16회 실시
❸ 정부기관 및 기업의 직원 채용, 인사고과, 해외 파견 근무자 선발과 더불어 대학과 특목고 입학 및 졸업 자격 요건, 국가고시 및 자격 시험의 영어 대체 시험으로 활용
❹ 100여 명의 국내외 유수 대학의 최고 수준 영어 전문가들이 출제하고, 언어 테스팅 분야의 세계적인 권위자인 Bachman 교수(미국 UCLA)와 Oller 교수(미국 뉴멕시코대)로부터 타당성을 검증받음
❺ 말하기 – 쓰기 시험인 TEPS Speaking & Writing도 별도 실시 중이며, 2009년 10월부터 이를 통합한 *i*-TEPS 실시

2. TEPS 시험 구성

영역	Part별 내용	문항수	시간/배점
청해 Listening Comprehension	Part I : 문장 하나를 듣고 이어질 대화 고르기 Part II : 3문장의 대화를 듣고 이어질 대화 고르기 Part III : 6~8 문장의 대화를 듣고 질문에 해당하는 답 고르기 Part IV : 담화문의 내용을 듣고 질문에 해당하는 답 고르기	15 15 15 15	55분 400점
문법 Grammar	Part I : 대화문의 빈칸에 적절한 표현 고르기 Part II : 문장의 빈칸에 적절한 표현 고르기 Part III : 대화에서 어법상 틀리거나 어색한 부분 고르기 Part IV : 단문에서 문법상 틀리거나 어색한 부분 고르기	20 20 5 5	25분 100점
어휘 Vocabulary	Part I : 대화문의 빈칸에 적절한 단어 고르기 Part II : 단문의 빈칸에 적절한 단어 고르기	25 25	15분 100점
독해 Reading Comprehension	Part I : 지문을 읽고 빈칸에 들어갈 내용 고르기 Part II : 지문을 읽고 질문에 가장 적절한 내용 고르기 Part III : 지문을 읽고 문맥상 어색한 내용 고르기	16 21 3	45분 400점
총계	13개 Parts	200	140분 990점

☆ **IRT** (Item Response Theory)에 의하여 최고점이 990점, 최저점이 10점으로 조정됨.

3
TEPS 시험 응시 정보

현장 접수
❶ www.teps.or.kr에서 인근 접수처 확인
❷ 준비물: 응시료 36,000원(현금만 가능), 증명사진 1매(3×4 cm)
❸ 접수처 방문: 해당 접수기간 평일 12시~5시

인터넷 접수
❶ 서울대학교 TEPS관리위원회 홈페이지 접속 www.teps.or.kr
❷ 준비물: 스캔한 사진 파일, 응시료 결제를 위한 신용 카드 및 은행 계좌
❸ 응시료: 36,000원(일반) / 18,000원(군인) / 39,000원(추가 접수)

4
TEPS 시험 당일 정보

❶ 고사장 입실 완료: 9시 30분(일요일) / 2시 30분(토요일)
❷ 준비물: 신분증, 컴퓨터용 사인펜, 수정테이프, 수험표, 시계
❸ 유효한 신분증
　성인: 주민등록증, 운전면허증, 여권, 공무원증, 현역간부 신분증, 군무원증, 주민등록증 발급 신청 확인서, 외국인 등록증
　초·중고생: 학생증, 여권, 청소년증, 주민등록증(발급 신청 확인서), TEPS 신분확인 증명서
❹ 시험 시간: 2시간 20분 (중간에 쉬는 시간 없음, 각 영역별 제한시간 엄수)
❺ 성적 확인: 약 2주 후 인터넷에서 조회 가능

All about the TEPS

Listening Comprehension 60문항

PART I

Choose the most appropriate response to the statement. (15문항)

문제유형 질의 응답 문제를 다루며 한 번만 들려주고, 내용은 일상의 구어체 표현으로 구성되어 있다.

> W   I wish my French were as good as yours.
> M   _____

(a) Yes, I'm going to visit France.
✔ (b) Thanks, but I still have a lot to learn.
(c) I hope it works out that way.
(d) You can say that again.

번역
W   당신처럼 프랑스어를 잘하면 좋을 텐데요.
M   _____

(a) 네, 프랑스를 방문할 예정이에요.
(b) 고마워요. 하지만 아직도 배울 게 많아요.
(c) 그렇게 잘 되기를 바라요.
(d) 당신 말이 맞아요.

PART II

Choose the most appropriate response to complete the conversation. (15문항)

문제유형 두 사람이 A-B-A-B 순으로 대화하는 형식이며, 한 번만 들려준다.

> W   I wish I earned more money.
> M   You could change jobs.
> W   But I love the field I work in.
> M   _____

(a) I think it would be better.
✔ (b) Ask for a raise then.
(c) You should have a choice in it.
(d) I'm not that interested in money.

번역
W   돈을 더 많이 벌면 좋을 텐데요.
M   직장을 바꾸지 그래요?
W   하지만 난 지금 일하고 있는 분야가 좋아요.
M   _____

(a) 더 좋아질 거라고 생각해요.
(b) 그러면 급여를 올려 달라고 말해요.
(c) 그 안에서 선택권이 있어야 해요.
(d) 돈에 그렇게 관심이 있지는 않아요.

PART III

Choose the option that best answers the question. (15문항)

문제유형   비교적 긴 대화문. 대화문과 질문은 두 번, 선택지는 한 번 들려준다.

> M   Hello. You're new here, aren't you?
> W   Yes, it's my second week. I'm Karen.
> M   What department are you in?
> W   Customer service, on the first floor.
> M   I see. I'm in sales.
> W   So, you'll be working on commission, then.
> M   Yes. I like that, but it's very stressful sometimes.

Q: Which is correct according to the conversation?
(a) The man and woman work in the same department.
✓ (b) The woman works in the customer service department.
(c) The man thinks the woman's job is stressful.
(d) The woman likes working for commissions.

번역
M   안녕하세요. 새로 오신 분이시죠?
W   예, 여기 온 지 2주째예요. 전 캐런이에요.
M   어느 부서에서 근무하시나요?
W   1층 고객 지원부에서 일해요.
M   그렇군요. 전 영업부에서 일해요.
W   그러면 커미션제로 일하시는군요.
M   네. 좋기는 하지만 가끔은 스트레스를 많이 받아요.

Q: 대화에 따르면 옳은 것은?
(a) 남자와 여자는 같은 부서에서 일한다.
(b) 여자는 고객 지원부에서 일한다.
(c) 남자는 여자의 일이 스트레스가 많다고 생각한다.
(d) 여자는 커미션제로 일하는 것을 좋아한다.

PART IV

Choose the option that best answers the question. (15문항)

문제유형 담화문의 주제, 세부 사항, 사실 여부 및 이를 근거로 한 추론 등을 다룬다.

> Confucian tradition placed an emphasis on the values of the group over the individual. It also taught that workers should not question authority. This helped industrialization by creating a pliant populace willing to accept long hours and low wages and not question government policies. The lack of dissent helped to produce stable government and this was crucial for investment and industrialization in East Asian countries.

Q: What can be inferred from the lecture?
(a) Confucianism promoted higher education in East Asia.
(b) East Asian people accept poverty as a Confucian virtue.
✓ (c) Confucianism fostered industrialization in East Asia.
(d) East Asian countries are used to authoritarian rule.

번역 유교 전통은 개인보다 조직의 가치를 강조했습니다. 또한 노동자들에게 권위에 대해 의문을 제기하지 말라고 가르쳤습니다. 이것은 장시간 노동과 저임금을 기꺼이 감수하고 정부의 정책에 의문을 제기하지 않는 고분고분한 민중을 만들어 냄으로써 산업화에 도움이 되었습니다. 반대의 부재는 안정적인 정부를 만드는 데 도움이 되었고, 이는 동아시아 국가들에서 투자와 산업화에 결정적이었습니다.

Q: 강의로부터 추론할 수 있는 것은?
(a) 유교는 동아시아에서 고등교육을 장려했다.
(b) 동아시아 사람들은 유교의 미덕으로 가난을 받아들인다.
(c) 유교는 동아시아에서 산업화를 촉진했다.
(d) 동아시아 국가들은 독재주의 법칙에 익숙하다.

Grammar 50문항

PART I
Choose the best answer for the blank. (20문항)

문제유형   A, B 두 사람의 짧은 대화 중에 빈칸이 있다. 동사의 시제 및 수 일치, 문장의 어순 등이 주로 출제되며, 구어체 문법의 독특한 표현들을 숙지하고 있어야 한다.

> A   Should I just keep waiting _____ me back?
> B   Well, just waiting doesn't get anything done, does it?

(a) for the editor write
✓ (b) until the editor writes
(c) till the editor writing
(d) that the editor writes

번역   A   편집자가 나한테 답장을 쓸 때까지 기다리고만 있어야 합니까?
         B   글쎄요, 단지 기다리고 있다고 해서 무슨 일이 이루어지는 건 아니겠죠?

PART II
Choose the best answer for the blank. (20문항)

문제유형   문어체 문장을 읽고 어법상 빈칸에 적절한 표현을 고르는 유형으로 세부적인 문법 자체에 대한 이해는 물론 구문에 대한 이해력도 테스트한다.

> All passengers should remain seated at _____ times.

(a) any
(b) some
✓ (c) all
(d) each

번역   모든 승객들은 항상 앉아 있어야 합니다.

All about the TEPS

PART III

Identify the option that contains an awkward expression or an error in grammar. (5문항)

문제유형　대화문에서 어법상 틀리거나 어색한 부분이 있는 문장을 고르는 문제로 구성되어 있다.

> (a)　A　Where did you go on your honeymoon?
> (b)　B　We flew to Bali, Indonesia.
> ✓(c)　A　Did you have good time?
> (d)　B　Sure. It was a lot of fun.

번역
(a)　A 신혼여행은 어디로 가셨나요?
(b)　B 인도네시아 발리로 갔어요.
(c)　A 좋은 시간 보내셨어요?
(d)　B 물론이죠. 정말 재미있었어요.

PART IV

Identify the option that contains an awkward expression or an error in grammar. (5문항)

문제유형   한 문단 속에 문법적으로 틀리거나 어색한 문장을 고르는 유형이다.

> (a) Morality is not the only reason for putting human rights on the West's foreign policy agenda. (b) Self-interest also plays a part in the process. (c) Political freedom tends to go hand in hand with economic freedom, which in turn tends to bring international trade and prosperity. (d) A world in which more countries respect basic human rights would be more peaceful place.

번역   (a) 서양의 외교정책 의제에 인권을 상정하는 유일한 이유가 도덕성은 아니다. (b) 자국의 이익 또한 그 과정에 일정 부분 관여한다. (c) 정치적 자유는 경제적 자유와 나란히 나아가는 경향이 있는데, 경제적 자유는 국제 무역과 번영을 가져오는 경향이 있다. (d) 더 많은 국가들이 기본적인 인권을 존중하는 세상은 더 평화로운 곳이 될 것이다.

Vocabulary 50문항

PART I

Choose the best answer for the blank. (25문항)

문제유형   A, B 대화 빈칸에 가장 적절한 단어를 넣는 유형이다. 단어의 단편적인 의미보다는 문맥에서 어떻게 쓰였는지 아는 것이 중요하다.

> A   Let's take a coffee break.
> B   I wish I could, but I'm _____ in work.

✔ (a) up to my eyeballs   (b) green around the gills
(c) against the grain   (d) keeping my chin up

번역   A   잠깐 휴식 시간을 가집시다.
B   그러면 좋겠는데 일 때문에 꼼짝도 할 수가 없네요.

(a) ~에 몰두하여   (b) 안색이 나빠 보이는
(c) 뜻이 맞지 않는   (d) 기운 내는

PART II

Choose the best answer for the blank. (25문항)

문제유형   문어체 문장의 빈칸에 가장 적절한 단어를 고르는 유형이다. 고난도 어휘의 독특한 용례를 따로 학습해 두어야 고득점이 가능하다.

> It takes a year for the earth to make one _____ around the sun.

(a) conversion   (b) circulation
(c) restoration   ✔ (d) revolution

번역   지구가 태양 주위를 한 번 공전하는 데 일 년이 걸린다.
(a) 전환   (b) 순환
(c) 복구   (d) 공전

Reading Comprehension 40문항

PART 1

Choose the option that best completes the passage. (16문항)

문제유형 지문의 논리적인 흐름을 파악하여 문맥상 빈칸에 가장 적절한 선택지를 고르는 문제이다.

> This product is a VCR-sized box that sits on or near a television and automatically records and stores television shows, sporting events and other TV programs, making them available for viewing later. This product lets users watch their favorite program _____ . It's TV-on-demand that actually works, and no monthly fees.

✔ (a) whenever they want to
 (b) wherever they watch TV
 (c) whenever they are on TV
 (d) when the TV set is out of order

번역 이 제품은 텔레비전 옆에 놓인 VCR 크기의 상자로 TV 공연, 스포츠 이벤트 및 다른 TV 프로그램을 자동으로 녹화 저장하여 나중에 볼 수 있게 해준다. 이 제품은 사용자가 자신이 가장 좋아하는 프로그램을 원하는 시간 언제나 볼 수 있게 해준다. 이것은 실제로 작동하는 주문형 TV로 매달 내는 시청료도 없다.

(a) 원하는 시간 언제나
(b) TV를 보는 곳 어디든지
(c) TV에 나오는 언제나
(d) TV가 작동되지 않을 때

All about the TEPS

PART II

Choose the option that best answers the question. (21문항)

문제유형 　지문에 대한 이해를 측정하는 유형으로 주제 파악, 세부 내용 파악, 논리적 추론을 묻는 문제로 구성되어 있다.

> The pace of bank mergers is likely to accelerate. Recently Westbank has gained far more profit than it has lost through mergers, earning a record of $2.11 billion in 2003. Its shareholders have enjoyed an average gain of 28% a year over the past decade, beating the 18% annual return for the benchmark S & P stock index. However, when big banks get bigger, they have little interest in competing for those basic services many households prize. Consumers have to pay an average of 15% more a year, or $27.95, to maintain a regular checking account at a large bank instead of a smaller one.

Q: What is the main topic of the passage?
(a) Reasons for bank mergers
✔ (b) Effects of bank mergers
(c) The merits of big banks
(d) Increased profits of merged banks

번역　　은행 합병 속도가 가속화될 전망이다. 최근 웨스트 뱅크가 2003년 21억 1천만 달러의 수익을 기록함으로써 합병으로 잃은 것보다 훨씬 더 많은 수익을 얻었다. 웨스트 뱅크 주주들은 지난 10년간 S & P 지수의 연간 수익률 18%를 웃도는 연평균 수익률 28%를 누려왔다. 하지만 규모가 더욱 커진 대형 은행들은 많은 가구가 중요하게 생각하는 기본 서비스에 대한 경쟁에는 별 관심을 두고 있지 않다. 소비자들은 작은 은행 대신 대형 은행의 보통 당좌예금 계정을 유지하기 위해 연평균 15% 이상, 즉 27달러 95센트를 지불해야 한다.

Q: 지문의 소재는?
(a) 은행 합병의 이유
(b) 은행 합병의 영향
(c) 대형 은행의 장점
(d) 합병된 은행들의 수익 증가

PART III
Identify the option that does NOT belong. (3문항)

문제유형 한 문단에서 전체의 흐름상 어색한 내용을 고르는 유형이다.

> Communication with language is carried out through two basic human activities: speaking and listening. (a) These are of particular importance to psychologists, for they are mental activities that hold clues to the very nature of the human mind. (b) In speaking, people put ideas into words, talking about perceptions, feelings, and intentions they want other people to grasp. (c) In listening, people decode the sounds of words they hear to gain the intended meaning. (d) Language has stood at the center of human affairs throughout human history.

번역 언어로 이루어지는 의사소통은 두 가지 기본적인 인간 활동인 말하기와 듣기에 의해 수행된다. (a) 이 두 가지는 심리학자들에게 각별한 중요성을 지니는데, 이는 두 가지가 인간의 심성 본질 자체에 대한 단서를 쥐고 있는 정신적 활동이기 때문이다. (b) 말할 때 사람들은 다른 사람들이 이해하기를 원하는 지각과 감정, 의도 등을 말하면서 아이디어들을 단어로 표현한다. (c) 들을 때 사람들은 의도된 뜻을 간파하기 위해 들리는 단어의 소리를 해독한다. (d) 언어는 인류의 역사를 통틀어 인간 활동의 중심에 있어 왔다.

ACTUAL TEST 1

Answers

Part I
1. (d)	2. (b)	3. (c)	4. (a)	5. (a)
6. (d)	7. (c)	8. (a)	9. (b)	10. (b)
11. (c)	12. (b)	13. (a)	14. (d)	15. (d)
16. (b)	17. (b)	18. (a)	19. (c)	20. (a)
21. (a)	22. (c)	23. (a)	24. (a)	25. (b)

Part II
26. (c)	27. (c)	28. (a)	29. (a)	30. (b)
31. (c)	32. (c)	33. (b)	34. (b)	35. (b)
36. (d)	37. (d)	38. (a)	39. (c)	40. (d)
41. (a)	42. (b)	43. (b)	44. (b)	45. (b)
46. (c)	47. (c)	48. (c)	49. (a)	50. (d)

Part I

1
A Did you write the report about that conference we attended? Alan wants to see it.
B I'm afraid I had other urgent things to take care of so I wasn't _____ to get it done.
(a) enabled
(b) capable
(c) disabled
(d) able

해석 A 우리가 참가했던 회의 보고서 작성했어요? 앨런이 보고 싶어 하던데요.
　　　B 급히 처리할 일들이 있어서 보고서는 마칠 수 없었어요.

해설 선택지는 모두 '능력(할 수 있음)'과 관련된 어휘들이지만 쓰이는 형태가 다르다. enable은 목적어와 목적보어를 받아서 '~가 ~할 수 있도록 하다'의 형태로 쓰이고, 나머지는 [be capable of ~ing, be able to + 동사원형]과 같이 쓰인다. 따라서 'to+동사원형'이 이어지는 문장에 맞는 것은 able이다.

어구 enable ~할 수 있게 하다
　　　disabled 장애의, 불능의

정답 (d)

2
A Did you do anything interesting Sunday afternoon?
B No, I just _____ at the mall with some friends.
(a) hung in
(b) hung out
(c) hung on
(d) hung up

해석 A 일요일 오후에 뭔가 재밌는 일이라도 했니?
　　　B 아니, 그냥 친구들하고 몰에서 어울려 돌아다녔어.

해설 '친구들하고 어울려 노는 것'을 hang out으로 표현할 수 있다. 그밖에 hang이 들어가는 빈출 표현으로 hang around(돌아다니다, 배회하다), be hung over(숙취이다) 등이 있다. mall은 단순히 쇼핑을 하기 위한 곳이 아니라 영화관, 유흥 시설 등이 갖춰져 있어 흔히 십대들이 친구들을 만나 시간을 보내는 공간이기도 하다.

어구 mall 쇼핑몰

정답 (b)

3
A According to the radio, it's going to rain on Saturday.
B In that case, we'd better _____ off our picnic.
(a) break
(b) take
(c) call
(d) stop

해석 A 라디오에 따르면, 토요일에 비가 온다는데.
　　　B 그렇다면 피크닉을 취소하는 게 좋겠다.

해설 소풍은 비가 오는 날이라면 '취소(call off)'하는 것이 좋다. 그밖에 call이 들어간 빈출 표현으로는 call for(요청하다), call in sick(전화로 병결을 알리다), call it a day(하루 일을 마무리 짓다) 등이 있다.

어구 call off 취소하다(= cancel)
　　　call for 요청하다

정답 (c)

4

A How many miles do you have on your car, Felix?
B 90,000, but it's still in good _____.
(a) shape
(b) faith
(c) time
(d) company

해석 A 펠릭스, 자동차 주행거리가 몇 마일이나 돼요?
B 9만 마일이요. 하지만 아직도 차 상태가 좋아요.
해설 be in good shape은 건강/재정/기계 등의 상태가 좋은 것을 의미할 때 흔히 쓰이는 숙어다. shape 대신에 condition을 쓰기도 한다. 반대로 상태가 좋지 않다고 말하고 싶으면 poor를 써서 be in poor shape라고 하면 된다.
어구 faith 신뢰, 신념, 확신
ex. have faith in ~을 믿고 있다
정답 (a)

5

A How are you planning to lose weight?
B First of all, I'm going to _____ out eating rich desserts.
(a) cut
(b) go
(c) shut
(d) work

해석 A 어떻게 체중을 줄일 계획입니까?
B 먼저 기름진 디저트를 끊을 생각이에요.
해설 cut out은 '~를 잘라내다', '제거하다'의 뜻이다. 즉, 식단에서 디저트를 제거한다는 뜻이 된다. work out은 그 자체로 '운동하다(= exercise)'의 뜻이고, 목적어와 함께 쓰이면 work out a solution의 형태로 '~를 도출해내다'의 뜻이다.
어구 dessert 디저트, 후식
lose weight 체중을 감량하다 (≠ gain weight)
정답 (a)

6

A A new Italian restaurant has just opened across the street. Would you want to try?
B I'd _____ it. Let's go there.
(a) go after
(b) go by
(c) go down
(d) go for

해석 A 새 이탈리아 식당이 길 건너편에 막 문을 열었는데 한번 가볼까?
B 좋아. 거기 가보자.
해설 go for는 '~를 지지하다', '호의를 보이다'의 뜻이다. go after는 '~를 구하다', '~를 목표로 하다'의 의미로 go after a job(일자리를 구하다)과 같이 쓰인다.
어구 go down 내려가다, 추락하다
정답 (d)

7

A If you're not doing anything this weekend, Liz, why don't we get married?
B What? Marriage is not something you enter into on the _____ of the moment.
(a) aspect
(b) light
(c) spur
(d) whip

해석 A 리즈, 이번 주말에 특별히 하는 일 없으면, 우리 결혼이나 할까?
B 뭐라고? 결혼은 그렇게 순간적인 충동으로 하는 것이 아니야.
해설 A의 말에서 즉흥적으로 제안한다는 것을 알 수 있다. 여기에 걸맞는 표현은 on[upon] the spur of the moment(순간적인 충동으로, 일시적 기분으로)로 spur는 원래 '박차'의 뜻으로 on the spur하면 '전속력으로', '매우 급히'의 의미이다.
어구 whip 채찍질, 탄력성
aspect 국면, 양상
정답 (c)

8
A   Did you know that Sarah and Mike used to date?
B   How did you happen to _____ that information?
   (a) come by
   (b) come over
   (c) come up
   (d) come on

해석 A 사라와 마이크가 이전에 사귀던 사이라는 거 알았어?
       B 그 사실을 어떻게 알게 된 거야?

해설 '~를 손에 넣다(= obtain)'는 come by로 표현할 수 있다. 정보를 획득하는 것도 come by로 표현할 수 있다. come up은 come up with~의 형태로 '~를 만들어내다'의 뜻을 갖게 한다. 예를 들어 come up with excuses라고 하면 '핑계거리를 꾸며대는 것'을 뜻한다.

어구 come by 얻다, 획득하다
       date (남녀가) 데이트하다

정답 (a)

9
A   What are you giving Sue for her birthday?
B   I can't tell you. You might _____ the secret.
   (a) give up
   (b) give away
   (c) give out
   (d) give off

해석 A 생일 선물로 수에게 뭘 줄 거야?
       B 너한테는 말 못해. 비밀을 누설할 지도 모르잖아.

해설 give가 들어가는 이어동사를 알고 있으면 무난하게 풀 수 있는 문제다. 기본동사들이 갖는 이어동사를 정리해 두는 것은 Vocabulary 파트에서 고득점을 얻기 위해 해야 할 가장 기본적인 일 중 하나이다.

어구 give away 거저 주다, 누설/폭로하다
       give off 발산하다(= emit)
       give out 나눠주다, 분배하다

정답 (b)

10
A   You've gained some weight, haven't you?
B   Yes, I'm trying to go on a diet, but I can't seem to _____ from snacking between meals.
   (a) get
   (b) keep
   (c) run
   (d) stay

해석 A 체중이 좀 는 것 같은데, 그렇지 않니?
       B 맞아. 다이어트를 하려고 시도하긴 하는데, 주전부리하는 것을 끊을 수가 없어.

해설 snack은 스낵, 간단한 식사, 즉 '간식'의 뜻으로 '간식을 먹다'라는 동사로도 쓰인다. 간식을 하는 것은 말 그대로 식사 사이사이에 먹는 것(eat between meals)이다. 그러므로 '간식을 안 하려고 노력하고 있어'라고 말하려면 I'm trying not to eat between meals.라고 하면 된다. keep from은 '~로부터 삼가다'라는 뜻으로 이때 문맥과 적절히 어울린다.

어구 gain weight 체중이 늘다
       go on a diet 다이어트를 시작하다

정답 (b)

11
A   How was your performance in the play?
B   Great! It went off without a _____.
   (a) bit
   (b) trace
   (c) hitch
   (d) test

해석 A 연극 공연은 어땠어?
       B 좋았어요! 큰 실수 없이 무사히 지나갔어요.

해설 hitch는 장애, 고장, 중단의 뜻으로 without a hitch는 '거침없이', '무사히'라는 뜻이다. without a trace는 '흔적 없이'라는 뜻으로 대화의 전개상 올바르지 않다.

어구 performance 공연, 연기, 성취, 실적

정답 (c)

12

A How did your brother take it when the doctor told him he had cancer?
B The news _____ a chord with him and made him realize he needs to start changing his way of living.
  (a) stretched
  (b) struck
  (c) rung
  (d) untangled

해석 A 의사가 암이라는 얘기를 했을 때 네 동생의 반응은 어땠어?
B 그 소식은 그의 마음을 움직여서 결국 생활 습관을 완전히 바꿔야 된다는 사실을 깨닫게 했지.

해설 strike a chord with~는 '~의 심금을 울리다', 말 그대로 마음의 현을 울리는 것이니, '누군가의 마음을 몹시 움직이다'는 뜻이 된다. chord는 '끈' 또는 '현'으로 string과 같은 뜻이다.

어구 untangle 풀다, 해결하다
stretch 잡아 늘이다, 쭉 펴다, 억지(확대) 해석하다
ex. stretch the truth 진실을 왜곡하다

정답 (b)

13

A How do you feel about taking tests?
B I absolutely _____ taking tests. It really gets me stressed out.
  (a) abhor
  (b) abstain
  (c) abstract
  (d) ablate

해석 A 시험 보는 것에 대해 어떻게 생각해?
B 난 시험 보는 게 정말 끔찍하게 싫어. 정말 스트레스 받거든.

해설 get me stressed out은 '스트레스 받게 하다'라는 뜻이므로 시험에 대한 부정적인 감정을 드러내는 단어가 와야 한다. 따라서 '혐오하다'는 뜻의 abhor가 정답이다. abstain은 '삼가다'란 뜻으로 abstain from smoking(담배를 멀리하다)과 같이 쓰인다.

어구 abhor 몹시 싫어하다(= detest, hate)
abstract 추상하다, 추출하다
ablate (용해, 증발 등으로) 제거하다

정답 (a)

14

A What did the doctor say was wrong with you?
B The doctor _____ my illness as influenza.
  (a) distinguished
  (b) diminished
  (c) distributed
  (d) diagnosed

해석 A 의사가 뭐가 문제라고 하던가요?
B 독감이라는 진단을 내렸어요.

해설 doctor, influenza라는 표현이 이 문제의 힌트가 된다. 의사가 병을 알아내는 것은 진단(diagnose)이다. be diagnosed with schizophrenia, be diagnosed as cancer와 같이 with, as와 함께 쓴다. 실제 질병은 물론 일반적인 문제점에도 diagnose an engine problem과 같이 쓸 수 있다.

어구 distinguish 구별하다
ex. Could she distinguish right from wrong?
diminish 감소하다
diagnose 진단하다
influenza(= flu) 독감

정답 (d)

15

A What happened after the forest fires were under control?
B Once the forest fires were contained, the insurance companies _____ the damage of the homes.
  (a) bewildered
  (b) managed
  (c) awarded
  (d) assessed

해석 A 산불이 잡힌 다음에는 어떻게 되었어요?
B 산불이 진화되고 난 다음에는, 보험회사에서 가구들의 피해를 평가했어요.

해설 주어인 the insurance companies를 키워드로 문제를 풀면 된다. 재해, 사고가 있은 뒤에 보험회사에서는 보험금 지급을 위해 피해를 평가(assess)한다. manage는 risk management(위기관리)처럼 어떤 상황을 통제하고 관리하는 것인데 그것은 보통 보험회사에서 하는 일이 아니다. 이 문제에서 눈여겨볼 또 다른 표현은 contain fire(= ~under control)로 '화재, 전염병' 등을 억제하는 것이 contain이다.

어구 bewilder 당황스럽게 하다
　　 assess 평가하다(= evaluate)
정답 (d)

16
A　Do you know who the richest person in the world is?
B　It's Carlos Slim from Mexico. His financial wealth reached a(n) _____ when he became head of the Mexican stock exchange.
　(a) alliance
　(b) climax
　(c) plaster
　(d) battery

해석 A　세계에서 가장 부유한 사람이 누구인지 알아?
　　 B　멕시코의 카를로스 슬림이야. 그의 부는 멕시코 증권거래소장이 되면서 절정을 이루었지.

해설 the richest person(가장 부유한 사람)의 financial wealth(재산)이 어떻게 되었다라고 연결돼야 자연스러울까를 생각해보면 (b)를 답으로 고를 수 있다. 또한 climax(정점)외의 다른 보기들은 동사 reach와 잘 어울려 쓰이지 않는 단어들이기도 하다.

어구 alliance 연합, 연맹, 동맹
　　 plaster 석고
　　 battery 전지, 한 벌의 기구
　　 ex. a cooking battery 요리 도구 한 벌
정답 (b)

17
A　What happened to Bill and Mary's relationship?
B　After the divorce, they were no longer on good _____.
　(a) feelings
　(b) terms
　(c) talkative
　(d) condition

해석 A　빌과 마리의 사이는 어때?
　　 B　이혼한 다음에는 관계가 좋지 않아.

해설 일단 relationship(관계)에 대해 묘사하는 표현이 나와야 한다. 관계가 talkative할 수는 없으니까 (c)는 일단 제외되며, 앞의 be on~과 함께 숙어를 이루는 표현을 찾아야 한다. be on ~ terms with somebody는 '누구와 ~한 관계이다'라는 필수 숙어표현이다. be on good[bad, talking] terms~는 '좋은[나쁜, 이야기 나누는] 관계'를 뜻한다.

어구 term 기간, 조건, 용어, 관계
　　 talkative 수다스러운, 말이 많은
정답 (b)

18
A　Doesn't this coke machine work?
B　No, it doesn't. It's been _____ since last week.
　(a) out of order
　(b) out of time
　(c) out of town
　(d) out of sight

해석 A　이 콜라 자판기는 작동되지 않는 건가요?
　　 B　그래요. 지난주부터 고장 나 있어요.

해설 어떤 기계가 doesn't work 되었다는 것은 작동되지 않는다는 뜻이므로 '고장 난'의 뜻인 out of order를 답으로 선택하면 된다. 나머지 보기들도 '~에서 벗어난'의 뜻인 out of의 기본 의미로 뜻을 유추해보면 쉽게 알 수 있다. out of sight는 눈에서 보이지 않는 것을 말하며, out of time은 '시기를 놓친', '너무 늦은', out of town은 '도시를 떠난'의 뜻이다.

어구 out of order 고장 난
정답 (a)

19
A　Steve really isn't a good team player.
B　He needs to really get _____ with his other co-workers. Otherwise, he's going to be missing important details.
　(a) in trouble
　(b) indulgence
　(c) in tune
　(d) in driven

해석 A　스티브는 좋은 팀 플레이어는 아니야.
　　 B　다른 동료 직원들과 장단을 좀 맞춰야 해. 그렇지 않으면 중요한 세부사항들을 다 놓치고 말 거야.

해설 동료들과의 화합이 더 필요하다는 이야기가 이어질 것이므로 화합을 이루다는 표현이 필요하다. tune은 원래 '곡조', '선율'이라는 뜻이 있으나 in tune with~라고 하면 '~와 조화로운 선율을 이루다', '~와 장단이

맞다'는 뜻이 된다. 여기서 발전해 '화합, 조화를 이루다'의 의미가 되었다.

어구 co-worker 직장 동료
indulgence 방종, 탐닉 v. indulge
ex. indulge in reverie 몽상에 잠기다

정답 (c)

20

A Good luck with the show tonight. Go out there and _____ a leg.
B Thanks! I'm going to need it. I'm really nervous.
(a) break
(b) shake
(c) move
(d) wiggle

해석 A 오늘 밤 쇼 행운을 빌어. 가서 관중들을 열광시켜봐.
B 고마워! 행운이 필요할 것 같아. 정말 떨려.

해설 오늘 밤 중요한 공연이 있다면 행운을 빌면서 할 만한 말은 무엇일까? '힘내', '잘해'라는 뜻인 break a leg가 정답이다. break a leg는 행운을 빌어주는 것이 오히려 운을 없게 한다는 일종의 미신에서 비롯된 표현으로 연극무대에 서는 사람들 사이에서 시작되었다.

어구 shake 흔들다
wiggle 몸을 좌우로 흔들다

정답 (a)

21

A Did you hear what he said?
B No, I didn't. His voice is so _____ compared to the other speakers.
(a) feeble
(b) similar
(c) tiny
(d) visible

해석 A 그가 한 말을 들었니?
B 아니. 다른 발표자들과 비교하면 그의 목소리는 너무 약했어.

해설 듣지 못했다는 말과 어울리려면 목소리가 약해야 한다. tiny도 작다는 뜻이지만 주로 크기, 규모와 관련해서 쓰이며 이 문맥에서 voice와 어울리는 것은 feeble이다.

어구 feeble 나약한(= weak), 희미한, 힘없는

visible 눈에 보이는, 명백한(= perceptible)
ex. with visible impatience 눈에 보이게 초조한 빛을 띠고

정답 (a)

22

A What were the election results?
B The Republicans won and many of the Democrats felt _____ at the voting count.
(a) aged
(b) aggressive
(c) aggrieved
(d) aggrandized

해석 A 선거 결과는 어땠어?
B 공화당이 이겼고 민주당원들은 집계 결과에 화가 났어.

해설 공화당이 이겼다면 패한 민주당원들은 어떨까? 기분이 나빴을(화가 났을) 것이다.

어구 aggrieved 화가 난, 마음이 상한
aggressive 공격적인, 호전적인
aggrandize 확대하다, 과장하다
aged 숙성한, 늙은

정답 (c)

23

A My sister became a _____ after her husband was killed in Iraq.
B I'm so sorry to hear that.
(a) widow
(b) servant
(c) server
(d) savant

해석 A 내 여동생은 남편이 이라크에서 죽고 혼자 됐어.
B 정말 안됐구나.

해설 비교적 간단한 일상 어휘를 묻는 문제다. 단서는 her husband was killed 부분이다. 남편이 먼저 죽은 여자를 과부(widow)라고 한다. 반대로 홀아비는 widower라고 한다. 보통 영어의 남녀 명사는 남성 명사를 기준으로 접미어를 첨가하는 경우가 보통인데(ex. lion-lioness, host-hostess, actor-actress), 이 단어만큼은 여성 명사가 기본형이다.

어구 servant 하인, 종복
savant 학자, 석학

정답 (a)

24

A Were they able to find the man who committed the crime?
B No, not yet. Many of the leads were _____.
(a) bogus
(b) fatal
(c) sanctified
(d) salutary

해석 A 그들은 그 범죄를 저지른 사람을 찾을 수 있었나요?
B 아니, 아직요. 많은 단서들이 다 거짓이었어요.

해설 여기서 lead는 해결책으로 이끌어가는(lead) 것, 즉 '실마리'를 말한다. 아직 범인을 찾지 못했다는 것은 leads들이 맞지 않았던 것이므로 bogus(가짜)가 답이 된다.

어구 lead 선도, 조언, 실마리(= clue)
bogus 가짜의, 사이비의(= false)
fatal 치명적인
sanctified 신성화된, 독실한 체하는
salutary 건강에 좋은, 유익한, 건전한
ex. a salutary experience 도움이 되는 경험

정답 (a)

25

A How did he cure the woman's lower back pain?
B To _____ the pain, the doctor prescribed some medication.
(a) calibrate
(b) alleviate
(c) agitate
(d) domesticate

해석 A 그는 그 여자의 허리 통증을 어떻게 치료했어요?
B 통증을 완화하기 위해 의사가 약을 처방했어요.

해설 back 하면 뒤, 등 정도가 먼저 떠오르지만 사람의 신체에서 lower back이라고 하면 '허리'를 말한다. prescribe some medication은 '약을 처방하다'는 뜻이므로 답은 alleviate(고통을 완화시키다)이다. alleviate는 TEPS가 매우 좋아하는 단어 가운데 하나로 동의어(ease, reduce, relieve, moderate, soothe, lessen, lighten) 역시 알아두도록 하자.

어구 calibrate 구경 따위를 재다, 조정하다
agitate 흥분시키다, 동요시키다
domesticate 길들이다(= tame), 교화하다(= civilize)
ex. We domesticated the dog to help us with hunting.

정답 (b)

Part II

26.
It is incredible that the 10-year-old managed to even reach the pedals, let _____ drive the car.

(a) loose
(b) along
(c) alone
(d) be

해석 10살짜리가 운전은 고사하고 페달에 발이 닿는 것만 해도 놀라운 일이다.

해설 that~ 이하에서 reach the pedals(페달에 발이 닿는 것)과 drive the car(운전하는 것)이 비교되고 있다. 따라서 둘을 이어주는 자연스러운 표현은 '~하기는커녕', '~하기는 고사하고'에 해당하는 let alone이다. 이때 전체 that~의 내용이 'incredible(믿을 수 없다, 놀랍다)하다'로 이어져서 자연스럽다.

어구 incredible 믿을 수 없는(= unbelievable)
reach 도달하다, 도착하다
pedal 페달(을 밟다)
let alone ~는 고사하고
ex. It takes up too much time, let alone the expenses.

정답 (c)

27.
Joshua and his girlfriend had a big argument, but they _____ soon afterward.

(a) made off
(b) made for
(c) made up
(d) made out

해석 조슈아와 그의 여자친구는 크게 말다툼을 했지만 금방 화해했다.

해설 문제를 푸는 키는 흔히 접속사에서 찾을 수 있다. 여기서는 but을 앞뒤로 키워드를 비교하면 된다. 앞의 big argument(큰 말다툼)에 역접이 되는 내용이 나와야 하므로 '화해하다'라는 뜻의 make up이 적절하다. 그밖에 좀 더 형식적인 '화해하다'라는 뜻으로는 reconcile, make peace 등이 있다.

어구 argument 논쟁, 말다툼
make up 수선하다, 구성하다, 화해하다, 보충 시험을 보다

정답 (c)

28.
Sarah will have to pay a high _____ for her neglect of duty.

(a) price
(b) tax
(c) attention
(d) regard

해석 사라는 직무 태만에 대한 대가를 크게 치르게 될 것이다.

해설 이 문제의 선택지들은 모두 주어진 문장의 동사 pay와 같이 어울려 쓸 수 있다. 따라서 '직무 태만에 대한 ~를 치러야 한다'에 의미상 어울릴 수 있는 표현을 찾아야 한다. pay a price는 말 그대로 '대가를 치르다', pay tax 는 '세금을 내다', pay attention to~는 '~에 주의를 기울이다', pay regard to~는 '~를 고려하다'의 뜻을 갖는다.

어구 attention 주의, 배려, 친절
regard 관계, 존경, 점(포인트), 주시
neglect 태만(= negligence)

정답 (a)

29.
Telling a _____ stranger about your life is difficult.

(a) complete
(b) whole
(c) distant
(d) foreign

해석 완전히 낯선 사람에게 당신 인생에 대해 이야기하는 것은 어렵다.

해설 비슷해 보이는 형용사들 중에서 명사와 가장 잘 어울리는 것을 찾는 일종의 collocation 문제이다. '완전한 타인', '낯선 사람'은 complete[total] stranger라고 한다.

어구 stranger 낯선 사람
complete 완전한
distant 먼

정답 (a)

30

The clean technology is vital for the development and growth of new industries that could _____ more jobs across the country.

(a) eliminate
(b) create
(c) squeeze
(d) scratch

해석 청정 기술은 국가적으로 더 많은 일자리를 창출할 수 있는 새로운 산업의 형성과 성장에 필수적이다.

해설 전체 내용 중에서 주의를 기울여야 하는 부분은 industries ~ jobs 뿐이다. 여기서 industries는 선행사로서 뒤의 빈 칸과 [주어 + 술어]의 관계를 갖는다. 즉, '산업이 일자리를 창출하다/만들어내다'에 해당하는 단어를 찾으면 된다. 보통 쓰는 표현은 create/generate jobs이다.

어구 vital 필수적인
creation 생성, 창조
industries 산업, 업계
generate 생성하다, 만들다
squeeze 압착하다, 꽉 쥐다, 압박하다

정답 (b)

31

The accused _____ guilty to a misdemeanor and was placed on probation.

(a) asked
(b) deplored
(c) pleaded
(d) confessed

해석 피고인은 경범죄에 대해 유죄를 인정했고 집행유예에 처해졌다.

해설 재판과정에서 피고가 처음 죄상을 '인정하다[인정하지 않다]'의 뜻으로 plead guilty[not guilty]를 쓸 수 있다. 유죄를 시인하느냐 그렇지 않으냐에 따라 재판 과정이 달라지고 유죄를 시인하는 경우에는 형량에 참작이 되는 것이 보통이다.

어구 the accused 피고인
guilty 유죄의(↔ innocent)
misdemeanor 경범죄, 비행
probation 검정, 시험, 집행유예
deplore 비탄하다, 개탄하다
plead 변호하다, 변명하다
confess 고백하다, 자인하다

정답 (c)

32

Male chauvinism in some societies is still _____ in law as a form of gender inequality in the workplace.

(a) saved
(b) featured
(c) enshrined
(d) enkindled

해석 일부 사회의 남성 우월주의는 직장내 성불평등의 형태로 아직까지도 법률에 구현되어 있다.

해설 enshrine은 말 그대로 shrine(사당)에 유골을 모시듯이 '~를 간직하고 구현하고 지켜가는 것'을 의미하는 동사다. 따라서 법조문 등에 어떤 주의, 이념 등이 구현되어 있는 것을 표현할 때 enshrine one's values, ideals~ 와 같이 쓴다.

어구 feature 특징, 용모, 연재물 v.~을 특색으로 삼다, 특징을 이루다
enshrine 사당에 모시다, 간직하다
gender 성
inequality 불평등
enkindle 타오르게 하다, 자극하다

정답 (c)

33

Although he originally _____ Tibetan independence, in recent years the Dalai Lama has called for a middle way.

(a) shouted
(b) advocated
(c) insisted
(d) called out

해석 원래는 티베트의 독립을 주창했었지만, 최근 몇 년 동안 달라이 라마는 중용을 요구해 왔다.

해설 먼저 확인할 것은 although이다. 즉, 앞뒤 절에 대조적인 내용이 나와야 한다. 여기서는 앞에 나온 independence(독립, 자주)와 뒤의 a middle way(중용)가 대비되고 있다. 답을 찾는 직접적인 키는 목적어 independence와 어울려 쓸 수 있는 동사를 찾는 것이다. '주장하다'라는 뜻의 advocate외에 '독립을 얻다(gain)/쟁취하다(win)/잃다(lose)/선언하다

(declare)'와 같이 쓸 수 있다. insist는 형태상 뒤에 on이나 that을 취하는 동사다.

어구 Tibetan 티베트의, 티베트 사람의
a middle way 중용
advocate 옹호하다, 주장하다
insist 주장하다, 고집하다
call out 소리쳐 구하다, 소집하다

정답 (b)

34
The rebel leader argued that the outbreak of epidemic should not _____ a change in policy.
(a) provision
(b) occasion
(c) duplicate
(d) forward

해석 그 반군 지도자는 갑작스러운 전염병의 발발이 정책 변화를 일으켜서는 안 된다고 주장했다.

해설 뒤의 목적어 change와 어울리는 동사를 골라보자. '변화를 일으키다'에 해당하는 동사는 occasion외에도 cause, bring about, effect, make 등이 올 수 있다.

어구 rebel 반군
outbreak 발발, 돌발
provision 조항, 준비, 식량
occasion 야기시키다, ~의 원인이 되다
duplicate 복사하다, 복제하다
forward 전송하다, 진척시키다

정답 (b)

35
Most people feel uncomfortable with those _____ into their personal affairs.
(a) reporting
(b) prying
(c) revealing
(d) pleasing

해석 대부분의 사람들은 남의 사생활을 꼬치꼬치 캐묻는 사람들을 불편하게 생각한다.

해설 affair는 '일', '사무'의 뜻으로 one's affair라고 하면 '개인적인 문제'라는 의미로 쓰인다. 즉, 여기서 우리가 개인사에 대해 원하지 않는 어떤 것을 적절한 동사로 표현하고 있는 것을 찾으면 되겠다. '남의 일을 꼬치꼬치

캐다'의 뜻으로 pry into one's affairs를 통째로 기억해두자.

어구 report 보도[보고]하다
pry 엿보다, 탐색하다, 꼬치꼬치 캐다
reveal 밝히다, 누설하다, 적발하다
please 기쁘게 하다, 원하다
ex. as one pleases 자기가 원하는 대로 (하다)

정답 (b)

36
More than 5,000 people _____ their homes following the attack.
(a) got out
(b) took
(c) exited
(d) fled

해석 5천 명이 넘는 사람들이 그 공격이 있은 후 집을 떠나 대피했다.

해설 선택지는 비슷해 보이지만 각각의 뜻에는 미묘한 차이가 있다. 일단 get out은 get out of가 되어야 homes와 연결될 수 있고, exit은 중립적으로 '~에서 나가다, 퇴장하다'의 의미이므로 여기선 느낌이 다르다.

어구 flee 달아나다, 질주하다
ex. flee from the police (경찰로부터 달아나다)

정답 (d)

37
Foreign investors are being repelled by Argentina's labor unrest, which is the _____ point of their economy.
(a) painful
(b) pressure
(c) unprofitable
(d) weak

해석 외국인 투자자들은 아르헨티나의 노동 불안으로 인해 떠나가고 있는데 이는 아르헨티나 국가경제의 약점이 되고 있다.

해설 repel은 '쫓아버리다'의 의미로 문장에서는 수동태로 쓰여 외국인 투자자들이 노동 문제 때문에 아르헨티나를 떠나고 있다고 기술하고 있다. 외국인 투자자들이 떠나가는 것은 국가 경제에 결코 보탬이 될 수는 없다. 즉, 약점(weak point ↔ strong point)이 된다.

어구 repel 쫓아버리다, 격퇴하다, 물리치다
unrest 불안, 근심

painful 고통스러운
unprofitable 이익이 없는, 헛된

정답 (d)

38

The doctor has _____ to the Supreme Court to stop his deportation.
(a) appealed
(b) asked
(c) commanded
(d) ruled

해석 그 의사는 강제 송환을 중지시켜 달라고 대법원에 항소했다.

해설 재판 관련 용어는 본서의 여러 곳에서 언급하고 있다. 대법원은 최고 법원이므로 항소(appeal)사건이 올라가는 곳이다. rule은 재판 용어로 '판결[결정]하다'라는 뜻이다.

어구 deportation 강제 송환
appeal 항의[항소]하다
command 명령[지휘]하다, 구사하다
rule 판결하다, 재정[결정]하다

정답 (a)

39

The CEO seemed like a person who would rather kill himself than _____ his principles.
(a) content
(b) commit
(c) compromise
(d) champion

해석 그 회사의 대표는 원칙을 굽히기보다는 차라리 목숨을 내놓을 것 같아 보이는 사람이었다.

해설 rather A than B 구문이 나오고 있고 A와 B를 대비시키면 이 구문을 통해 문제를 해결할 수 있다. A에 해당하는 것은 kill himself이고 B는 '원칙을 ~하는 것'일까를 생각해야 한다. principle이라는 목적어와 어울리는 동사인지를 체크해야 하는데 '원칙을 굽히다, 타협하다'에 해당하는 compromise가 적절한 답이다.

어구 content 만족한
commit 범하다, 저지르다
compromise 타협하다
champion 주창하다

정답 (c)

40

The exhaust from vehicles is the biggest culprit for the pollution of the _____ of towns and cities.
(a) situations
(b) setting
(c) conditions
(d) atmosphere

해석 차량의 배기가스는 마을과 도시의 대기를 오염시키는 주범이다.

해설 exhaust는 '자동차 배기가스'이므로 기체에 해당한다. 따라서 기체가 오염시키는 것은 아마도 대기/공기일 것이므로 atmosphere가 정답이다. atmosphere에는 '분위기'라는 뜻도 있다.

어구 exhaust 배기가스
culprit 주범
pollute 오염시키다(= contaminate)
setting 배경, 설정
atmosphere 분위기, 대기

정답 (d)

41

It is a lot easier to learn a foreign language when you are in a country where it is spoken because you are _____ to the language all the time.
(a) exposed
(b) disclosed
(c) produced
(d) displaced

해석 해당 외국어를 말하는 국가에 있다면, 항상 그 언어에 노출되므로 그 외국어를 배우는 것이 훨씬 쉽다.

해설 해당 외국어가 쓰이는 나라에 있으면 항상 그 외국어에 '노출'된다. 올바른 영어 표현은 be exposed to~이다. 여기서 expose의 의미는 '어떤 영향/작용을 받게 되다'는 의미가 된다. disclose는 '비밀 등을 드러내다, 노출시키다'의 의미로 용법에 차이가 있다.

어구 expose 노출시키다
disclose 드러내다, 노출시키다
displace 바꿔놓다, 대신 들어서다

정답 (a)

42

The _____ that will be discussed in today's meeting is whether the company should hire another accountant or not.

(a) piece
(b) issue
(c) product
(d) source

해석 오늘 회의에서 논의될 사안은 회사가 또 다른 회계사를 고용할 것인가의 여부이다.

해설 관계절(that~)의 동사 discuss의 목적어로 쓰일 수 있는 올바른 명사를 선택해야 한다. 즉, '오늘 회의에서 논의될 ~'을 고르면 된다. issue는 '사안', '논점' 정도의 뜻이다.

어구 hire 고용하다, 채용하다
accountant 회계사
issue 논점, 사안
source 원천, 근원

정답 (b)

43

Instead of sketching first and then coloring the shapes later, impressionist painters drew and painted _____.

(a) respectively
(b) simultaneously
(c) sequentially
(d) progressively

해석 먼저 스케치를 하고 나중에 형태에 색을 입히는 대신, 인상파 화가들은 동시에 그려나가면서 색을 입혔다.

해설 이 문장에서 눈여겨볼 표현은 일단 instead of~(~대신에)이다. 따라서 A대신 B하는 방식의 대조되는 아이디어가 나와야 한다. 따라서 앞의 first, later와 비교되는 '동시에'에 해당하는 부사를 찾으면 된다.

어구 impressionist 인상주의자, 인상파의
respectively 각각
simultaneously 동시에
sequentially 순차적으로
progressively 단계적으로, 누진적으로

정답 (b)

44

As a(n) _____ person who revels in controversy, he likes to mingle with new people.

(a) introvert
(b) extrovert
(c) reticent
(d) consistent

해석 논쟁을 즐기는 외향적인 그 사람은 새로운 사람들과 어울리기를 좋아한다.

해설 mingle with[in]은 '섞이다', '(다른 사람들과) 어울리다'의 뜻이다. 새로운 사람을 만나는 것을 좋아하고 논쟁을 즐기는 사람들은 어떤 성격인지 찾으면 되겠다. extrovert는 말 그대로 '밖으로(extro-) 향한(vert)', 즉 '외향적인'의 뜻이다.

어구 mingle 섞이다, 어울리다
revel in 즐기다, 만끽하다
controversy 논쟁, 토론
introvert 내향적인 (사람)
extrovert 외향적인 (사람)
reticent 억제하는, 과묵한
consistent 일관성 있는, 꾸준한

정답 (b)

45

The main _____ of the fairy tale goes through numerous troubles to save the princess.

(a) actor
(b) protagonist
(c) activist
(d) player

해석 동화 속의 주인공은 공주를 구하기 위해 갖가지 역경을 헤쳐 나간다.

해설 동화, 소설, 영화 등의 주인공을 protagonist라고 한다. 이에 반해 악당은 antagonist라고 한다. 주인공을 보통 main (central) character라고 말하기도 한다. actor는 '배우', '행위자'의 뜻이며, activist는 '행동가', player는 '참가자', '선수'의 의미로 조금씩 차이가 있다. 참고로 player는 구어로 '바람둥이'라는 뜻도 있다.

어구 fairy 요정
protagonist 주인공, 주역
activist 행동가, 활동가
player 선수, 연주자, 배우

정답 (b)

46

I tried my hardest, but the blow of his last words was _____.

(a) penetrating
(b) proverbial
(c) pernicious
(d) provisional

해석 나는 최선을 다해 노력했지만 그의 마지막 말의 타격은 치명적이었다.

해설 but을 앞뒤로 내용을 살펴보아야 한다. 나로서는 한다고 했지만(tried my hardest), 그 타격이 내 힘으로는 어찌할 수 없었던, 매우 강력한 것이었다라고 이어져야 자연스럽다. pernicious는 '파괴적인', '치명적인'의 뜻을 가지므로 어울린다. proverbial은 아주 자주 쓰이는 형용사는 아니지만 proverb(속담)에서 뜻을 유추해두면 기억하기 쉽다. 즉, '속담의', '속담 같은' 등의 기본 뜻을 짐작할 수 있고, 속담은 누구나 다 아는 것이므로 '(속담처럼) 잘 알려진'의 뜻을 갖는다. provisional도 마찬가지다. provision에 '규정', '조항'의 뜻이 있으므로 '조항이 딸린', 즉 '조건부의' 하는 식으로 의미를 확장해서 기억하는 것이 단어 공부의 기본이다.

어구 penetrating 꿰뚫는, 통찰력이 있는, 날카로운
proverbial 속담의, 잘 알려진
pernicious 유독한, 파괴적인, 치명적인
provisional 조건부의, 잠정적인

정답 (c)

47

Both impressionism and cubism are _____ systems or practices of representation in art.

(a) musical
(b) mechanical
(c) mimetic
(d) mathematical

해석 인상주의와 입체파는 모두 미술에서 모방의 체계 또는 표상의 방식이다.

해설 representation이라는 것은 '표상', '표현'을 말한다. 인상주의나 입체파는 모두 미술의 사조로, 현실을 모방하여 표현하는 예술의 형태이므로 mimetic이 정답이 되겠다. 다소 어려운 내용이지만, TEPS는 지식을 테스트하는 시험이 아니므로 영문을 이해하면 상식적으로 문맥에서 유추할 수 있다.

어구 impressionism 인상주의
cubism 입체파
representation 표현, 표상
mechanical 기계적인
mimetic 모방의, 의태의

정답 (c)

48

The well-being of the poor has not improved much since the dramatic _____ of the 1980s.

(a) advantages
(b) advent
(c) advances
(d) adventures

해석 빈곤층의 복지는 1980년대 극적인 진보 이후 그다지 개선되지 않았다.

해설 since를 전후로 동사 improve에 해당하는 명사 표현을 찾는 것이 문제다. 답은 '진보'에 해당하는 advance이다.

어구 well-being 복지, 복리
advent 도래
advance 진보
adventure 모험

정답 (c)

49

He advised her to forget about what happened in the past and start _____.

(a) afresh
(b) overall
(c) nearly
(d) newly

해석 그는 그녀에게 과거에 일어났던 일을 다 잊고 새롭게 시작하라고 충고했다.

해설 start afresh는 '다시 시작하다'라는 의미다. newly도 '새로이'라는 뜻이 있지만 보통 과거분사와 어울려 newly-wed(신혼의)와 같은 형태로 쓴다.

어구 afresh 새로이(= anew, again)
newly 최근에, 새로이

정답 (a)

50

Fortunately, no one was ＿＿＿＿ injured in the plane crash last night.
(a) furiously
(b) fully
(c) absolutely
(d) badly

해석 다행히 어젯밤의 비행기 사고에서 아무도 심한 부상을 당한 사람은 없었다.

해설 injured(상처 입은)를 꾸며줄 수 있는 적절한 부사를 찾아야 한다. '심한(↔ 경미한) 부상' 등의 뜻으로 쓸 수 있는 부사는 seriously/badly/severely(↔ slightly) 등이 있다.

어구 crash 교통사고, 추락
furiously 맹렬히, 극단적으로
badly 나쁘게, 대단히, 심하게

정답 (d)

ACTUAL TEST 2

Answers

Part I
1. (a) 2. (a) 3. (c) 4. (d) 5. (b)
6. (b) 7. (c) 8. (d) 9. (b) 10. (b)
11. (a) 12. (c) 13. (b) 14. (a) 15. (a)
16. (c) 17. (c) 18. (b) 19. (c) 20. (d)
21. (a) 22. (c) 23. (b) 24. (a) 25. (b)

Part II
26. (d) 27. (a) 28. (d) 29. (c) 30. (b)
31. (a) 32. (b) 33. (b) 34. (c) 35. (d)
36. (b) 37. (c) 38. (d) 39. (b) 40. (a)
41. (b) 42. (a) 43. (b) 44. (b) 45. (c)
46. (b) 47. (b) 48. (b) 49. (b) 50. (a)

Part I

1
A Thank you for stopping by. Let me _____ you out.
B No, thank you. Don't bother. You seem to be tied up.
(a) see
(b) hold
(c) put
(d) bring

해석 A 들러줘서 고마워요. 출구까지 배웅해 드릴게요.
B 괜찮아요. 굳이 그럴 필요 없어요. 굉장히 바쁜 것 같은데요.

해설 시험에 잘 나오는 일상 표현(daily expression)들이 나오고 있다. stop by는 '들르다(= stop over, drop by)'이고, see out은 '배웅하다', be tied up은 '바쁘다'의 뜻으로 흔히 쓰이면서 단골 출제된다. 한편 tie the knot(= get married)은 '결혼하다'라는 뜻이다.

어구 tie 묶다, 매다, 속박하다

정답 (a)

2
A If you need anything, just remember I'm just a phone call away.
B Thanks. It's _____ to know you're there for me.
(a) relieving
(b) discovering
(c) rewarding
(d) bewildering

해석 A 뭐든 필요하면 내가 전화 한 통이면 달려올 수 있다는 걸 기억해요.
B 고마워요. 당신이 곁에 있다는 걸 생각하면 안심이 돼요.

해설 언제나 달려와 줄 수 있는 사람이 가까이에 있다면 어떤 느낌인가? 마음이 놓이는 느낌은 relieve(안도케 하다, 긴장을 풀게 하다)를 쓰면 된다.

어구 reward 보상하다
bewilder 당황하게 하다(= perplex), 어리둥절하게 하다(= confuse)
ex. He was bewildered by their questions.
그는 그들의 질문 공세에 당황했다.

정답 (a)

3
A It's 11:00 p.m. Why don't we call it a _____?
B OK. Right after I finish reading this report.
(a) finish
(b) time
(c) day
(d) break

해석 A 밤 11시예요. 이제 일과를 마치는 것이 어떨까요?
B 좋아요. 이 보고서만 다 읽고 바로 가죠.

해설 B의 언급을 보면 '이것만 끝내고'라는 느낌의 말을 하고 있다. 즉, 빈칸에는 '하루 일과를 마치자'라는 의미의 call it a day가 어울린다. 이 표현 역시 필수 표현 중 하나이다. 다른 단어들도 언뜻 비슷한 의미인 것처럼 보이지만 관용표현(idioms)으로 이미 굳어진 형태로 쓰이므로 다른 단어로 대체할 수는 없다.

어구 break 파열, 휴식, 중지, 기회, 운
ex. an even break (구어로) (승부 등의) 비김, 동점 공평한 기회

a lucky break 행운
Give him a break. 그 사람 한 번만 봐 주어라.

정답 (c)

4
A Could you please _____ the noise down? I'm trying to relax.
B Sorry, I didn't realize we were talking so loud.
  (a) shut
  (b) turn
  (c) put
  (d) hold

해석 A 소리를 조금만 줄여줄 수 있겠어요? 좀 쉬려고 하는데요.
B 미안해요, 우리가 그렇게 큰 소리로 이야기하고 있는 줄 몰랐어요.

해설 음악 소리나, TV 소리 등을 줄이는 것은 turn down(반대로 올리는 것은 turn up)이라고 하지만, 여기서처럼 '말소리를 좀 줄여달라'고 할 때는 hold down the noise라고 한다. hold down은 '억제하다', '유지하다'의 뜻이며 shut down은 '문 등을 닫는 것이다.

어구 put down 아래로 내려놓다, 절약하다, 기입하다

정답 (d)

5
A How did your son react when he heard his dog had died?
B He took it pretty _____. He cried himself to sleep.
  (a) sadly
  (b) hard
  (c) much
  (d) loudly

해석 A 개가 죽었다는 소식을 듣고 당신 아들은 어떤 반응을 보였나요?
B 몹시 괴로워 했어요. 울다 지쳐 잠이 들었죠.

해설 울다 지쳐 잠이 들 정도의 반응이라면 굉장히 타격이 컸던 것이다. 그럴 때 쓰는 표현이 take it hard(몹시 괴로워하다, 힘들어 하다)이다. 일반적으로 '심각하게 받아들이다'라고 할 때는 take it seriously라고 쓰면 된다.

어구 react 반작용하다, 반대하다, 반응하다

정답 (b)

6
A On the bus, there are _____ bags ready in case you feel like throwing up.
B But it's better to go out and get some fresh air.
  (a) doggy
  (b) disposal
  (c) paper
  (d) game

해석 A 버스에는 토하고 싶을 때를 대비해 구토용 봉지가 준비되어 있어요.
B 하지만 그럴 때는 밖에 나가서 신선한 공기를 마시는 편이 더 좋지요.

해설 throw up(토하다)하고 싶을 때 필요한 봉지는 흔히 버스 등에 비치되어 있는 구토용 봉지(disposal bags, barf bags)를 말한다. paper bag은 말 그대로 '종이 봉투'이고, doggy bag은 개에게 가져다줄 봉지라는 의미로 '식당에서 남은 음식을 싸가는 것'을 말한다. 한편 game bag은 '사냥감을 담는 자루'라는 뜻이 된다. game에는 게임 외에 '사냥감'이라는 뜻이 있다는 것도 아울러 기억해 두자.

어구 throw up(= vomit) 구토하다
doggy 개의, 개에 관한
disposal 처리, 처분
game 게임, 사냥감

정답 (b)

7
A I need to go to a doctor and get some aspirin.
B If you need it quick, you can buy it _____.
  (a) around the counter
  (b) under the counter
  (c) over the counter
  (d) upon the counter

해석 A 의사한테 가서 아스피린을 좀 받아야겠어요.
B 급하게 필요하면 그냥 약국에서 살 수도 있어요.

해설 약을 사는 방법은 두 가지가 있다. 하나는 의사의 진료를 받고 처방을 받는 방법(prescribe)이고, 또 하나는 일반 의약품을 그냥 사는 것이다. 후자의 경우를 over-the-counter(OTC)라고 한다. under the counter는 카운터 밑으로 거래하는 것이니까 '암거래[암시세]로', '비밀로'라는 뜻이 된다.

어구 **aspirin** 아스피린
over the counter (의사의 처방 없이 살 수 있는) 일반 의약품

정답 (c)

8

A Ah! That juice really hits the _____.
B Anything cold is good in this heat.
  (a) thirst
  (b) dryness
  (c) sweat
  (d) spot

해석 A 아! 이 주스 정말 끝내주네.
B 이런 더위에는 뭐든 시원한 게 최고지.

해설 B의 응답에서 더위에 찬 것을 마셨을 때에 관한 이야기라는 것을 알 수 있다. 관련된 표현은 hit the spot(말할 나위 없다, 매우 만족스럽다)이다. spot이 들어간 숙어로 많이 쓰이는 것은 have a soft[tender, weak] spot for~로 '~을 좋아하다', '~에게 호감을 갖다'라는 뜻이다.

어구 **thirst** 목마름, 갈증
dryness 건조함

정답 (d)

9

A How much for the beers, Sam?
B Since it's your birthday, they're on the _____.
  (a) home
  (b) house
  (c) saloon
  (d) bar

해석 A 샘, 맥주값 다 얼마야?
B 오늘 자네 생일이니까 돈을 안 받겠네.

해설 생일이니까(Since it's your birthday) 맥주를 어떻게 할까? '한턱 내다' 정도가 어울릴 것이다. 특히 가게에서 돈을 받지 않는 경우를 on the house라고 한다. house라는 단어는 단순한 집 외에 '회사/사내'라든가 '자기 점포' 등을 가리키는 데 쓰는 말이다.

어구 **saloon** 술집, 바

정답 (b)

10

A What will you tell your mother about the vase you broke?
B I'll tell her the truth and face the _____. That's always best.
  (a) tune
  (b) music
  (c) song
  (d) melody

해석 A 네가 깬 꽃병에 대해서 엄마한테는 뭐라고 말할 거야?
B 사실을 말하고 책임을 져야지. 그게 항상 최선의 방법이야.

해설 tell her the truth(진실을 말하다)라고 했으니 그 뒤는 '사실을 직면하다, 받아들이다' 정도의 의미가 와야 한다. face the music은 '책임을 지다', '당당히 비판[벌]을 받다'로, accept the consequences와 같은 뜻으로 문맥과 잘 어울린다. song, melody는 비슷한 느낌이지만 music을 대체할 수는 없다.

어구 **tune** 곡조, 선율

정답 (b)

11

A Where were the dinosaur bones found?
B Near an _____ site outside of Salt Lake City, Utah.
  (a) excavation
  (b) execution
  (c) extraction
  (d) exile

해석 A 어디서 공룡 뼈대가 발견되었나요?
B 유타 주 솔트레이크 시티 외곽의 발굴 현장 근처에서요.

해설 공룡 뼈(skeleton)라든가 하는 것을 발굴(excavate)하는 장소를 excavation site라고 한다. 비슷한 형태의 뜻인 다른 단어들(confusable words)을 묻고 있다. Part 1에서도 한두 문제 출제되는 경향을 보인다.

어구 **excavation** 굴, 굴착, 발굴
extraction 뽑아냄, 추출
exile 국외추방, 망명
ex. live in exile 망명 생활을 하다

정답 (a)

12

A What are some things we can do to save the environment?
B The most _____ thing we can do is recycle.

(a) secondary
(b) sentimental
(c) fundamental
(d) paradox

해석 A 환경을 지키기 위해 우리가 할 수 있는 것은 어떤 것들인가요?
B 가장 근본적인 것이 재활용이죠.

해설 recycle은 그냥 버려질 수도 있는 물건들을 재활용하는 것으로 환경 운동의 기본이다. fundamental은 '근본적인', '중요한(= essential)'이라는 뜻도 있고, 명사(흔히 복수형)로 쓰이면 '원리', '원칙'이란 뜻을 갖는다.

어구 secondary 이차적인, 보조적인
sentimental 감상적인, 감정적인
paradox 역설, 자가당착의 말
fundamental 근본적인

정답 (c)

13

A What is this umbrella used for?
B It's used to help _____ protection from the sun and the rain.

(a) prevent
(b) provide
(c) breach
(d) withhold

해석 A 이 우산은 어디에 쓰이나요?
B 햇살과 비로부터 보호해줍니다.

해설 문장을 주의해서 봐야 한다. protection from the sun and the rain이라는 부분에서 실제 목적어는 protection이므로 동사는 '제공하다'의 의미인 provide가 되어야 한다. sun and the rain에 현혹되지 않도록 하자.

어구 prevent 예방하다
breach 위반[불이행](하다)
ex. breach(= break) an agreement, a law, or a promise
withhold 억제하다, 보류하다

정답 (b)

14

A Why did you bring your sunblock?
B I was _____ that it would be a sunny day.

(a) speculating
(b) commentating
(c) doubting
(d) evaluating

해석 A 자외선 차단제는 왜 가져왔어요?
B 오늘 햇빛이 강할 거라고 생각했어요.

해설 sun block(자외선 차단제)을 가지고 오는 이유는 해가 쨍쨍 날 것이라 여겼기 때문이다. 따라서 추측의 의미를 갖는 speculate가 답이다. doubt는 '의심하다'로 목적어의 내용에 대해 그렇지 않을 것으로 생각하는 것이므로 반대 의미가 된다.

어구 commentate 논평하다, 주석하다
speculate 추측하다, 사색하다, 깊이 생각하다(= meditate); (주식·토지 등에) 투기하다, 투기 매매하다
evaluate 평가하다

정답 (a)

15

A I hate telemarketers. They can be so _____ sometimes.
B I know what you mean. I had one call me the other day, and he kept calling and calling.

(a) tenacious
(b) tremendous
(c) tantalizing
(d) traumatizing

해석 A 텔레마케터들은 정말 싫어요. 어떨 땐 정말이지 끈질기다니까요.
B 무슨 말인지 알아요. 얼마 전에 나도 그런 전화를 받았는데 계속해서 몇 번이고 전화를 했어요.

해설 I know what you mean으로 말을 시작하고 있으니 A의 말에 맞장구를 쳐야 자연스럽다. 자꾸만 전화를 해대니 '끈질김'의 뜻인 tenacious가 답이다.

어구 tremendous 거대한, 대단한(= huge)
tantalizing 감칠 나는
traumatizing 외상(trauma)을 입히는 v. traumatize
ex. My wife was traumatized by the experience.
It was a traumatizing experience for my wife.
tenacious 끈질긴, 끈덕진

정답 (a)

16

A What's the one thing you don't like about your girlfriend?
B The one thing I don't really like is how _____ she is. One minute she's doing one thing the next she's doing another.
 (a) flamboyant
 (b) frequent
 (c) capricious
 (d) continuous

해석 A 네 여자 친구의 어떤 점이 마음에 안 드니?
  B 내가 별로 안 좋아하는 한 가지는 그녀가 너무 변덕스럽다는 거지. 금방 어떤 일을 하는가 싶다가 금세 다른 일을 하거든.

해설 순간순간 마음이 변하는, 어디로 튈지 모르는 여자의 성격은 변덕스러운 것이므로 이는 형용사 capricious로 표현한다.

어구 **capricious** 변덕스러운(= fickle, changeable, whimsical)
  flamboyant (옷차림, 태도, 문체 등이) 화려한, 눈부신
  frequent 빈번한

정답 (c)

17

A How did you enjoy your vacation?
B It was wonderful. The only problem is that it went by too _____.
 (a) much
 (b) early
 (c) quickly
 (d) shortly

해석 A 휴가는 어떻게 보냈어?
  B 정말 근사했어. 너무 빨리 지나가버려서 문제지.

해설 '빨리'라는 의미의 부사를 찾는 문제다. early, shortly는 한국어 해석으로 '일찍', '빨리' 등으로 될 수 있지만 어떤 행동 자체의 빠름이 아니라 시점의 빠름을 나타내는 단어들이므로 어울리지 않는다. 주어진 문장에서 대신 쓸 수 있는 부사는 fast가 있다. go by(= pass by)는 '지나가다'라는 의미다.

어구 **vacation** 휴가

정답 (c)

18

A Who should I call about changing the combination on my door?
B The best person to call is an _____.
 (a) tenant
 (b) locksmith
 (c) stockbroker
 (d) builder

해석 A 현관문 자물쇠 번호를 바꾸려면 누구한테 전화해야 해요?
  B 가장 좋은 사람은 자물쇠 수리공이겠죠.

해설 combination이 무슨 뜻인지 안다면 쉽게 맞출 수 있는 문제다. combination은 물론 '결합', '조합'이라는 뜻이 있지만 몇 개의 숫자를 조합하여 열고 잠그게 되어 있는 다이얼 자물쇠의 '숫자'를 뜻하기도 한다. 따라서 '자물쇠 수리공'인 locksmith를 불러야 한다. 간단한 직업명은 단골 출제되는 문제이므로 확실하게 기억해 두자.

어구 **tenant** 입주자
  stockbroker 주식 중개인

정답 (b)

19

A How much money can I transfer to the United States?
B No more than $10,000 per year. Any more than that and the United States Federal Government will _____ you on it.
 (a) charge
 (b) fraud
 (c) tax
 (d) commit

해석 A 미국으로 돈을 얼마나 송금할 수 있어요?
  B 일 년에 1만 달러 이상은 안 됩니다. 그 이상을 보내면 미국 정부에서 세금을 물리게 됩니다.

해설 문장은 일정액 이상의 돈을 송금할 때 정부가 어떤 조치를 취해야 할 것인가를 생각해 보면 간단히 tax(세금을 부과하다)를 정답으로 찾을 수 있다. charge 역시 '부과하다'지만 '벌금, 요금의 부과'를 뜻하고 문제에서처럼 앞뒤 설명 없이 charge someone이라고 쓰면 '누군가를 고소하다'의 뜻이 되어버리므로 역시 어울리지 않는다.

어구 **transfer** 이전하다, 송금하다
  federal 연방의, 연합의
  fraud 사기, 부정(= deception)

정답 (c)

20
A What are you going to do with all that sand on the ground?
B We are going to _____ it onto the back of the pick-up truck.
(a) build
(b) create
(c) charge
(d) load

해석 A 바닥에 그 모래는 다 뭐하려고?
B 픽업트럭 뒤에 실을 거야.

해설 모래를 트럭에 어떻게 할까? 싶는다. 즉, load(짐 등을 싣다, 적재하다)가 답임을 알 수 있다. '반대로 짐을 내리는 것'은 unload로 쓴다.

어구 create 창조하다, 만들다
charge 부담시키다, 부과하다

정답 (d)

21
A What happened to the files that were on your computer desktop?
B I left my computer on and someone came over and _____ them all.
(a) deleted
(b) compiled
(c) extracted
(d) zipped

해석 A 네 컴퓨터 바탕화면에 있던 파일은 어떻게 된 거야?
B 컴퓨터를 켜두었는데 누군가가 와서 다 지워버렸어.

해설 What happened~?라고 묻는 것은 의외의(주로 부정적인) 상황에 대해 설명을 요구하는 의문문이다. 단순히 파일들을 컴파일 한다든가, 압축한다든가 하는 것보다는 지워져 버린 것이 상황에 어울린다. 따라서 답은 delete이다.

어구 compile 편집[편찬]하다, (프로그램을) 컴파일하다
extract 풀다, 추출하다
zip 압축하다, 지퍼로 닫다, 입을 다물다
ex. zip (up) one's lip[mouth] 입을 다물다, 침묵하다

정답 (a)

22
A I can't afford this silverware set.
B Then buy the other one. It's much _____.
(a) lower
(b) easier
(c) cheaper
(d) pricier

해석 A 이 은그릇 세트를 살 돈이 없어요.
B 그럼 다른 걸 구입하세요. 그쪽 건 훨씬 저렴해요.

해설 can't afford~는 '~를 가질 여유가 없다'는 뜻이다. 이 경우 다른 것을 권한다면 가격이 더 싼 것이 나와야 할 것이다. lower가 나오려면 주어가 the price가 되어야 하고, pricier(= more expensive)는 반대되는 뜻이다.

어구 silverware 은식기
pricy 비싼

정답 (c)

23
A It's important not to put all of your personal information on your home page.
B I agree. You don't know who could be out there _____ you.
(a) finding
(b) stalking
(c) stealing
(d) taking

해석 A 개인 정보를 전부 홈페이지에 올리지 않는 것이 중요합니다.
B 그렇죠, 누가 당신을 스토킹하고 있을 수도 있으니까요.

해설 personal information은 '개인 신상정보'를 뜻한다. 이것이 외부에 공개되면 악의 있는 사람들의 표적이 될 수도 있다. 이런 행동을 stalking이라고 한다. 철자를 정확히 기억해두록 하자. 금전적 이익을 노리는 사람들도 있겠지만, stealing을 쓰려면 stealing from you와 같은 형태로 써야 한다.

어구 stalk (사냥감 등에) 몰래 접근하는, 가만히 뒤를 밟다, 만연하다
ex. Disease stalked the land.
질병이 나라를 휩쓸었다.

정답 (b)

24

A Did you call the restaurant again to make sure that our table is still available?
B Don't worry. I already called and _____.
(a) double-checked
(b) double-banked
(c) check-marked
(d) double-acted

해석 A 레스토랑에 전화해서 예약한 테이블이 아직 유효한지 확인했어요?
B 걱정 말아요. 이미 전화해서 다시 확인했으니까.

해설 call the restaurant again이 핵심 표현이다. 다시 전화해서 좌석이 유효한지 다시 확인하는 것은 double-check라고 한다.

어구 **double-check** 재확인[재점검]하다
double act (코미디언 두 사람이 하는) 콤비 연기(를 하다)
double-bank (말, 자전거 등에) 두 사람이 타다

정답 (a)

25

A I wouldn't drink too much of that medicine. It can be very _____.
B I already did and I think I'm starting to feel the side effects.
(a) weak
(b) potent
(c) solvent
(d) diluted

해석 A 그 약을 너무 많이 먹지 않는 게 좋아요. 아주 독하거든요.
B 이미 많이 마셨어요. 벌써 부작용이 느껴지는 것 같아요.

해설 많이 마시지 않는 것이 좋은 이유는 약이 독하기(potent) 때문이다. potent는 이 외에도 '강력한', '중요한' 등의 뜻이 있다.

어구 **solvent** 지불 능력이 있는, 녹이는
diluted 희석된
weak 약한, 묽은, 싱거운

정답 (b)

Part II

26.
Rachel appeared _____ and cool as usual.
(a) clumsy
(b) stunned
(c) distracted
(d) poised

해석 레이첼은 언제나처럼 태연하고 침착해 보였다.
해설 ~and cool(침착한)에 자연스럽게 연결될 수 있는 비슷한 뜻의 어휘가 필요하다. (d) poised는 '태연한', '침착한'이란 뜻으로 함께 자연스럽게 어울린다.
어구 clumsy 어색한, 서툰
stunned 아연실색한, 기절한
distracted 빗나간, 마음이 산란한
poised 침착한, 태연한
정답 (d)

27.
I wish he wouldn't _____ back how he really feels all the time.
(a) hold
(b) put
(c) pull
(d) take

해석 나는 그가 실제 자신의 감정을 항상 감추지 않았으면 한다.
해설 how he really feels는 '실제 그가 느끼는 감정'이며 '감정을 감추다'라고 할 때는 hold back을 써서 표현한다.
어구 hold back 감추다, 억제하다, 자제하다
pull back (한 말을) 취소하다, 후퇴하다
take back 도로 찾다, 철회하다, 되돌아가다, (한 말을) 취소하다
정답 (a)

28.
China needs to remain _____ about inflationary pressures spreading from food to other products, despite a dip in overall consumer prices in March.
(a) vigorous
(b) ubiquitous
(c) vindicated
(d) vigilant

해석 중국은 3월 전반적인 소비자 물가의 하락에도 불구하고 식료품에서 다른 제품으로 퍼져가고 있는 인플레이션 압력을 경계해야 한다.
해설 despite와 같은 표현은 항상 주의를 기울여야 한다. '~에도 불구하고'라는 의미이므로 그 앞뒤는 역접관계가 되어야 한다. 즉, a dip in consumer price(소비자 물가 하락)에도 불구하고 (마음 푹 놓는 것이 아니라) 인플레이션에 여전히 신경을 써야 한다는 의미로 연결되어야 한다. 따라서 '경계를 놓지 않는'이란 뜻의 vigilant가 정답이다.
어구 vigorous 정력적인, 원기 왕성한
inflationary 인플레이션의
dip 하락, 강하, 담금
ubiquitous 어디나 있는, 편재하는
vindicated 입증된
vigilant 경계하고 있는
정답 (d)

29.
Some immigration experts have taken a skeptical _____ of the program.
(a) opinion
(b) catch
(c) view
(d) eye

해석 일부 이민 전문가들은 그 프로그램에 대해 회의적인 시각을 갖고 있다.
해설 '회의적인 시각'이란 뜻이 되도록 skeptical과 함께 view를 써야 어울린다. 참고로 보기 (b) catch에는 '잡기', '잡은 것'이란 뜻 외에도 구어로 '얻고 싶은 것', '대어'의 뜻이 있어 a good catch라고 하면 '꼭 붙잡고 싶은 결혼 상대'라는 재미있는 뜻이 되기도 한다.
어구 immigration 이민, 이주
skeptical 회의적인
opinion 견해, 의견
catch 잡기, 잡은 것, 대어, 함정
정답 (c)

30

> The Democratic _____ won the presidential election.
> (a) follower
> (b) candidate
> (c) customer
> (d) warrior

해석 민주당 후보가 대통령 선거에서 대승리를 거두었다.

해설 follower는 '추종자(↔ leader)', customer는 '고객', warrior는 '전사', '투사'의 의미를 갖는다.

어구 Democratic 민주당(원)
candidate 후보
warrior 전사, 투사

정답 (b)

31

> The dictator _____ power in a military coup in 1999.
> (a) seized
> (b) brought
> (c) stole
> (d) abused

해석 그 독재자는 1999년 군사 쿠데타를 통해 권력을 장악했다.

해설 쿠데타는 무력으로 권력을 장악하는 것이다. '권력을 쥐다, 장악하다'라고 할 때 쓰는 동사는 seize다. 좀 더 중립적으로는 assume, take를 쓸 수 있고, '권력을 휘두르다'는 exercise, wield로 표현할 수 있다. 모두 자주 나오는 중요 단어들로 power와 짝을 맞춰 외워두기만 해도 이 문제는 맞출 수 있을 것이다.

어구 dictator 독재자
military 군대의, 군부의
coup 일격, 대 히트
seize 포착하다, 붙잡다
abuse 남용하다, 학대하다

정답 (a)

32

> The domestic film industry is under-developed, and the creativity of filmmakers is _____ by censorship.
> (a) encouraged
> (b) stifled
> (c) promoted
> (d) stiffened

해석 국내 영화 산업은 개발이 미숙한 상태이고, 영화제작자들의 창의성은 검열에 의해 억압되고 있다.

해설 under-developed와 이어져야 하므로 부정적인 내용이 나와야 한다. 영화제작자들의 창의성이 억눌리고 (stifled) 있다고 해야 자연스럽다. stifle은 원래 숨을 막아 '질식시키다'의 뜻이다. encourage나 promote는 '촉진하다'는 의미이다.

어구 domestic 국내의, 가정의
under-developed 저개발된
filmmaker 영화제작자
encourage 장려하다, 권장하다
stifle 질식시키다, 억압하다
stiffen 강화하다, 경직시키다

정답 (b)

33

> The drop in illegal border crossings has been so dramatic that the success of the new program is hard to _____.
> (a) disagree
> (b) dispute
> (c) convert
> (d) transfer

해석 불법 국경 이동은 놀라운 수치로 줄어들어서 새 계획의 성공 여부는 논쟁의 여지가 없다.

해설 so~ that~ 구문은 '너무나 극적이어서'라는 뜻으로 뒤에 자연스럽게 이어질 수 있는 것은 성공이 '확연하다', '명확하다', 즉 '논의의 여지가 없다(hard to dispute)'라는 것이다. 같은 의미의 형용사는 indisputable이 있다.

어구 illegal 불법의
crossing 횡단, 교차, 이종교배
dramatic 극적인, 드라마틱한
dispute 논쟁, 분쟁
convert 전환하다, 개조하다
transfer 양도하다

정답 (b)

34

The huge truck _____, and started to move.
(a) glimmered
(b) shouted
(c) roared
(d) yelled

해석 그 거대한 트럭은 요란한 소리를 내더니 움직이기 시작했다.

해설 엔진이 부릉부릉 요란한 소리를 내며 시동하는 것을 묘사할 때 쓰는 동사는 roar다. roar는 사자 같은 맹수가 울부짖는 것을 뜻하는 동사. 여기서 뜻이 확장되어 '기계, 차 등이 굉음을 내는 것을 표현'할 때 쓴다.

어구 glimmer 빛나다
shout 외치다, 소리지르다
roar 울부짖다

정답 (c)

35

Investors encouraged African leaders to commit to transparent government policies on trade and investment in order to _____ foreign investors.
(a) chase
(b) ignore
(c) deviate
(d) attract

해석 투자자들은 해외 투자자들을 유치하기 위해 아프리카의 지도자들이 투자와 무역에 관한 투명한 정부 정책을 시행하는 데 노력을 기울일 것을 촉구했다.

해설 한국말로도 '외자'라고 하면 '유치'를 생각하는 것처럼, 늘 같이 쓰이게 마련인 표현들 중 하나가 attract investors다. 물론 의미가 자연스럽게 통하는지를 먼저 확인해야 한다. 정부가 투명한(transparent) 정책을 시행하는 것은 당연히 외자를 유치하기 위해서일 것이다.

어구 commit 범하다, 저지르다, 헌신시키다
transparent 투명한
chase 쫓다, 추격하다
deviate 일탈하다, 벗어나다
attract 끌다, 유혹하다

정답 (d)

36

I was supposed to meet him and go to a movie together tonight, but he _____ me up.
(a) set
(b) stood
(c) made
(d) gave

해석 나는 오늘 밤 그를 만나 같이 영화를 보러 가기로 되어 있었지만, 그는 나를 바람맞혔다.

해설 be supposed to~는 '예정', '계획' 등의 의미를 갖는다. ~할 예정이었지만 약속이 깨어진 내용이 나와야 한다. stand a person up은 말 그대로 어떤 사람을 세워두는 것, 즉 '바람맞히는 것'을 말한다.

어구 set up 세우다, (책략을) 꾸미다
make up 수선하다, 보충하다, 구성하다, 화해하다, 보충시험을 보다
give up 포기하다

정답 (b)

37

When there are not enough volunteers for the army, the authorities should _____ additional men.
(a) issue
(b) renew
(c) conscript
(d) suspend

해석 군대에 지원자가 충분치 않을 때, 당국은 추가로 사람들을 징병해야 한다.

해설 군(army)에 추가로 사람(additional men)을 모으는 것, 즉 '징병/징집하다'에 해당하는 표현을 선택하는 문제다. 노동력, 자금 따위를 '징발하다'는 표현도 conscript로 표현한다.

어구 volunteer 자원하다, 자원봉사하다
authorities 권위, 당국
additional 추가의
issue 발행하다
renew 재개하다, 새롭게 하다
conscript 징병하다, 징발하다
suspend 유보하다, 중지하다

정답 (c)

38

The witness took a(n) _____ on the Bible.
(a) survey
(b) appointment
(c) remark
(d) oath

해석 증인은 성서에 대고 선서를 했다.
해설 법정에서 증인은 증언을 하기 전에 성서에 손을 대고 진실의 선서를 한다. 이를 take[swear] an oath라고 한다.
어구 witness 증인
survey 설문조사
appointment 약속, 임명
oath 맹세, 선서
정답 (d)

39

Wearing helmets can give skaters a false sense of _____ and encourage them to take risks.
(a) satisfaction
(b) security
(c) deference
(d) indifference

해석 헬멧을 쓰면 스케이터들은 실제 이상으로 안전하다고 느껴 위험을 무릅쓰게 되는 경향이 있다.
해설 take risk(위험을 무릅쓰다)가 핵심 표현이다. 안전한 느낌이 문맥상 적절한데 이는 a sense of security로 표현할 수 있다. 만족감, 행복감 등 '~감'을 표현할 때 sense of~로 쓸 수 있다. 관련 표현으로는 a sense of security(안전감) 외에도 a sense of duty(의무감), a sense of satisfaction(만족감) 등이 있다.
어구 helmet 헬멧
false 거짓된, 그른
satisfaction 만족
indifference 무관심
정답 (b)

40

Even if you have already read the book, you will still really enjoy this wonderful _____ of the adventure in movie form.
(a) account
(b) imitation
(c) exhibition
(d) disclose

해석 그 책을 이미 읽었다고 해도 영화화된 이 멋진 모험 이야기를 충분히 즐길 수 있을 것이다.
해설 ~of the adventure(모험의) 앞에 이어질 수 있는 표현을 고르는 문제다. account는 '구좌', '계정' 등의 뜻으로 흔히 쓰이는 단어지만 '설명', '이야기'라는 뜻도 있다. 그래서 모험 이야기라는 뜻을 만들어 주는 account가 답이다.
어구 adventure 모험
imitation 모방
exhibition 전시
disclose 드러내다, 노출시키다
정답 (a)

41

Health officials say some farmers in the affected area are _____ bird flu after being in contact with sick birds.
(a) infecting
(b) contracting
(c) inheriting
(d) contaminating

해석 보건 관계자들은 전염 지역의 일부 농부들이 병든 조류와 접촉한 다음 조류 독감에 감염되었다고 밝히고 있다.
해설 affected는 '영향을 받은'이라는 뜻으로 전염병이나 재난 등에 의해 피해를 입은 지역을 말할 때 affected area라고 한다. 여기서 빈칸 동사에 바로 연결되는 주어는 사람(farmers)이므로 '~병에 걸리다'라는 뜻의 contract가 답이다. 이 단어 대신 come down with~도 쓸 수 있다.
어구 affected 영향을 받은, 피해를 입은
bird flu 조류독감
contract 걸리다
inherit 상속하다
contaminate 오염시키다
정답 (b)

42

Accurate _____ method in the early stage of a disease will improve the possibility of full recovery.

(a) diagnostic
(b) ongoing
(c) operational
(d) designated

해석 질병의 정확한 초기 진단 방법은 완치의 가능성을 높일 것이다.

해설 disease(질병), full recovery(완치) 등의 내용으로 미루어 초기 진단 방법에 해당하는 diagnostic이 정답임을 알 수 있다. 명사형 diagnosis와 함께 꼭 알아두어야 할 단어이다.

어구 method 방법
diagnostic 진단의, 진단하는
ongoing 계속되는
operational 경영상의, 사용할 수 있는
designated 지정된, 관선의

정답 (a)

43

A new press ordinance bans publication of news about terrorist bombings and material that _____ the head of state.

(a) respects
(b) disrespects
(c) admires
(d) agrees

해석 새 언론 조례는 테러리스트 폭격 및 국가수반을 비난하는 내용의 출판을 금지하고 있다.

해설 bans가 문제를 푸는 키워드다. 출판 금지가 될 만한 내용이 뒤에 와야 하므로 부정적인 내용이 와야 하며 문맥상 disrespect(비난하다)가 답으로 적절하다.

어구 ordinance(=regulation) 조례, 포고
ban 금지하다
terrorist 테러리스트
bombing 폭격
the head of state 국가수반
disrespect 비난하다

정답 (b)

44

What I'm trying to do is to _____ people, to give them ways to help them get well.

(a) embody
(b) empower
(c) order
(d) permit

해석 내가 하려고 하는 것은 사람들이 회복할 수 있도록 돕는 방법을 찾아주어, 그들에게 힘을 실어 주는 것이다.

해설 TEPS의 많은 문제들은 paraphrase라는 문제로 환원된다. 여기서는 to give them ways to help them get well이 동격으로 연결되어 있어 앞의 내용을 부연 설명하고 있음을 알 수 있다. 즉, to give them ways to help them get well을 한 단어로 표현한 '~할 수 있도록 하다', '권한을 부여하다'의 의미를 갖는 empower가 정답이다.

어구 embody 구현하다
empower 권한을 부여하다
order 명령하다
permit 허락하다

정답 (b)

45

Wild plants can thrive best in its natural _____.

(a) inhabitant
(b) ecology
(c) habitat
(d) lodging

해석 야생 식물은 자연의 서식지에서 가장 잘 번성한다.

해설 habitat은 사는 곳으로 사람의 경우라면 '거주지', 여기서처럼 식물의 경우라면 '서식지'가 되겠다. 자연 상태로 서식하는 경우, 가장 잘 번성할 수 있다고 보는 것이 내용상 자연스럽게 연결된다. 단어의 조합으로 보아도 natural을 붙여서 자연스러운 경우는 habitat뿐이다.

어구 natural 자연의, 자연스러운
inhabitant 주민, 거주자
ecology 생태학
habitat 주거지, 서식지
lodging 하숙, 숙박

정답 (c)

46

The coalition was so disappointed with the election results to find that they just won a _____ five seats.
(a) prodigious
(b) paltry
(c) pouty
(d) phenomenal

해석 그 연합은 그들이 겨우 5개의 의석밖에 확보하지 못했다는 것을 알고 선거 결과에 너무나 실망했다.

해설 어떤 결과에 disappointed(실망)했다는 것이고 그것은 단지 5석만을 얻었기 때문이라는 내용이므로 아주 적은 수/량을 나타내는 형용사인 paltry(근소한)가 답이다.

어구 coalition 연합(= alliance)
disappointed 실망한, 낙담한
prodigious 거대한, 비범한
paltry 얼마 안 되는, 보잘것없는(= petty)
pouty 시무룩한, 뿌루퉁한(= sulky)
phenomenal 경이적인

정답 (b)

47

Artistic creativity and _____ craftsmanship of our designers have satisfied even the most demanding customers.
(a) gawky
(b) adroit
(c) gangling
(d) clumsy

해석 자사 디자이너들의 예술적 창의력과 숙련된 솜씨는 가장 까다로운 고객들도 만족시켜 왔다.

해설 satisfied even the most demanding customers라는 내용이 나오므로 당연히 긍정적인 내용이 정답이다. adroit는 '숙련된'의 뜻으로 craftsmanship과도 잘 어울리는 단어다.

어구 creativity 창의력
craftsmanship 솜씨
demanding 까다로운, 요구가 많은
gawky 얼빠진, 멍청한
adroit 숙련된
gangling 호리호리하게 키가 큰

정답 (b)

48

Women should have the right to dress as they _____.
(a) dislike
(b) please
(c) care
(d) go

해석 여성들은 그들이 원하는 대로 자유롭게 옷을 입을 수 있는 권리가 있어야 한다.

해설 right(권리)라는 표현과 어울려야 하므로 as one please(좋은 대로)라는 내용이 이어지는 것이 정답이다.

어구 dress 옷을 입히다
dislike 싫어하다
please 기쁘게 하다, 좋다

정답 (b)

49

The traditional _____ and the power behind paternalism is fading fast in the modern society.
(a) independence
(b) deference
(c) contentment
(d) security

해석 가부장주의에 대한 전통적인 경의와 힘은 현대 사회에서 빠르게 퇴색하고 있다.

해설 ~ and the power(힘, 권위)를 파악하는 것이 문제를 푸는 핵심이다. and로 연결되어 있으므로 내용이 어울리는 어구를 찾는다. 힘과 권위와 어울리는 것은 경의(deference)일 것이다.

어구 paternalism 가족주의, 가부장주의
fade 사라지다, 희미해지다
independence 독립, 자주
deference 존경, 경의
contentment 만족
security 보안, 안전

정답 (b)

50

The author made _____ to the Bible to give his text a religious tone.
(a) reference
(b) comment
(c) remark
(d) preference

해석 작가는 자기 글에 종교적인 색채를 가미하기 위해 성서를 인용했다.

해설 author(작가)가 다른 책, 문서 등을 자신의 글(text)에 쓰는 것은 인용/언급(refer to)하는 것이다.

어구 author 작가
　　 tone 어조, 음조
　　 reference 언급, 인용
　　 preference 선호

정답 (a)

ACTUAL TEST 3

Answers

Part I
1. (c) 2. (d) 3. (a) 4. (b) 5. (c)
6. (b) 7. (b) 8. (b) 9. (a) 10. (d)
11. (c) 12. (c) 13. (a) 14. (b) 15. (c)
16. (a) 17. (c) 18. (b) 19. (a) 20. (c)
21. (c) 22. (b) 23. (b) 24. (a) 25. (c)

Part II
26. (b) 27. (a) 28. (d) 29. (b) 30. (d)
31. (d) 32. (b) 33. (b) 34. (b) 35. (a)
36. (d) 37. (c) 38. (b) 39. (d) 40. (d)
41. (d) 42. (b) 43. (c) 44. (b) 45. (a)
46. (d) 47. (a) 48. (b) 49. (a) 50. (b)

Part I

1
A I need to borrow a car and you need some help with writing that report.
B Maybe we can work something _____.
(a) off
(b) over
(c) out
(d) useful

해석 A 나는 차를 빌려야 하고 너는 보고서 쓰는 데 도움이 필요하지.
B 아마도 뭔가 해결책을 찾을 수 있을 것 같은데.

해설 두 사람은 서로서로 도움을 주고받아야 하는 상황이므로 뭔가 '좋은 안을 내놓다, 도출하다'의 의미인 work out이 필요함을 알 수 있다.

어구 work off 서서히 ~으로 되다, 체중을 (운동 등으로) 줄이다, 서서히 제거하다
work over ~를 연구/조사하다, 다시 하다

정답 (c)

2
A Samuel is really _____ on himself, isn't he?
B I think he blames himself for his wife's accident.
(a) strict
(b) rough
(c) brash
(d) hard

해석 A 사무엘은 스스로한테 정말 엄격해, 그렇지 않니?
B 아내의 사고를 자기 탓이라고 생각하고 있는 것 같아.

해설 blame himself(스스로를 탓하다, 자책하다)하는 것은 자신에게 '가혹/엄격'한 것이다. 어울리는 단어는 hard이다. strict(엄격한), rough(거친) 등도 그럴 듯해 보이지만 strict는 규율 등을 잘 지키는 것과 같이 '엄밀한', '꼼꼼한'의 느낌이 강하고, rough는 '다듬어지지 않은 거친' 느낌의 단어다. 스스로에게 '가혹/엄격하다'라고 할 때는 hard가 어울린다.

어구 blame 책망하다, 탓하다
brash 성급한, 경솔한, 무모한, 뻔뻔스러운, 건방진 (= saucy)

정답 (d)

3
A I can let you have that bracelet for only $162.00.
B If you'll _____ for $150.00, I'll take it.
(a) settle
(b) saddle
(c) scratch
(d) stretch

해석 A 그 팔찌를 162달러에 드릴 수 있어요.
B 150달러에 해주시면 사겠어요.

해설 두 사람은 현재 흥정을 하고 있다. 더 낮은 가격을 부르면서 요구하는 것이므로 '~를 받아들인다면' 정도의 의미가 들어가야 한다. settle for~는 '~을 받아들이다', '~을 감수하다'의 뜻이다.

어구 saddle 안장을 얹다, 책임을 부과하다
stretch 잡아 늘이다, 과장하다, 연장하다
ex. stretch the truth 진실을 과장하다

정답 (a)

4
A If you're not busy, Sam, I'd like to have _____ with you.
B No, I'm not at all busy. I was just typing a few letters.
   (a) the wording
   (b) a word
   (c) wording
   (d) words

해석 A 샘, 바쁘지 않으면 잠깐 이야기 좀 했으면 하는데.
    B 아니, 전혀 바쁘지 않아. 그냥 편지 몇 통 타이핑하고 있었을 뿐이야.

해설 '잠깐 얘기 좀'이라는 표현에 해당하는 것은 have a word이다. 물론 한마디만 하는 것은 아니겠지만 흔히 그렇게 표현한다. 재미있는 것은 have words with라고 하면 '~와 말다툼하다'라는 뜻이 된다는 것이다.

어구 wording 용어, 표현

정답 (b)

5
A Do you know how long I've been waiting here?
B Yeah, I know. I was _____ a bit late.
   (a) going
   (b) coming
   (c) running
   (d) showing up

해석 A 여기서 내가 얼마나 오래 기다렸는지 알아?
    B 알아, 내가 좀 늦었지.

해설 A의 언급으로 보아 B가 약속 시간에 늦었다는 것을 알 수 있다. 약속 시간에 늦는 것과 관련된 표현인 run late는 '(예상보다) 늦어지다, 지각하다'라는 뜻이다.

어구 run late 늦어지다
    show up 나타나다, 모습을 보이다

정답 (c)

6
A I really hate my job, but I know I should stick to it if I want to succeed.
B Well, people say success is never a _____—it is a journey.
   (a) stop
   (b) destination
   (c) target
   (d) picnic

해석 A 나는 정말 내 일이 싫어, 하지만 성공하고 싶으면 계속 해야겠지.
    B 글쎄, 사람들은 성공이 종착점이 아니라 여정이라고들 하잖아.

해설 성공하는 결과도 중요하지만 그 과정도 중요하다는 의미로 Success is never a destination—it is a journey라고 한다. destination은 원래 어떤 여정의 '마지막 목적지'를 뜻하는 말이지만 여기서는 '결과'라는 의미로 비유적으로 쓰였다. journey 역시 '여행'이라는 뜻이지만 '과정'의 의미로 쓰이고 있다. target은 '과녁'이라는 의미로 비슷한 느낌이기는 하지만, journey와 어울리지 않는다.

어구 destination 목적지
    target 과녁, 목표
    stick to~ (일 따위)를 끝까지 해내다

정답 (b)

7
A Are you still gambling?
B Yes, it's a tough habit to _____.
   (a) cut
   (b) break
   (c) develop
   (d) have

해석 A 아직도 도박을 하니?
    B 응, 끊기 힘든 습관이야.

해설 break/kick the habit(습관을 버리다) 등의 표현은 기본적으로 알아두자.

어구 gambling 도박
    tough 거친, 힘든

정답 (b)

8

A I heard that he tried to _____ suicide.
B What? What happened to him?
(a) do
(b) commit
(c) make
(d) perform

해석 A 그가 자살을 시도했다고 들었어.
B 정말? 무슨 일이 있었는데?

해설 suicide와의 호응을 생각하면 쉽게 문제를 풀 수 있다. commit은 주로 부정적인 내용의 목적어를 받아 commit a crime[error, murder, adultery] 등과 같이 쓴다. 한편 perform은 일이나 업무 등을 수행하는 것이므로 둘 다 '어떤 행동을 하는 것'이지만 그 쓰임은 매우 다르다. perform an experiment[a ceremony] 등과 같이 쓴다.

어구 commit 저지르다
ex. commit suicide 자살하다(= kill oneself)
perform 수행하다(= carry out)

정답 (b)

9

A Watch out! That truck almost hit you. Stay out of the road.
B You're right. That was a _____ call.
(a) close
(b) dangerous
(c) worried
(d) near

해석 A 조심해! 트럭에 치일 뻔 했잖아. 길에서 비켜나.
B 그러게! 아슬아슬했다.

해설 '아슬아슬한', '구사일생' 등의 의미로 a close call[shave]을 쓸 수 있다. close는 '매우 가까운'이란 의미로 a close election은 접전을 벌이는 선거를 말해, The result is going too close to call이라고 하면 너무 치열하여 결과를 점치기 어렵다는 말이 된다.

어구 dangerous 위험한
worried 걱정하는
stay out of~ ~에서 벗어나다

정답 (a)

10

A You're late again, Richard! That's already twice this week.
B I'm very sorry. The _____ traffic delayed me.
(a) crowded
(b) packed
(c) cramped
(d) heavy

해석 A 리처드, 또 늦었군요. 벌써 이번 주에만 두 번째잖아요.
B 미안합니다. 교통이 혼잡해서 늦었어요.

해설 '교통이 혼잡'할 때 heavy[bumper-to-bumper, slow-moving] traffic 등으로 표현할 수 있다. crowded나 packed는 장소와 어울려 The shop is packed.(가게가 붐빈다)와 같이 쓴다.

어구 cramped 비좁은(= confined ≠ spacious, roomy)
packed 가득 찬, 혼잡한
crowded 만원인, 혼잡한
delay 지연시키다, 지체시키다

정답 (d)

11

A Why was Martha so embarrassed during the kissing scene of *Sex and the City*?
B The reason is that she is so _____.
(a) womanish
(b) female
(c) prudish
(d) ladylike

해석 A 〈섹스 앤 더 시티〉의 키스 장면에서 마사가 왜 그렇게 안절부절못했나요?
B 너무 새침해서 그런 것 같아요.

해설 키스 장면을 보고 불편해하는 이유를 찾아야 한다. prudish는 우리말 번역만으로는 잘 드러나지 않지만 성적인 것에 너무 쉽게 충격을 받는다는 의미로 부정적인 뉘앙스를 담고 있는 말이다. ladylike는 일면 비슷해 보이지만 예의를 잘 차린다는 긍정적인 의미를 갖고 있다. 이렇듯 한국말 뜻만으로는 구별하기 어려운 단어들이 많이 있고, 이런 어휘들이 TEPS의 단골 타깃이 된다.

어구 prudish 얌전빼는, 새침한
womanish 여자다운, 여자 같은(나약한)
female 여성의

ladylike 숙녀다운

정답 (c)

12

A Is this a new couch?
B No, it was just _____.
(a) replenished
(b) purchased
(c) refurbished
(d) revised

해석 A 새로 산 소파인가요?
B 아니요, 그냥 개조했을 뿐이에요.

해설 답은 '건물, 방, 장비, 가구 등을 개조한다'는 의미의 refurbish이다. replenish에서 plen-은 '채우다'의 의미로 plenty(다량, 풍부), plenary(꽉 찬, 전체의) 등의 단어를 구성한다. 그래서 plenary session이라고 하면 '총회'의 뜻이 된다. revise는 비슷한 의미이지만 책, 글, 생각 등 '좀 더 추상적인 내용을 바꾸다'는 의미로 쓰인다.

어구 refurbish 다시 갈다, 일신하다
replenish 다시 채우다(= refill)
revise 교정[개정]하다

정답 (c)

13

A What do you like about this house?
B It is _____ of something from my childhood house.
(a) reminiscent
(b) stylish
(c) relevant
(d) established

해석 A 이 집의 어떤 점이 마음에 들어요?
B 어렸을 때 살던 집을 떠올리게 해요.

해설 reminiscent는 be reminiscent of~와 같이 써서 '~를 상기시키다', '회상하게 하다'의 의미를 갖는다. relevant(연관성 있는)는 to와 함께 쓰고 나머지 선택지는 문맥에 어울리지 않는다.

어구 reminiscent 상기시키는, 연상시키는
relevant 관계있는, 연관성 있는
establish 세우다, 확립하다

정답 (a)

14

A What was wrong with your biology class?
B The construction outside _____ our class several times. It got so bad that the professor canceled the class.
(a) destroyed
(b) disrupted
(c) limited
(d) constrained

해석 A 생물학 수업은 무슨 문제가 있었던 거예요?
B 바깥의 공사 때문에 수업이 몇 차례나 중단됐어요. 너무 심해져서 결국 교수님이 수업을 취소했어요.

해설 공사의 소음 때문에 수업이 방해를 받은 내용이므로 disrupt(= interrupt, interfere with, obstruct)를 쓰는 것이 어울린다. 수업을 엉망으로 만들었다는 의미로 destroy(파괴하다, 훼손하다)를 쓸 수 있지 않을까 의문을 갖는 사람이 있을지 모르겠다. destroy economy(경제 파탄을 내다)와 같이 쓰기는 하지만 이 문맥에서는 너무 강하다.

어구 constrain 강요하다, 억제하다
destroy 파괴하다, 훼손하다
disrupt 방해하다, 훼방 놓다

정답 (b)

15

A How did you like your hotel room?
B It was really big and beautiful. It was very _____.
(a) regular
(b) raging
(c) regal
(d) regional

해석 A 호텔 객실은 마음에 들었어요?
B 정말 넓고 멋있었어요. 아주 호화로웠어요.

해설 big and beautiful과 어울리는 표현을 선택해야 한다. TEPS 어휘가 흔히 출제되는 방식의 하나는 관련 표현을 문장 내에 주고 동의어를 답으로 삼는 경우다. regal은 너무 멋지거나 규모가 커서 제왕에 어울릴 법하다는 어원적 의미를 가지므로 답으로 적절하다.

어구 regal 제왕의, 호화로운
regular 정기적인
regional 지역의
raging 격노한, 맹렬한

정답 (c)

16
A What is Jane doing this summer?
B She's _____ down at the homeless shelter.
  (a) volunteering
  (b) providing
  (c) servicing
  (d) brunching

해석 A 올 여름에 제인은 뭘 할 거래?
　　B 노숙자 쉼터에서 자원봉사를 할 거래.

해설 homeless shelter(노숙자 쉼터)라는 말이 나오므로 자원봉사가 어울린다. service가 동사로 쓰이는 경우 '도움을 주다/제공하다'의 뜻을 갖고 있기는 하지만 service our needs(우리의 요구에 부응하다), have my car serviced(차의 서비스를 제공받다), service a foreign debt(외채 이자를 지불하다)에서와 같이 목적어를 수반하여 쓴다.

어구 homeless 집이 없는, 홈리스, 노숙자
　　shelter 피난처, 은신처
　　volunteer 자원봉사하다
　　service 도움을 제공하다, (부채의) 이자를 지불하다
　　brunch 브런치(를 먹다)

정답 (a)

17
A Doesn't Daniel live in New York?
B No, he _____ in Miami now.
  (a) migrates
  (b) moves
  (c) resides
  (d) changes

해석 A 다니엘은 뉴욕에 살지 않아?
　　B 아니, 지금은 마이애미에 살아.

해설 '주거지에 살고 있다'라는 동사는 reside(거주하다)이다. move(이사하다, 이주하다)나 migrate(이주하다)를 쓰려면 방향성을 나타내는 to와 같이 써서 He has moved to Miami.와 같이 써야 한다.

어구 reside 거주하다, 살다
　　migrate 이동하다, 이주하다

정답 (c)

18
A How is your new English Professor?
B He's pretty easy-going, but very _____ when it comes to correcting essays.
  (a) judgmental
  (b) meticulous
  (c) curious
  (d) absent-minded

해석 A 새로 부임한 영어 교수는 어때?
　　B 꽤 편안한 분이셔. 그런데 작문 교정에 있어서는 아주 꼼꼼해.

해설 easy-going과 대조를 이루면서, when it comes to~(~에 있어서는) 이하의 부분(correcting essays 작문 교정)에 대해 묘사하는 적절한 형용사를 찾는 문제다. meticulous는 매우 작은 부분까지 신경을 쓰는 '꼼꼼함'을 묘사하는 말이므로 어울린다. judgmental은 '어떤 문제, 사람에 대해 판단(흔히 도덕적)을 내릴 때' 쓰는 표현이며, absent-minded는 '멍한', '건망증이 심한'의 의미이므로 어울리지 않는다.

어구 easy-going 편안한, 태평한
　　judgmental 판단하는, 심판하는
　　meticulous 꼼꼼한, 지나치게 신중한
　　curious 호기심이 많은
　　absent-minded 방심상태의, 멍해 있는
　　when it comes to~ ~에 있어서는
　　correct 수정하다, 바로잡다

정답 (b)

19
A What happened to the painting that was here?
B It was sent to Italy for _____.
  (a) restoration
  (b) reservation
  (c) recognition
  (d) recall

해석 A 여기 있던 그림은 어떻게 되었나요?
　　B 복원을 위해 이탈리아로 보내졌어요.

해설 그림 등의 미술품을 원상태에 가깝게 되돌리는 작업을 복원(restoration)이라고 한다. re-는 '다시', '재'의 의미를 갖는 접두어로 이 문제에서는 다른 보기에서도 모두 쓰이기는 했지만 다른 보기들은 문장과 어울리지 않는다.

어구 reservation 예약

recognition 인정, 인지
recall 소환, 리콜

정답 (a)

20
A Would you help me with my presentation?
B Sorry, my _____ are full now.
(a) baskets
(b) times
(c) hands
(d) ears

해석 A 프레젠테이션을 좀 도와주시겠어요?
　　 B 미안해요, 내가 지금 바빠요.

해설 도움을 청하는데 거절할 때는 보통 '바쁘기 때문'이라는 이유를 댄다. 이럴 때 쓸 수 있는 표현들로 one's hands are full, be tied up 등이 있다. ear와 관련된 표현으로는 earful이라는 것이 있다. I bet Sue gave you an earful when you got home(네가 집에 돌아갔을 때 수는 너에게 한참을 퍼부어댔겠지)처럼 쓰면 화가 나서 한참 동안 잔소리를 퍼부어대는 것을 말한다. '귀가 가득 차도록'이란 느낌을 갖고 연상하면 기억하기 쉬울 것이다.

어구 help ~ with A A로 ~를 돕다

정답 (c)

21
A What do you want us to do with this report?
B It's way too long. You have to _____ it.
(a) widen
(b) further
(c) truncate
(d) lay

해석 A 이 보고서를 어떻게 했으면 좋겠어요?
　　 B 너무 길어요. 좀 줄여야겠어요.

해설 '줄이다'의 뜻을 갖는 여러 가지 동사가 있지만 특히 truncate는 보고서 등 '글을 축약해서 줄일 때' 흔히 쓰는 동사다. widen과 further는 반대 의미에 가깝다.

어구 truncate 자르다, 생략하다(= shorten)
　　　widen 넓히다
　　　further 심화시키다

정답 (c)

22
A Why do we have to be here on a Sunday?
B The company is going through an _____, so we have to help maintain the inventory.
(a) audition
(b) audit
(c) audience
(d) audio

해석 A 일요일도 왜 나와야 하나요?
　　 B 회사가 감사를 받는 중이라 재고 목록 점검을 하는 것을 도와야 해요.

해설 회사가 받는 감사를 audit라고 하며 an internal audit(회사 자체가 하는) 내부 감사와 같이 쓴다. audition/audience/audio는 모두 같은 어근인 audi(o)를 포함하고 있는데 이는 '들음/듣기'의 뜻으로 모든 단어에 이런 의미가 들어 있다.

어구 inventory 재고
　　　audition 오디션
　　　audit 감사
　　　audience 청중, 관객
　　　audio 음성의, 오디오의

정답 (b)

23
A I wish I would have sold our house 5 years ago.
B I know. In recent months, the value of our house _____.
(a) increased
(b) plummeted
(c) grounded
(d) skyrocketed

해석 A 우리 집을 5년 전에 팔았으면 좋았을 걸.
　　 B 그러게. 최근 들어 집값이 폭락했으니.

해설 would have sold(팔았었더라면)라고 후회하고 있으므로 그 후에 집의 가치가 떨어졌다는 사실을 알 수 있다. ground는 약간 헷갈리는 선택지이지만 수나 양, 가치가 떨어졌다는 의미는 갖고 있지 않다.

어구 increase 늘어나다, 증가하다
　　　plummet 폭락하다
　　　ground 땅 위에 놓다, 기초가 되다, (배가) 좌초하다
　　　skyrocket 폭등하다

정답 (b)

24

A How much did the tornados affect the Santos county?
B Many of the homes were _____, and most of the residents had to remodel or rebuild after the storms.

(a) damaged
(b) condemned
(c) leveled
(d) relocated

해석 A 회오리바람이 산토스 카운티에 얼마나 영향을 미쳤나요?
B 많은 주택이 피해를 입었고, 주민들은 대부분 폭풍이 지나간 후에 집을 개조하거나 재건축해야 했어요.

해설 문맥상 많은 집들이 '피해를 입다(be damaged)'로 연결될 때 자연스럽다. 완전히 바닥까지 무너진 경우에는 leveled를 사용할 수 있는데 rebuild만 한 것이 아니라 remodel(개축, 개조)도 했다고 하니 leveled보다는 damaged가 더 어울린다.

어구 tornado 회오리바람, 대선풍
resident 주민
rebuild 재건축하다, 다시 짓다
damage 피해를 입히다
condemn 맹비난하다, (~운명에) 처하게 하다
level 평평하게 하다, 무너뜨리다
relocate 재배치하다, 이전시키다

정답 (a)

25

A The economy seems to be doing really well.
B I noticed that, too. I read somewhere the unemployment _____ is decreasing.

(a) benefit
(b) analysis
(c) rate
(d) line

해석 A 경기가 정말 좋은 것 같아요.
B 그러네요. 실업률이 줄어들고 있다는 기사를 어디선가 읽었어요.

해설 doing well은 특히 경제적으로 잘하고 있을 때 쓰는 표현이다. He is doing well.이라고 하면 '잘나가고 있다', '경제적으로 성공하고 있다' 등의 의미를 갖게 된다. 경제가 좋으려면 실업률은 줄어야 한다. 실업률은 unemployment rate 또는 jobless rate 라고 한다. benefit에는 '수당'이라는 뜻이 있지만 unemployment benefits(실업수당)가 줄어든 것과 경기가 좋은 것을 연결시키는 것은 다소 빈약하다.

어구 notice 눈치 채다, 감지하다
unemployment 실업
benefit 수당, 혜택
analysis 분석

정답 (c)

Part II

26
At the moment, our semiconductor technology is more advanced than that of our competitors, but some of them are _____ up with us.
(a) coming
(b) catching
(c) going
(d) meeting

해석 현재 우리 반도체 기술은 경쟁사들(의 기술)보다 앞서 있지만 그들 중 일부는 우리를 따라잡고 있다.

해설 이 문장에서는 more advanced ~ but이 포인트다. 문맥상 '뒤처진 것을 따라잡다'라는 의미인 catch up with가 이와 어울린다. (a) come up with~는 '제안하다'의 뜻이다.

어구 semiconductor 반도체
advanced 진보된, 앞선
catch up with 따라잡다

정답 (b)

27
Before you sign the contract, make sure that they _____ everything down in writing.
(a) put
(b) run
(c) turn
(d) break

해석 계약서에 서명하기 전에 모든 내용을 서면에 다 기재했는지 확인하십시오.

해설 '서면으로(in writing) 쓰다 또는 적다'에 해당하는 표현은 put down, write down이다.

어구 sign the contract 계약서에 서명하다, 계약을 맺다
put down 쓰다, 적다
turn down 거절하다

정답 (a)

28
The area has had a bad harvest this year and the people are in _____ of assistance.
(a) desperation
(b) cry
(c) help
(d) need

해석 이 지역은 올해 작황이 나빠서 사람들은 도움이 필요하다.

해설 흉작이 되면 식량이 부족하므로 도움이 필요(in need of assistance)하다. 풍작, 흉작을 표현할 때 have a good[bad] harvest로 표현하며 good/bad 대신 rich/poor를 쓸 수도 있다.

어구 harvest 수확(량), 추수
assistance 조력, 원조
desperation 절망, 자포자기

정답 (d)

29
The link between tobacco use and cancer is so well _____ and well known that they decided to focus on other areas.
(a) set
(b) established
(c) created
(d) found

해석 흡연과 암 사이의 연관성은 너무나 잘 증명되어 있고 잘 알려져 있어서 그들은 다른 부문에 집중하기로 결정했다.

해설 the link between A and B는 어떤 '인과관계', '강한 상관관계' 등을 나타낼 때 자주 쓰이는 표현이다. 함께 쓰는 동사로 establish, constitute 등이 있다.

어구 establish 설립하다, 제정하다, 증명하다
create 창조하다
found 세우다, 설립하다

정답 (b)

30

The organization will help Africa _____ UN Millennium Development Goals in information technology.
(a) make
(b) survive
(c) overcome
(d) reach

해석 그 기구는 아프리카가 정보 기술에 있어서 국제연합의 새천년 개발 목표를 달성하는 것을 도울 것이다.

해설 goal이라는 목적어와 어울려 쓰일 수 있는 동사를 찾는 문제다. achieve/reach/set 등의 동사가 대표적으로 함께 쓰는 동사들이다.

어구 organization 조직, 기구
millennium 천 년간
overcome 이기다, 극복하다
reach ~에 도달하다, ~에 닿다

정답 (d)

31

The participants _____ with topics such as boosting mass transit and financing solar power projects.
(a) armed
(b) fought
(c) met
(d) grappled

해석 참가자들은 대중교통 이용 장려나 태양전력 개발 지원 등의 주제를 다루었다.

해설 grapple with~는 '~와 씨름하다'라는 뜻으로 어려운 문제를 다룰 때 흔히 쓰이는 표현이다. 비슷한 느낌으로 wrestle with~라는 표현을 쓰기도 한다.

어구 participant 참가자, 관계자
boost 밀어올리다, 후원하다
transit 통과, 운송, 운반
finance 자금을 지원하다
solar 태양의
arm 무장하다
grapple 씨름하다, 잡다, 파악하다, 격투하다

정답 (d)

32

The president is _____ his worst political crisis since coming to power in 2008.
(a) waiting
(b) facing
(c) challenging
(d) focusing

해석 대통령은 2008년 집권 이래 최악의 정치적 위기에 직면하고 있다.

해설 비슷해 보이는 선택지들이지만 wait for~, focus on~과 같이 써야 하고, challenge를 쓰려면 ~crisis is challenging the person의 형태로 써야 한다. '직면하다'의 의미로 가장 일반적으로 쓰이는 동사가 바로 face이다.

어구 face 직면하다
crisis 위기, 고비
challenge 도전(하다)

정답 (b)

33

The jury has reached the agreement that the reporter committed _____ by publishing false stories about the painter.
(a) culprit
(b) libel
(c) fugitive
(d) ransom

해석 배심원단은 그 기자가 그 화가에 대한 허위 사실을 출판함으로써 명예훼손죄를 범했다는 데 동의했다.

해설 committed라는 동사가 문제를 푸는 열쇠다. 목적어 자리에는 어떤 행위가 나와야 하므로 '(문서에 의한)비방', 명예훼손'의 뜻을 갖는 libel이 문맥에 적절히 어울린다.

어구 agreement 동의, 승인
culprit 범죄자, 죄인
libel (글, 사진 등의 인쇄물로 인한)명예훼손
fugitive 도망자
ransom 몸값, 배상금

정답 (b)

34

As man becomes more and more a social being, communication grows even more _____.

(a) agile
(b) imperative
(c) expensive
(d) bustling

해석 인간이 점점 더 사회적 존재로 발전해감에 따라 커뮤니케이션은 점점 더 필수적인 것이 되었다.

해설 social being(사회적 존재)은 곧, 커뮤니케이션을 하는 존재이므로 important, imperative(필수적인)와 같은 단어가 와야 한다.

어구 social 사회적인, 사교적인
agile 기민한, 민첩한
imperative 긴급한, 필수적인
bustling 부산스러운, 붐비는

정답 (b)

35

He predicted the country could not avoid the war if the government _____ it necessary.

(a) deemed
(b) deduced
(c) reflected
(d) rebuked

해석 그는 만일 정부가 꼭 필요하다고 보면 전쟁을 피할 수 없을 거라고 예측했다.

해설 '~이 ~하다고 여기다'라는 의미의 deem, find, consider 등이 들어갈 수 있는 자리다.

어구 predict 예측하다
deem ~으로 생각하다, ~으로 간주하다
deduce 연역하다, 추론하다
reflect 반사하다, 반영하다
rebuke 비난하다

정답 (a)

36

There were perfectly _____ reasons why they believed that he was right.

(a) languid
(b) futile
(c) dubious
(d) cogent

해석 그들이 그가 옳다고 믿을 만한 충분히 설득력 있는 이유가 있었다.

해설 that~의 의미와 어울리는 형용사, 즉 옳다고 믿을 만한 이유는 어떤 이유인지를 찾는 문제다. 정답인 cogent는 '납득할 만한', '설득력 있는(convincing)'의 뜻이다.

어구 perfectly 완전히, 완벽하게
languid 나른한, 불경기의
futile 헛된, 효과 없는
dubious 수상쩍은, 모호한
cogent 설득력 있는

정답 (d)

37

To put it _____, he became a pain in the neck.

(a) politely
(b) sharply
(c) bluntly
(d) adequately

해석 솔직히 말하자면 그는 골칫거리가 되었다.

해설 a pain in the neck은 '골칫거리', '짜증나는 일' 등을 뜻하는 구어다. 이렇게 부정적인 이야기를 할 때는 앞에 to put it bluntly, to be honest, frankly(솔직히 말하면) 등의 말을 흔히 쓴다.

어구 politely 공손히, 예의 바르게
sharply 날카롭게, 급격하게
bluntly (칼 따위가) 무디게/퉁명스럽게, 있는 그대로
adequately 충분히, 적절히

정답 (c)

38

As the room was a little _____, the man closed all the windows.
(a) muggy
(b) drafty
(c) humid
(d) stuffy

해석 방에 찬바람이 좀 들이치자 그 남자는 창문을 모두 닫았다.

해설 As~는 여기서 이유를 나타내는 부사절을 이끄는 접속사이다. 주절(창문을 닫았다)의 결과를 가져오는 이유로 어울리는 것은 drafty(외풍이 있는)이다. '낡은 창문 틈으로 바람이 새는 방'을 drafty room이라 표현한다.

어구 muggy 무더운, 찌는 듯한
drafty 외풍이 있는, 통풍이 잘 되는(= draughty 영국)
humid 습기 있는, 눅눅한
stuffy 통풍이 잘 안 되는, 숨 막히는

정답 (b)

39

The actress enjoyed wide popularity, being _____ with elegance, beauty and style in the 1920s.
(a) anonymous
(b) identical
(c) integral
(d) synonymous

해석 그 여배우는 우아함, 미, 그리고 스타일의 상징으로써 1920년대 폭넓은 인기를 누렸다.

해설 be synonymous with~는 '~와 동의어이다', '~로 잘 알려져 있다'라는 뜻으로 우리말로도 같은 표현이 있다. anonymous는 '익명의'라는 뜻이다.

어구 elegance 우아, 고상
anonymous 익명의 n. anonymity
identical 동일한
integral 없어서는 안될, 완전한
synonymous 동의어의, 같은 뜻의

정답 (d)

40

The police are desperately looking for anyone who may know the _____ of the suspect.
(a) place
(b) apprehension
(c) position
(d) whereabouts

해석 경찰은 누구라도 용의자의 소재를 알고 있는 사람을 절실히 찾고 있다.

해설 whereabouts(the place where a person or thing may be found)는 '행방', '소재' 정도로 해석할 수 있다.

어구 suspect 용의자, 짐작하다, 의심을 두다
apprehension 우려, 걱정
position 위치, 자세, 입장
whereabouts 행방, 소재

정답 (d)

41

It is always important to reach a _____ between what you want to do and what you can do.
(a) negotiation
(b) delivery
(c) engagement
(d) compromise

해석 당신이 하고 싶은 것과 할 수 있는 것 사이에서 절충하는 것은 항상 중요한 일이다.

해설 원하는 것과 할 수 있는 것을 조정하는 것은 절충, 타협(compromise)이라고 할 수 있다. 보기 문장에서와 같이 reach a compromise처럼 쓰인다는 것도 중요한 포인트다.

어구 negotiation 교섭, 협상
delivery 배달, 분만
engagement 약속, 계약, 약혼
compromise 타협, 절충안

정답 (d)

42

Regular exercise is a good way to _____ high blood pressure.

(a) respond
(b) counteract
(c) counterattack
(d) erase

해석 규칙적인 운동은 고혈압을 다스리는 좋은 방법이다.

해설 counteract에는 '방해하다' 외에 '중화시키다'의 뜻이 있어 counteract high blood pressure(고혈압을 낮추다), ~ poison(해독하다) 등의 뜻으로 쓰인다.

어구 pill 환약, 알약
blood pressure 혈압
counteract 중화시키다, 방해하다, 좌절시키다
counterattack 역습, 반격
erase 지우다, 삭제하다

정답 (b)

43

Countries at war and those battling droughts and other climatic _____ have worried about food security.

(a) advantages
(b) weaknesses
(c) hardships
(d) wrongdoings

해석 전쟁 중이거나, 가뭄 및 기타 기후 상의 어려움과 싸우고 있는 국가들은 식량 안보에 대해 우려해왔다.

해설 전쟁, 가뭄과 같은 어려운 여건은 기상과 함께 (c) hardship으로 연결하는 것이 문맥과 자연스럽게 어울린다. at war는 '전시의', '전쟁 중인'이라는 뜻으로 우리나라는 현재 technically at war(엄밀하게 말하면 전시) 상태로 말할 수 있다. food security라고 하는 것은 '국민들이 필요한 식량을 안전하게 확보할 수 있는 상태'를 말하는 것이다.

어구 at war ~와 교전 중인, ~와 싸우고 있는
battling 싸우고 있는
drought 가뭄
climatic 기후상의, 풍토적인
hardship 곤란, 결핍, 고충
wrongdoing 나쁜 짓 하기, 범죄, 비행

정답 (c)

44

These extinguishers can put out fires from ordinary _____ such as wood, plastic, or paper.

(a) consumables
(b) combustibles
(c) confusables
(d) commodities

해석 이 소화기들은 목재, 플라스틱, 종이와 같은 일반적인 가연성 물질로부터 발생한 화재를 진화한다.

해설 such as는 문제를 풀 때 항상 유의해서 보아야 할 표현중 하나이다. '~와 같은'의 뜻으로 뒤에 예(목재, 플라스틱, 종이)를 달고 나온다. 앞의 소화기라는 말과 함께 의미를 추론하는 데 도움을 준다. commodities는 매일 사용하는 '일용품'을 말한다.

어구 extinguisher 소화기, 불을 끄는 사람
put out 불을 끄다
ordinary 일반적인, 보통의
consumable 소모할 수 있는, 고갈되기 쉬운
combustible 타기 쉬운, 가연성의
commodity 상품, 일용품

정답 (b)

45

The old pagers disappeared to be _____ by mobile phones with the advance of communication technology.

(a) replaced
(b) covered
(c) overwhelmed
(d) overtaken

해석 통신 기술의 발전과 더불어 구식 호출기는 사라지고 이동 전화로 교체되었다.

해설 replace는 '대체하다'이므로, 즉 A가 사라지고 B가 대신해서 나타났다라는 위 문장의 의미와 어울린다. overwhelm은 '압도해서 어쩔 줄 모르는 상태'로 만드는 경우에 쓰인다. overtake는 '앞지르다', '능가하다'의 의미로 비교개념이 들어가므로 여기서는 조금씩 어색하다.

어구 pager 호출기, 삐삐
advance 발전, 진보
replace 대체하다
overwhelm 압도하다, 질리게 하다
overtake 따라잡다, 앞지르다

정답 (a)

46

Wireless internet is certainly an epoch-making development to _____ data between those who are far away from each other.

(a) submit
(b) emit
(c) commit
(d) transmit

해석 무선 인터넷은 분명 멀리 떨어진 사람들 간에 데이터를 전송하는 획기적인 발전이다.

해설 '데이터 등을 전송하는 것'은 transmit이다. 어근을 따져보면 trans(넘어서) + mit(보내다)으로 이루어져 있으며 같은 어근을 emit(발산하다), remit(송금하다) 등의 단어에서 볼 수 있다.

어구 wireless 무선의
epoch-making 획기적인
submit 복종시키다, 제출하다
emit 방사하다
transmit 전송하다, 전하다, 부치다

정답 (d)

47

His indecisiveness _____ serious problems for the fate of the country.

(a) poses
(b) throws
(c) asks
(d) gives

해석 그의 우유부단함은 국가의 미래에 심각한 문제가 되고 있다.

해설 중요한 collocation 중의 하나다. pose a problem[a threat, question] 등과 같은 목적어와 함께 쓰이는 것을 기억해두자. 우리말로 '문제를 던진다'고 해서 throw를 고스란히 쓰는 것이 아니라는 것이다.

어구 indecisiveness 우유부단
pose (어려운 문제로)괴롭히다, 쩔쩔매게 하다
fate 운명
throw 던지다

정답 (a)

48

She could not but feel a _____ of guilt about having left her friends in danger.

(a) remorse
(b) pang
(c) sound
(d) state

해석 그녀는 친구들을 위험한 상황에 남겨두고 떠나온 것에 대해 뼈아픈 죄책감을 느끼지 않을 수 없었다.

해설 pang은 '고통', '아픔'으로 육체적 아픔의 뜻과 아울러 '정신적 가책' 등의 의미로 a pang of sadness[conscience]와 같이 쓰인다.

어구 guilt 유죄
remorse 후회, 양심의 가책
pang 고통, 가책
ex. the pang of conscience 양심의 가책

정답 (b)

49

To be _____ for severance pay, an employee must have completed at least 12 months of continuous service by the date of separation.

(a) eligible
(b) able
(c) appropriate
(d) competent

해석 퇴직 수당을 받을 자격을 갖추려면 피고용인은 퇴사 당시 적어도 12개월간 연속 근무를 마쳤어야 한다.

해설 '어떤 서비스, 혜택, 수당, 권리 등을 받을 자격이 있다'는 의미의 형용사가 eligible이다. 이외에도 기억해야 할 좋은 표현들이 많은 문장이다. severance pay는 sever(끊다, 분리하다)할 때 받는 돈, 즉 '퇴직금'이다. '퇴사 일'을 the date of separation이라고 표현하는 것도 기억해두자.

어구 severance 절단, 퇴직
employee 피고용인, 직원
continuous 계속적인, 연속의
separation 분리, 퇴사
eligible 적격의, 적임의
appropriate 적절한
competent 유능한, 능력이 있는

정답 (a)

50

His company provides its employees with room and _____ for free.
(a) bed
(b) board
(c) bathroom
(d) closet

해석   그의 회사는 직원들에게 숙식을 무료로 제공한다.

해설   a knife and fork, jam and bread 등과 같이 항상 같이 다니는 단어그룹 중의 하나가 '숙식'에 해당하는 room and board이다. bed and board라고도 한다.

어구   board 식사
        room and board 숙식

정답   (b)

ACTUAL TEST 4

Answers

Part I

1. (c)	2. (a)	3. (d)	4. (a)	5. (d)
6. (a)	7. (b)	8. (b)	9. (b)	10. (c)
11. (c)	12. (a)	13. (a)	14. (a)	15. (a)
16. (d)	17. (a)	18. (a)	19. (d)	20. (a)
21. (b)	22. (c)	23. (a)	24. (d)	25. (b)

Part II

26. (a)	27. (a)	28. (b)	29. (d)	30. (c)
31. (d)	32. (c)	33. (d)	34. (a)	35. (d)
36. (b)	37. (a)	38. (a)	39. (b)	40. (d)
41. (c)	42. (c)	43. (a)	44. (a)	45. (a)
46. (d)	47. (b)	48. (d)	49. (a)	50. (a)

Part I

1
A I really wish you'd stop _____ in on my conversations all the time.
B Oh, sorry. I didn't realize I was doing that.
(a) standing
(b) going
(c) breaking
(d) speaking

해석 A 매번 내 대화에 끼어들지 않았으면 해요.
B 미안해요. 제가 그런 줄 몰랐어요.

해설 break in에는 '침입하다' 외에 '대화에 끼어들다', '말을 끊다'의 의미가 있다. 이는 interrupt라는 말과 같은 뜻이며 유사 표현으로는 butt in이 있다. stand in은 '가담하다', stand in for~는 '~를 대신하다(= fill in for~)'라는 뜻으로 전혀 다른 의미가 된다.

어구 realize 깨닫다
stand in (내기 등에) 가담하다, (~for) 대신하다
stand in one's way ~를 방해하다

정답 (c)

2
A My wife has a beautiful sister I'd like you to meet.
B I don't _____ that she's beautiful, but I'm already engaged.
(a) doubt
(b) realize
(c) suspect
(d) pretend

해석 A 내 아내한테 아주 예쁜 동생이 있는데 당신이 한번 만나봤으면 해요.
B 아주 예쁘실 거라는 사실은 의심하지 않지만, 저는 이미 약혼자가 있어요.

해설 doubt와 suspect는 우리말로 모두 '의심하다'이지만 그 쓰임은 정반대이다. 즉, doubt는 that~의 사실이 아닐 것이라고 의심하는 것이고, suspect는 그럴 것이라고 의심하는 것이다. 특히 suspect는 뒤의 내용이 좋지 않은 것일 때 주로 쓴다.

어구 realize 깨닫다
suspect 의심하다, 짐작하다, 알아채다
pretend ~인 체하다
engaged 약혼한

정답 (a)

3
A This house is like a palace! Do you own it?
B Unfortunately, no. We _____ it from my wife's uncle.
(a) hire
(b) lend
(c) borrow
(d) rent

해석 A 이 집은 마치 궁궐 같아요! 당신이 집주인이세요?
B 유감스럽게도 아니에요. 제 아내의 삼촌한테서 세를 얻고 있어요.

해설 rent는 '토지, 집, 기계 설비 등을 임대하는 것'을 말한다. 집을 소유하고 있지 않다고 했으므로 임대한 것이다. 빌리는 것을 표현하는 데에도 여러 가지 단어가 있다. borrow는 '갖고 다닐 수 있는 것을 돌려줄 것을 전제로 일시적으로 빌리다(borrow a book)', '돈을 내고 의류·보트 등을 빌리다'는 hire(hire a car), 차는 rent나 hire, 집은 rent를 사용한다.

어구 own 소유하다
unfortunately 유감스럽게도

hire 고용하다, 빌리다

정답 (d)

coverage 적용 범위, 보상 범위
aptitude 경향, 적성

정답 (d)

4
A These pianos go completely over my budget.
B Then let's look for something _____.
(a) secondhand
(b) recycled
(c) shinier
(d) fancy

해석 A 이 피아노들은 제 예산을 완전히 벗어나요.
B 그렇다면 중고 피아노들을 보도록 합시다.

해설 over my budget(예산을 벗어나는)이면 당연히 더 싼 물건을 찾아야 할 것이다. secondhand(= used)는 '중고'라는 뜻이므로 이것이 어울리는 답이다. recycle은 '재생하다', '개조하다'의 의미. 만일 낡아서 쓸 수 없게 된 피아노를 책상으로 쓰도록 개조했다는 의미라면 The old piano has been recycled as a desk라고는 쓸 수 있다.

어구 budget 예산
secondhand 중고의
recycle 재생하다, 개조하다
shiny 빛나는, 반들거리는
fancy 화려한, 고급의, 가격이 터무니없는

정답 (a)

6
A It's payday! Let's go drinking!
B I can't. My entire _____ has to go toward bills.
(a) paycheck
(b) payback
(c) payload
(d) payoff

해석 A 월급날이다! 한잔 하러 가자!
B 못 가. 내 월급은 전부 청구서 지불에 들어가거든.

해설 payday는 말 그대로 '월급날'로, pay day라고 띄어 쓰기도 한다. go to(ward)~는 '~에 가다', 즉 돈이 '~로 들어가다'는 의미가 되므로 '월급', '급여'의 뜻을 갖는 paycheck이 정답이다. paycheck은 원래 급료를 지불하는 수표에서 나온 말이다. 관련 표현으로 payroll은 '급여명부'라는 뜻으로 on/off the payroll(고용되어/해고되어)로 쓴다. 급여명부에 이름이 올라가 있는 것은 월급이 나온다는, 즉 고용되어 있다는 의미이므로 이해하기 쉽다.

어구 payback 환불, 회수, 보복
payload 유료하중, 유효탑재량
payoff 급료 지불(일), 낙착, 결말

정답 (a)

5
A How is my child doing in English?
B She seems to have a great _____ for languages.
(a) arrangement
(b) likelihood
(c) coverage
(d) aptitude

해석 A 제 아이가 영어를 어떻게 하고 있나요?
B 언어에 뛰어난 소질이 있는 것 같아요.

해설 aptitude는 '경향 또는 소질, 적성'의 뜻을 갖는다. '어학에 적성이 있다'는 have an aptitude for languages가 된다. 타고난 재능을 표현할 때는 have a gift for painting/languages(그림/어학에 재주가 있다)와 같이 쓰기도 한다.

어구 arrangement 정돈, 배열, 조정, 준비
likelihood 가능성, 가망

7
A What's the reason you are requesting more funding?
B Unfortunately, we _____ the initial costs by about 10,000 dollars.
(a) exaggerated
(b) underestimated
(c) consolidated
(d) withdrew

해석 A 자금을 더 요청하는 이유가 뭔가요?
B 불행히도 초기 비용을 1만 달러 정도 과소평가했어요.

해설 underestimate는 [under(아래쪽에, 불충분하게) + estimate(추정하다)]로 '과소평가하다'의 의미고, 반대어는 overestimate(과대평가하다)이다. 자금이 더 필요한 이유는 당연히 초기 비용이 지나치게 적게 평가, 즉 과소평가되었기 때문이다.

어구 **funding** 자금 제공, 융자
initial 초기의
consolidate 합병 정리하다, 통합하다
exaggerate 과장하다
underestimate 과소평가하다
withdraw 취소하다, 철회하다

정답 (b)

8

A For a rich man, he's very _____.
B Yes, I heard he has been wearing the same glasses for 10 years.
  (a) generous
  (b) frugal
  (c) wasteful
  (d) lavish

해석 A 부자치고는 그 사람 참 검소하지.
   B 그래요. 똑같은 안경을 10년째 쓰고 있다고 하더군요.

해설 같은 안경을 10년씩 쓰고 있는 것은 매우 검소한 것이다. '검소하다'는 의미를 갖는 단어로는 frugal, thrifty 등이 있다. 똑같이 돈을 안 쓰는 것을 가리키는 단어로 stingy가 있는데 이는 '인색한'이라는 뜻으로 부정적인 어감을 가지고 있다.

어구 **generous** 관대한, 너그러운
frugal 검소한, 간소한
wasteful 낭비하는, 파괴적인
lavish 후한, 헤픈, 사치스런

정답 (b)

9

A Welcome to Canada. Do you have any items to _____?
B Yes, I have some electronic equipment that I brought for work.
  (a) propound
  (b) declare
  (c) denounce
  (d) admit

해석 A 캐나다에 오신 것을 환영합니다. 신고할 물품이 있으신가요?
   B 네, 일에 필요한 전자 장비가 좀 있습니다.

해설 Welcome to Canada.라는 말로 보아 통관절차를 치르고 있음을 알 수 있다. 통관할 때는 세관에 신고(anything to declare)할 것이 있는지를 묻는다. declare는 원래 '선언하다'라는 뜻이지만 여기서는 '신고하다'의 의미로 쓰였다. 참고로 '세관신고서'는 customs declaration이라고 한다.

어구 **propound** 제출하다, 제의하다
declare 선언하다, 단언하다, 신고하다 n.declaration
ex. a declaration of war 선전 포고,
a declaration of income 소득 신고
denounce 비난하다, 탄핵하다, 고발하다
admit 인정하다

정답 (b)

10

A Let's go shopping for shoes today.
B Okay, but I can only afford to _____.
  (a) search
  (b) inspect
  (c) browse
  (d) glance

해석 A 오늘 구두 쇼핑하러 가자.
   B 좋아. 하지만 난 그냥 둘러보기만 할 거야.

해설 '물건을 사러 가서 그냥 둘러보기만 하는 것'을 browse 라고 한다. '웹을 돌아다니며 구경하는 것'도 browse 라고 한다. 따라서 상점에서 점원이 May I help you?(무엇을 도와드릴까요?)라고 물을 때, 특별히 찾는 것이 없다면 단순히 I'm fine. I'm just browsing [looking].(괜찮습니다. 그냥 둘러보는 거예요)으로 답할 수 있다.

어구 **search** 검색하다, 수색하다
inspect 점검하다, 검열하다
browse 띄엄띄엄 읽다, 훑어보다
glance 흘긋 보다, 일별하다

정답 (c)

11

A I was so tired at work from playing poker with friends all night.
B You should _____ a habit of getting to bed before midnight no matter what.
(a) continue
(b) perfect
(c) adopt
(d) get

해석 A 친구들하고 밤새 포커를 쳤더니 직장에서 너무 피곤했어.
B 무슨 일이 있어도 자정 전에는 잠자리에 드는 습관을 들여야 해.

해설 be tired from~은 '~를 해서 피곤하다'란 뜻으로 피곤해진 '원인'(여기서는 밤샘 포커)이 나온다. be tired of~는 '~하는 것이 피곤하다', 즉 피곤해진 '대상'이 나온다. 문제를 푸는 포인트는 '습관을 들이다'라고 쓸 때 habit과 어울려 쓰는 동사가 무엇인가 하는 것이다. adopt 또는 pick을 쓰면 된다. 반대로 '습관을 버리는 것'은 break/give up/kick the habit으로 표현한다.

어구 tired from~ ~로 피곤하다
cf. I'm tired of having junk food all the time.
정크푸드만 먹는 것에 넌더리가 난다.
adopt 채택하다, 받아들이다
perfect 완성하다, 마치다
ex. perfect one's skill 기술을 완성하다

정답 (c)

12

A Who do I need to talk to about buying an exercise machine?
B Dennis is a fitness trainer at my gym. He's the one you need to _____ to.
(a) speak
(b) converse
(c) contact
(d) say

해석 A 운동기구를 사려고 하는데 누구하고 이야기해봐야 하나요?
B 데니스는 내가 다니는 헬스클럽 트레이너인데, 그와 이야기해보면 돼.

해설 문제를 푸는 포인트는 talk to를 적절하게 paraphrasing한 것을 찾는 것이다. converse는 '대화/담화를 나누다'의 뜻으로 with~와 같이 쓰이며, say는 같은 '말하다'의 뜻이지만 용법이 좀 달라서 보통 타동사로 '무엇을 말하다'의 무엇에 해당하는 부분과 같이 쓴다.

어구 fitness 건강함, 적성, 피트니스
gym 체육관, 헬스클럽
converse 대화하다
contact 접촉하다, 연락하다

정답 (a)

13

A What's wrong?
B I have to _____, or I'm going to be late for my next meeting.
(a) get going
(b) get along with
(c) get over
(d) get down

해석 A 왜 그래요?
B 지금 가봐야 해요. 안 그러면 다음 회의에 늦을 거예요.

해설 같이 있던 자리를 떠나면서 하는 말은 I have to go now(지금 가봐야 해요)를 필두로 다음을 포함하는 여러 가지 표현이 있다. I have to get going/run/fly와 같이 run이나 fly를 쓰면 좀 더 바쁜 느낌을 강조하는 어감의 차이가 있다.

어구 get along with~ ~와 잘 지내다
get over 극복하다

정답 (a)

14

A Where is your bicycle?
B I _____ it to my little sister's friend.
(a) lent
(b) sent
(c) broke
(d) remodel

해석 A 네 자전거 어디 있니?
B 내 여동생 친구한테 빌려주었어.

해설 물건을 '빌려주다'는 의미는 동사 lend로 표현할 수 있다. break나 remodel은 문장의 to~부분과 어울려 쓰일 수 없는 표현들이고, sent는 내용상 비약이다.

어구 lend 빌려주다
remodel 개조하다, 개축하다
break 부러뜨리다, 고장 내다

정답 (a)

15
A What is the night guard doing?
B He's _____.
(a) making his rounds
(b) playing in the sand
(c) building a castle
(d) fixing a car

해석 A 야간경비원이 뭘 하고 있어요?
B 순찰을 돌고 있어요.

해설 night guard(야간경비원)가 하는 일은 '순찰을 도는 일(make his rounds)'이다. make one's rounds 라고 하면 '(의사가) 회진하다', '~를 차례차례 방문하다', '순시하다' 등으로 맥락에 따라 다양한 뜻을 갖는다.

어구 guard 경비원
castle 성
fix 고치다, 수리하다

정답 (a)

16
A Yesterday, my boyfriend stopped by my house and gave me flowers for no reason.
B Your boyfriend sounds like a _____. I would be careful not to lose him.
(a) beloved
(b) loser
(c) owner
(d) keeper

해석 A 어제, 내 남자친구가 집에 들러서 특별한 이유도 없이 꽃을 주었어요.
B 놓치면 안 될 사람 같아요. 나라면 그를 잃지 않도록 조심하겠어요.

해설 갑자기 들러 꽃을 주는 남자친구는 잃어버리고 싶지 않은 사람이라는 대화 내용이므로 keeper가 답이다. keeper에는 물론 '지키는 사람', '파수꾼'이라는 뜻도 있지만, 구어에서 '소유할 가치가 있는 것'을 가리키는 말로 쓰인다. stop by는 '들르다'라는 뜻이다.

어구 keeper (구어로) 소유[보존]할 만한 가치가 있는 것
beloved 가장 사랑하는, 소중한
loser 패배자

정답 (d)

17
A In case I forget, remind me that I left my car key in the drawer.
B Ok. We'll need it to _____ us to where we need to go tonight.
(a) bring
(b) send
(c) deliver
(d) return

해석 A 혹시 내가 잊어버리면 서랍에 자동차 키를 놔두었다는 걸 상기시켜 주세요.
B 알았어요. 오늘 밤 우리가 가야 하는 곳에 가려면 키가 필요하니까요.

해설 내용은 '우리가 가려면'이지만 영어에서는 '우리' 부분이 목적어, us로 처리되어 있으므로 목적어를 받는 동사 bring을 써서 표현해야 한다. 마찬가지로, What brought you here?하면 무엇이 당신을 여기로 데리고 왔느냐, 즉 '무슨 일로 왔어요?'라는 뜻이 된다.

어구 remind 상기시키다
drawer 서랍
deliver 배달하다, 배송하다

정답 (a)

18
A How long did it take you to get from your house to here?
B Not very long. We were able to _____ by taking the expressway.
(a) make good time
(b) make a go of it
(c) make it work
(d) make it from scratch

해석 A 집에서 여기까지 오는데 얼마나 걸렸어요?
B 별로 오래 걸리지 않았어요. 고속도로를 타고 와서 빨리 올 수 있었어요.

해설 it takes~ to…라고 하면 '…하는 데 ~(시간, 비용 등)가 걸리다'라는 뜻이 된다. 여기서는 How long~이라는 말로 시작해 걸린 시간을 묻고 있다. 이러한 문맥으로 미루어 빨리 올 수 있었다는 의미의 make good time이 어울린다. make it work는 '이뤄내다', '성공시키다'의 뜻을 갖는 숙어다. 나머지 둘도 자주 쓰이는 표현들이므로 꼭 알아두자.

어구 expressway (미) 고속도로
make good[poor] time (일 등의 속도가) 빠르다, 더디다

make a go of it (구어로) 성공하다
make it work 성공시키다
from scratch 처음부터, 무(無)에서

정답 (a)

19

A _____, please. Let the doctor through.
B I guess standing next to the door wasn't a good idea.
(a) Step on
(b) Set aside
(c) Step over
(d) Step aside

해석 A 물러나 주세요. 의사가 지나갈 수 있게요.
B 출입문 옆에 서있지 말았어야 하나 봐.

해설 상황으로 보아 출입문에 서있던 사람이 의사가 지나갈 수 있도록 자리를 비켜주고 있으므로 step aside(옆으로 물러서다)가 어울린다. Let the doctor through에서의 let은 '들여보내다', '가게 하다'의 의미로 Let me in(들여보내주세요)이나 Let the cars through(자동차를 통과시키다) 등과 같이 쓴다.

어구 let ~ through ~를 통과시키다, 지나가게 하다
step on~ ~를 밟다
step over 가로지르다, 넘다
step aside 물러나다, 비켜서다
set aside 떼어놓다, 비축하다

정답 (d)

20

A After he kept bothering you, what did you tell him?
B I told him to _____.
(a) get lost
(b) get by
(c) get over it
(d) get a grip

해석 A 계속 그가 못살게 굴었을 때 그에게 뭐라고 했어?
B 꺼져버리라고 했어.

해설 앞 문장의 bother(괴롭히다, 귀찮게 하다)가 문제를 푸는 키워드다. get lost는 구어로 '꺼져' 정도에 해당하는 표현이다. 그 밖에 get over나 get by 등의 숙어도 흔히 쓰이는 필수 표현들이므로 기억해 두자.

어구 bother 괴롭히다

get by 통과하다, 그럭저럭 해나가다
get over 극복하다, 이겨내다
get a grip (on) ~을 파악하다[억제하다]

정답 (a)

21

A Who are you _____ for?
B I want New York Yankees to win.
(a) sounding
(b) rooting
(c) looting
(d) rousing

해석 A 누구를 응원하고 있어요?
B 저는 뉴욕 양키스가 이겼으면 해요.

해설 cheer[root] for the team은 '팀을 응원하다'의 뜻이므로 이기기를 원한다는 B의 말과 어울린다. cheer는 원래 '갈채하다', '성원하다'의 뜻으로 cheer up하면 '힘내'라는 뜻이 된다.

어구 rouse 환기하다, 고무시키다
loot 약탈하다, 부당이득을 얻다

정답 (b)

22

A Why can't you reach Ted?
B He's impossible to reach. He's always on the _____.
(a) place
(b) statement
(c) move
(d) pedestal

해석 A 왜 테드에게 연락할 수 없니?
B 연락하기가 너무 힘들어. 항상 이동 중이거든.

해설 reach는 일차적으로 어떤 장소에 '도달하다', '도착하다'의 의미를 갖지만, 사람을 목적어로 쓰면 '연락이 닿다'라는 의미로 많이 쓰인다. on the move[run]은 '이동 중/여행 중'이란 뜻이다.

어구 reach 도달하다, 연락하다
on the move 이동 중인, 여행 중인
statement 진술
pedestal 받침대, 토대

정답 (c)

23
A Where is she going?
B She's leaving. She was _____ up in her dorm room all day and now wants to get out.
  (a) cooped
  (b) coped
  (c) carped
  (d) cropped

해석 A 그녀가 어디 가는 거야?
B 나가는 거야. 하루 종일 기숙사 방에 처박혀 있더니 이제 나가고 싶대.

해설 coop은 '우리 같은 비좁은 곳에 가두다'라는 뜻의 동사로 be cooped up으로 써 '~에 처박혀 있다'라는 뜻을 갖게 되었다. cope는 cope with~로 '~와 필적하다'의 뜻을 갖고 crop은 '자르다', '베다'로 crop up이라고 하면 '생기다', '발생하다'의 의미가 된다.

어구 coop 비좁은 곳에 가두다
cope 대항하다, 맞서다
carp 비난하다, 트집 잡다
crop 자르다, 베다

정답 (a)

24
A What does he do?
B He's a _____. He helps keep order during a debate.
  (a) ruler
  (b) dictator
  (c) president
  (d) mediator

해석 A 그는 무슨 일을 해요?
B 중재자예요. 논쟁이 벌어지는 동안 질서를 유지하도록 하는 일이죠.

해설 helps keep order during a debate(논쟁을 질서 있게 이끌어가는)하는 사람은 '중재/조정자'이므로 mediator가 정답이다. mediate의 med-는 '가운데'를 뜻하므로 중간에 끼어들어 조정하는 이미지를 쉽게 연상할 수 있다.

어구 mediator 중재자, 조정자(= arbitrator, middleman)
keep order 질서를 유지하다
ruler 지배자, 통치자
dictator 독재자

정답 (d)

25
A Why did they get divorced?
B The wife found out her husband was _____ her.
  (a) marrying
  (b) two-timing
  (c) engaging
  (d) separating

해석 A 그들은 왜 이혼했어요?
B 아내가 자기 남편이 바람을 피우고 있다는 사실을 알았어요.

해설 이혼할 만한 사유가 되는 답을 찾아야 하므로 two-time(바람을 피우다)이 정답이다. 뒤에 목적어를 취하는 것에 유의하자. 더 흔히 쓰이는 표현은 cheat이다. 이 경우에는 cheat on~의 형태로 쓰인다. engage(약혼하다), separate(별거하다) 등 결혼과 관련된 단어들이지만 여기서는 내용이 맞지 않는다.

어구 two-time 배신을 하고 바람을 피우다
engage 약혼하다
separate 별거하다

정답 (b)

Part II

26
According to a recent survey, only 25% of college students see a need to _____ current affairs.
(a) keep up with
(b) keep out
(c) keep together
(d) keep in with

해석 최근 조사에 따르면 대학생 중 25%만이 시사를 잘 알고 있을 필요가 있다고 생각하는 것으로 나타났다.

해설 keep up with~는 '잘 알고 있다', '정보를 얻고 있다'는 뜻으로 쓰였다. 다른 경우에는 '(사람, 시류 등에) 뒤떨어지지 않다, 지지 않다'라는 뜻으로도 쓰인다. according to a recent survey~는 흔히 '조사, 보도 내용을 인용'할 때 문장을 시작하는 말이다.

어구 survey 조사, 조사하다
current affairs 시사(문제)
keep together 한데 모으다, 단결시키다
keep out 못 들어오게 막다
keep in with ~와 사이좋게 지내다

정답 (a)

27
After his parents died in a plane crash, his aunt had to _____ him and his little brother up.
(a) bring
(b) raise
(c) grow
(d) rear

해석 그의 부모님이 비행기 사고로 돌아가신 후, 그의 숙모가 그와 그의 어린 동생을 키워야 했다.

해설 '~를 키우다'의 뜻을 이루는 표현을 찾는 문제다. bring up, raise, rear 등의 동사를 쓰는데 여기서는 up이 이미 제시되어 있으므로 bring이 답이 된다. grow는 자동사로 쓰인다는 것을 알아두자.

어구 bring up (아이를) 기르다, 양육하다
raise 기르다, 키우다, 올리다
rear 기르다, 교육하다

정답 (a)

28
By and _____, the casualties were limited to those that wandered into the battle zone from the surrounding villages.
(a) by
(b) large
(c) usual
(d) over

해석 전반적으로, 사상자는 주변 마을에서 전투 지역으로 길을 벗어난 사람들로 국한되었다.

해설 by and by는 '이윽고', '머지않아'의 뜻이며, by and large(= on the whole)는 '대체로'의 뜻이다. 문맥상 '전반적으로', '대체로'의 뜻이 어울린다. wander into~는 의도적으로 찾아 들어간 것이 아니고 헤매다 보니까 (전투 지역으로) 들어가게 된 것이다.

어구 casualty 사상자, 희생자
wander 돌아다니다, 옆길로 벗어나다
the battle zone 전투 지역
surrounding 주위의, 주변의

정답 (b)

29
The president's critics and political opponents were detained or _____ under house arrest.
(a) thrown
(b) brought
(c) taken
(d) placed

해석 대통령의 비판자들과 정적들은 구금되거나 가택연금에 처해졌다.

해설 house arrest는 말 그대로 집에 체포되는 것, 즉 '가택연금'인데 be placed[put] under house arrest와 같이 쓰인다. 상태에 좀 더 초점을 둔다면 be (kept) under house arrest라고 쓰면 되고 가택연금 형을 내렸다라고 하려면 sentence~ house arrest로 표현하면 된다.

어구 critic 비판하는 사람, 비평가
opponent 적수, 반대자
detain 구류하다, 감금하다
house arrest 연금, 자택감금

정답 (d)

30

Their desultory response indicated that they had no awareness of the severity of the _____.
(a) precinct
(b) predecessor
(c) predicament
(d) prediction

해석 그들의 안일한 대응은 그들이 얼마나 심각한 곤경에 있는지를 전혀 깨닫지 못하고 있다는 것을 보여준다.

해설 제시 문장은 desultory라는 어려운 단어로 시작하고 있지만 사실 문제를 풀기 위해서는 뒷부분 the severity of the~만 정확하게 파악해도 충분하다. severity(격렬함, 심함)라는 명사의 수식에 어울리는 단어는 predicament이기 때문이다. 이렇게 대체로는 가까이에 있는 키워드를 통해 문제를 풀 수 있고, 모르는 단어가 나와도 정답은 찾을 수 있는 경우가 많다. 단, 단어를 아주 넓게 알지는 않더라도 아는 단어들에 대해서 깊게, 정확하게 아는 것이 매우 중요하다.

어구 desultory 안일한, 열의 없는
predicament 곤경, 어려움
precinct 관구, 구역
indicate 가리키다, 지시하다, 나타내다
awareness 인식, 각성

정답 (c)

31

A Ministry of Foreign Affairs and Trade official warned that this could lead to another diplomatic _____.
(a) breakthrough
(b) blackout
(c) overthrow
(d) standoff

해석 외교통상부 당국자는 이것이 또 다른 외교적 대치상태를 가져올 수도 있다고 경고했다.

해설 이 문장에서 일단 바로 앞의 diplomatic에 자연스럽게 연결될 수 있는 단어는 breakthrough(돌파구), 아니면 standoff(대치)이다. 그런데 동사가 warn이므로 부정적인 내용이 나와야 하고 따라서 diplomatic standoff(외교적 대치상태)를 정답으로 선택할 수 있다.

어구 the State Department (미)국무부
diplomatic 외교의, 외교상의
breakthrough 큰 발전, 획기적 발견
blackout 정전, 소등
overthrow 뒤엎다, 전복하다
standoff 대치상태

정답 (d)

32

The summit intends to promote foreign investment in Africa in order to _____ the so-called digital divide.
(a) tie
(b) cut
(c) bridge
(d) widen

해석 정상회담은 이른바 디지털 격차를 줄이기 위해 아프리카에 해외투자를 촉진하기 위한 목적을 갖고 있다.

해설 digital divide라는 것은 디지털, 즉 '컴퓨터, 인터넷 등의 테크놀로지에 있어서 발생하는 격차'를 말한다. 이런 격차를 줄인다고 할 때는 narrow[bridge]~ 등을 쓴다. 비슷한 단어인 gap(격차)이 목적어로 오는 경우도 마찬가지이다.

어구 summit 정상, 정상회담
intend to ~할 작정이다
so-called 소위, 이른바
digital divide 정보 격차, 디지털 격차

정답 (c)

33

The exposition was a good opportunity to display recent _____ that the nation has made in infrastructure and telecommunications.
(a) feat
(b) effort
(c) trials
(d) strides

해석 그 박람회는 그 국가가 최근 하부구조와 이동통신 분야에서 이룬 진보를 과시할 좋은 기회였다.

해설 내용상 어울리는 '발전', '진보'에 해당하는 strides를 고르는 문제다. feat도 비슷한 뜻이지만 make와는 잘 쓰이지 않고 pull off~ 등을 써서 표현한다.

어구 exposition 박람회, 전람회
display 전시하다, 나타내다
infrastructure 하부조직, 기본적 시설
telecommunication 전자통신, 이동통신
trial 공판, 재판, 시도

정답 (c)

feat 위업, 묘기
ex. Konrad hopes to pull off feat in Torino.
콘래드는 토리노에서 위업을 달성하기를 희망한다.
stride 큰 걸음, 진보, 발전
ex. make great strides 장족의 진보를 하다

정답 (d)

어구 eventually 결국, 드디어, 마침내
autonomous 자치권이 있는, 자주적인
autographic 자필의, 친필의
autocratic 독재의, 횡포한
automated 자동화된, 자동의

정답 (d)

34

The he convicted criminal is sentenced to a lifetime in prison, and now he is destined to spend the rest of his life _____.
(a) incarcerated
(b) recriminated
(c) incinerated
(d) repatriated

해석 유죄선고를 받은 범인은 종신형에 처해져 남은 일생을 수감된 상태로 보내야 한다.

해설 전형적인 paraphrasing 문제다. 접속사 and를 기준으로 앞부분의 a lifetime in prison을 달리 표현하면 뒷부분의 spend the rest of his life incarcerated(in prison)이다. incarcerated는 다소 어려운 단어이지만 출제빈도가 꽤 높으므로 알아두자.

어구 convicted 유죄로 결정된, 유죄선고를 받은
sentence 판결하다, 선고하다
lifetime 일생, 생애
incarcerated 투옥된, 죄인의
recriminated 되받아 비난하는
incinerated 소각된, (사체가) 화장된
repatriated 본국으로 송환된

정답 (a)

35

Many factory workers fear that _____ machines will eventually replace them.
(a) autonomous
(b) autographic
(c) autocratic
(d) automated

해석 많은 공장 노동자들은 자동화 기계가 결국에는 자신들을 대체하지 않을까 우려하고 있다.

해설 노동자들이 기계가 일자리를 빼앗을까 봐 두려워한다는 내용이다. machine을 자연스럽게 꾸며줄 수 있는 형용사는 '자동화의'란 의미인 automated다.

36

Anyone who has _____ to the Internet can enter and edit information for entries in some 250 languages.
(a) entrance
(b) access
(c) exit
(d) contact

해석 인터넷에 접근할 수 있는 사람이라면 누구나 250여 개 언어로 된 정보를 입력하거나 편집할 수 있다.

해설 have access to~는 어떤 서비스, 혜택, 기능, 정보 등에 '접근할 수 있다', '이용할 수 있다'의 뜻 숙어다.

어구 edit 편집하다, 수정하다
entry 들어감, 가입, 입구
entrance 들어감, 입장
exit 출구, 종료

정답 (b)

37

She was diplomatic enough to know how to present this unpleasant topic in a way that would not _____ the relationship.
(a) upgrade
(b) degrade
(c) build
(d) establish

해석 그녀는 외교적인 수완을 발휘하여 이 유쾌하지 못한 주제를 그들의 관계를 손상시키지 않고 잘 전달하는 방법을 알고 있었다.

해설 외교적(diplomatic)이라는 것은 결국 국가 간에 전달을 매끄럽게 하는 것이다. 즉, 사이가 나빠지지 (degrade) 않도록 주제를 전달해야 한다.

어구 unpleasant 불쾌한, 싫은
degrade 지위를 낮추다, 품위를 떨어뜨리다
establish 설립하다, 제정하다

정답 (b)

38

The explorers knew exactly how to _____ the river to serve all their needs.
(a) exploit
(b) expend
(c) abuse
(d) access

해석 그 탐험가들은 그들의 필요를 충족시키도록 어떻게 그 강을 이용할지 정확하게 알고 있었다.

해설 serve all their needs가 답의 단서가 되는 중요한 부분이다. serve는 '(사람을) 섬기다, 봉사하다' 외에 '(~목적에) 도움이 되다, 만족시키다'의 뜻으로 serve one's needs[interests, ends]와 같이 쓰인다. exploit는 이득을 얻기 위해 '~를 이용하는' 것이니 이 보기가 가장 어울리는 답이다.

어구 explorer 탐험가
　　　 serve 섬기다, 봉사하다
　　　 exploit 최대한 이용하다
　　　 expend 소비하다, 쓰다
　　　 abuse 남용하다

정답 (a)

39

People under the age of eighteen are not _____ to drink in most countries.
(a) favored
(b) allowed
(c) predicted
(d) marketed

해석 대부분의 국가에서 18세 미만의 청소년은 음주가 금지되어 있다.

해설 be allowed to~는 '~가 허용되다'로 쓰인다. favored는 the favored classes(특권 계급)에서와 같이 '특권/특혜를 받고 있는'의 뜻으로 be favored with~와 같이 쓰인다.

어구 favor 호의[친절]를 베풀다
　　　 predict 예언하다, 예보하다
　　　 market 시장에 내놓다, 팔다

정답 (b)

40

Reluctantly, they put their building up _____.
(a) on sale
(b) in sale
(c) to sell
(d) for sale

해석 그들은 마지못해 자신들의 건물을 경매에 붙였다.

해설 on[for] sale은 모두 '팔려고 내놓은'의 뜻이다. 앞의 동사와 함께 put up for sale은 '(팔려고) 시장에 내놓다'의 의미가 된다.

어구 reluctantly 내키지 않는 듯, 마지못해
　　　 put up for sale 시장에 내놓다

정답 (d)

41

We can identify _____ differences between these molecules by microscopes.
(a) eccentric
(b) fabulous
(c) minute
(d) gigantic

해석 우리는 현미경으로 이들 분자들 간의 미세한 차이를 알아볼 수 있다.

해설 microscopes의 micro–는 '미세', '미소'의 뜻을 갖는다. molecules(분자)도 아주 작은 개체이므로 이들 간의 차이는 아주 minute(미세한) 것이라고 볼 수 있다.

어구 identify 확인하다, 동일시하다
　　　 molecule 분자
　　　 microscope 현미경
　　　 eccentric 별난, 괴벽스러운
　　　 fabulous 믿어지지 않는, 전설상의, 멋진
　　　 minute 미소한, 세세한
　　　 gigantic 거대한, 거창한, 막대한

정답 (c)

42

The crowd was smaller than the _____ 50,000 protesters who rallied in front of the parliament building.
(a) guessed
(b) figured
(c) estimated
(d) counted

해석 군중은 의회 건물 앞에서 집회를 한 5만 명으로 추산되는 시위대보다는 적었다.

해설 counted라고 하면 일일이 집계를 했다는 의미가 된다. 5만 명이 넘는 군중을 하나하나 센다는 것은 부자연스럽기 때문에 '추산'의 뜻인 estimated가 답이다.

어구 protester 시위대, 반대자
rally (다시) 집결하다, 모집하다
parliament (영)의회
guess 추측하다
figure 숫자로 나타내다, 계산하다, 판단하다
estimate 추정하다, 추산하다
count 계산하다, 세다, 산출하다

정답 (c)

43

The ICRC is the first _____ organization being able to distribute relief supplies on the spot.
(a) humanitarian
(b) human
(c) humane
(d) humorous

해석 ICRC는 현장에서 구호품을 배급할 수 있는 최초의 인도주의적인 기관이다.

해설 human과 humane은 'e' 하나 차이지만 의미는 사뭇 다르다. 앞의 human은 '인간', '인간의'의 뜻이다. 즉, 인간적인 실수(human errors), 인간 문제(human affairs) 등에 쓰인다. 한편 humane은 거기서 한 발 더 나아가 '자비로운', '사람을 고상하게 하는', '우아한' 등의 뜻으로 발전한다. 즉, 인간적인 것에 가치가 더해지면 humane이라고 볼 수 있겠다. 한글 번역은 둘 다 '인간적인'이 될 수 있으니 주의하자. humanitarian은 단순한 '자비심'이라기보다는 인류 전체의 복지에 대한 관심을 갖는 차원의 '인도주의'라는 뜻이므로 이것이 정답이다.

어구 distribute 분배하다, 배급하다
relief 경감, 구제
humanitarian 인도주의적인, 인간애의
humane 자비로운

humorous 유머러스한, 익살스러운

정답 (a)

44

The new museum features life-like wax _____ of some the world's best-known celebrities.
(a) replicas
(b) imitations
(c) mimics
(d) twins

해석 새로운 박물관에는 세계에서 가장 유명한 명사들의 실물 크기의 밀랍 인형들이 진열되어 있다.

해설 밀랍으로 실물 크기로 만들어 놓은 인형을 진열해 놓은 박물관에 대한 이야기다. imitation은 진품(authentic goods)으로 통하게 하려고 '모방'하는 것을 말하며 mimic은 연극 따위에서 '흉내를 내는 것'을 말한다.

어구 life-like 살아있는 것 같은, 실물 그대로의
celebrity 유명인사
replica 복사, 복제품
imitation 모조, 모조품
mimic 흉내를 잘 내는, 모조한

정답 (a)

45

With a rapidly expanding middle class, China could be a very _____ market for Hollywood.
(a) lucrative
(b) poor
(c) bleary
(d) lurid

해석 빠른 속도로 성장해가는 중산층이 있는 중국은 할리우드에게 아주 유망한 시장이 될 수 있을 것이다.

해설 중산층은 경제력을 갖춘 좋은 시장이다. lucrative는 한마디로 '돈이 되는'의 뜻이다. market과 관련된 표현으로 흔히 쓰는 a bear/bull market(약세/강세의 시장)외에 falling/rising/depressed/firm/sluggish/steady 등의 형용사들과도 같이 쓴다.

어구 expand 넓히다, 확장하다
lucrative 돈이 벌리는
bleary 흐린, 흐릿한
lurid 소름이 끼치는, 으스스한, 끔찍한

정답 (a)

46

We would like to see much stronger _____ Chinese film industry so that more Chinese films are produced for the market in China.
(a) individual
(b) ingenuous
(c) indigent
(d) indigenous

해석 우리는 중국 토착 영화산업이 더 발전해서 더 많은 중국 영화들이 중국 시장을 위해 제작되기를 바란다.

해설 국내(여기서는 중국)에서 생산하고 국내에서 소비되는 것은 토착(ingenuous)이라고 할 수 있다.

어구 industry 산업(계), 공업
individual 개인, 개개의
ingenuous 솔직 담백한, 순진한
indigent 궁핍한, 불완전한
indigenous 토착의, 그 지역의, 고유의

정답 (d)

47

The organization has _____ more than 2.7 billion dollars to help treat poor children.
(a) risen
(b) raised
(c) put off
(d) put away

해석 그 조직은 가난한 아이들의 치료를 위한 기금을 27억 달러 이상 모금했다.

해설 '돈을 모금'할 때 쓰는 동사는 raise로, raise capital 과 같이 쓴다.

어구 billion 10억
treat 대우하다, 다루다, 치료하다
put off ~을 지연하다, ~을 불쾌하게 하다
put away ~을 치우다

정답 (b)

48

How the murderer could have gotten into the locked room was an _____ mystery to Watson.
(a) immaterial
(b) impenitent
(c) imbecile
(d) impenetrable

해석 그 살인자가 어떻게 잠긴 방에 들어갈 수 있었는지는 왓슨에게는 헤아릴 수 없는 수수께끼였다.

해설 선택지에 나오는 단어들에 붙은 im- 은 반의어를 만드는 접두어이다. penetrate(뚫다, 관통하다)할 수 없는 impenetrable은 원래 뜻에서 확장되어 '이해할 수 없는', '(사람이) 완고한' 등으로 쓰인다. 문맥상 뒤에 나오는 mystery와 잘 어울리는 형용사이다.

어구 murderer 살인자
immaterial 비물질적인
impenitent 뉘우치지 않는, 후회하지 않는
imbecile 백치의, 어리석은
impenetrable 뚫을 수 없는, 헤아릴 수 없는
ex. impenetrable fortress, impenetrable darkness

정답 (d)

49

A British teacher was convicted of _____ Islam after her class named a teddy bear Mohammad.
(a) insulting
(b) admiring
(c) aspiring
(d) inspiring

해석 영국의 한 교사는 수업시간에 곰인형 이름을 모하메드라고 지었다는 이유로 이슬람 모독죄로 유죄판결을 받았다.

해설 convicted(유죄판결을 받은) 될 만한 어떤 일이 제시되어야 하므로, 여기서는 '모독하다(insult)'로 이어지는 것이 적절하다.

어구 convicted 유죄선고를 받은, 유죄로 판결된
name 이름 짓다
insult 모욕(하다), 모독(하다)
aspire 열망하다, 포부를 가지다
inspire 고무하다, 불어넣다, 영감을 주다

정답 (a)

50

Severance pay must be paid at the same interval that the _____ would be made if the recipient were still employed.
(a) salary
(b) insurance
(c) premium
(d) installment

해석 퇴직 수당은 수급자가 계속해서 고용되어 있었을 경우 급여를 받았을 것과 동일한 간격으로 지급되어야 한다.

해설 위 문장은 회사 정관 등의 조항으로 딱딱하고 쉽지 않은 문장이다. 하지만 퇴직금(severance pay)이라는 표현을 알고 있다면 돈을 받는 사람(recipient)이 고용되어 있는 동안 받았을 돈, 즉 급여(salary)라는 것을 쉽게 찾을 수 있다.

어구 **interval** 간격, 틈
recipient 수급자, 수령인
severance 퇴직수당
premium 프리미엄, 보험료
installment 할부금, 분할납입금

정답 **(a)**

ACTUAL TEST 5

Answers

Part I
1. (a) 2. (b) 3. (a) 4. (d) 5. (c)
6. (b) 7. (a) 8. (c) 9. (d) 10. (a)
11. (d) 12. (b) 13. (c) 14. (b) 15. (c)
16. (b) 17. (b) 18. (a) 19. (b) 20. (c)
21. (b) 22. (b) 23. (d) 24. (d) 25. (c)

Part II
26. (c) 27. (d) 28. (c) 29. (d) 30. (b)
31. (c) 32. (d) 33. (b) 34. (c) 35. (d)
36. (a) 37. (b) 38. (c) 39. (d) 40. (a)
41. (c) 42. (b) 43. (d) 44. (a) 45. (c)
46. (c) 47. (b) 48. (c) 49. (a) 50. (d)

Part I

1
A Who is responsible for the accident?
B I'm the one to _____. Sorry about that.
(a) blame
(b) report
(c) misbehave
(d) arrest

해석 A 그 사고는 누구 책임인가요?
B 제 탓이에요. 미안합니다.

해설 be responsible for(~에 책임이 있는)를 paraphrase한 표현을 찾으면 된다. blame은 '탓하다', '나무라다'의 뜻인 타동사로 쓰며 be to blame과 같이 써서 '책임이 있다'의 의미가 된다.

어구 blame 나무라다, 탓하다
report 보고하다, 보도하다
misbehave 못된 짓을 하다, 방탕하다
arrest 체포하다

정답 (a)

2
A Why are you so pissed off?
B The man in the black suit cut in _____!
(a) space
(b) line
(c) people
(d) row

해석 A 왜 그렇게 화가 났어요?
B 검은 양복을 입은 남자가 새치기를 했어요.

해설 piss off는 '~를 화나게 하다'라는 의미의 구어 표현이다. 위의 보기 중에서 cut in~과 자연스럽게 이어질 수 있는 단어는 line 뿐이다. cut in line이 줄을 끊고 들어온다는 것이므로 '새치기하다'의 의미가 된다.

어구 piss off ~를 화나게 하다
cut in line 새치기하다

정답 (b)

3
A Why don't you get rid of all these old things? You don't need to _____ on to them.
B But it would feel like throwing away my past.
(a) hang
(b) get
(c) give
(d) keep

해석 A 이 낡은 물건들은 없애버리지 그래? 계속 갖고 있을 필요 없잖아.
B 하지만 내 과거를 버리는 것 같은 느낌이 들어.

해설 get rid of는 '~을 없애다', '~을 제거하다'의 뜻이다. 문맥상 빈칸 부분에는 반대 뜻의 표현이 들어가야 한다. hang on (to)는 다양한 의미로 많이 쓰이고 있다. 먼저 문자 그대로 뭔가를 '꽉 붙잡고 있다'는 의미가 있고, 무언가(좋은 것)를 '빼앗기지 않고 가지고 있다' 또는 여기서처럼 어떤 물건을 '(보통 이상으로) 오래도록 지니고 있다'는 뜻도 있다.

어구 hang on to~ ~를 (놓치지 않고) 붙들고 있다
throw away 버리다, (기회를)놓치다

정답 (a)

4
A   I want to marry Brad, Mom.
B   Over my dead _____!
   (a) state
   (b) soul
   (c) mind
   (d) body

해석 A 엄마, 브래드하고 결혼하고 싶어요.
     B 내 눈에 흙이 들어가기 전에는 안 된다!

해설 절대 안 된다는 의미로 부정을 강조할 때 쓰는 표현을 묻고 있다. Over my dead body는 죽어서야 가능하다는 말이니 '절대 안 된다'는 의미이다. 우리말의 '내 눈에 흙이 들어가기 전에는 안 된다'를 영어로 표현한 것이다.

어구 state 상태
     soul 영혼
     mind 마음, 이성

정답 (d)

5
A   Who let the _____ out of the bag? It was off the record.
B   I guess it's Tanya, the bigmouth.
   (a) bean
   (b) pea
   (c) cat
   (d) dog

해석 A 누가 기밀을 누설했어요? 외부에는 공개하지 않기로 한 건데.
     B 입이 가벼운 타냐인 것 같아요.

해설 어떤 이유에서인지는 확실치 않지만 let the cat out은 '비밀을 누설하다(= leak)'의 뜻이 되었다. 그래서 The cat is out of the bag이라고 하면 '비밀이 샜다'란 뜻이 된다. beans가 들어간 유사표현으로는 spill the beans(비밀을 털어놓다, 자백하다)가 있는데 무심코 비밀을 누설한다는 의미의 let the cat out과는 그 뉘앙스가 다르다.

어구 let the cat out (of the bag) 〈구어〉 비밀을 누설하다
     off the record 비공식의, 발표해서는 안 되는
     bigmouth 수다쟁이, 입이 가벼운 사람

정답 (c)

6
A   I cannot make up my mind. What should I do?
B   Why don't you flip a coin? Heads you go and _____ you stay.
   (a) backs
   (b) tails
   (c) bottoms
   (d) feet

해석 A 마음을 정할 수가 없어요. 어떻게 해야 하죠?
     B 동전을 던져보면 어떨까요? 앞면이 나오면 가고, 뒷면이 나오면 가지 않는 거예요.

해설 동전의 앞면이냐 뒷면이냐를 heads or tails라고 한다. 재미있게도 make head(s) or tail(s) of~는 '이해하다'의 뜻이 된다. (결정하기 위해) 동전을 던지는 것을 toss[flip] a coin이라고 하며, 동전의 이면은 the other side of the coin이라고 하여 사물의 이면을 은유하는 표현으로 쓰이기도 한다. back은 front의 반대말이며, bottom은 top과 대구를 이룬다.

어구 make up one's mind 결심하다
     flip 튀기다, 던지다
     heads (동전의) 앞면 (≠ tails)

정답 (b)

7
A   How much do I owe you?
B   It's $15.20. But I can _____ it down to $15 for you.
   (a) round
   (b) shorten
   (c) charge
   (d) lessen

해석 A 얼마인가요?
     B 15달러 20센트입니다. 하지만 우수리는 떼고 15달러에 드릴게요.

해설 round에는 '완성하다', '마무리하다', '끝수를 반올림하다'라는 뜻이 있다. round down/up은 '소수점 이하를 내리거나 올려서 자연수를 만드는 것'을 뜻하고, round off는 이 두 가지 개념을 모두 포함하는 표현이다.

어구 shorten 줄이다, 짧게 하다
     charge 부과하다, 부담을 주다
     lessen 줄이다

정답 (a)

8
A What's wrong with your computer?
B I'm not sure, but fortunately, I _____ up everything.
 (a) made
 (b) messed
 (c) backed
 (d) saved

해석 A 네 컴퓨터에 무슨 문제가 생긴 거야?
B 잘 모르겠어요. 어쨌든 다행히 모든 걸 다 백업해 놓았어요.

해설 컴퓨터 파일을 백업하는 것은 그대로 back up이라고 쓰면 된다. backup은 명사/형용사로도 쓰여 '여별/예비'의 뜻이 된다.

어구 fortunately 다행히
back up (컴퓨터의) 백업
ex. a backup file
make up 보완하다, 구성하다, 작성하다, 날조하다
mess up 더럽히다, 망쳐놓다
save (up) 저축하다, 모으다

정답 (c)

9
A Now, do you get the _____?
B I still don't understand what is going on.
 (a) rope
 (b) hang
 (c) knack
 (d) picture

해석 A 이제 좀 어떻게 돌아가는지 알겠어요?
B 아직도 뭐가 뭔지 잘 모르겠어요.

해설 이 문제는 B의 대화에서 understand what is going on 부분을 paraphrase해 놓은 것이 답이 된다.

어구 get the hang[knack] of~ ~의 요령을 터득하다
knack 기교, 솜씨, 요령
picture 상황, 정세
get the picture 상황을 이해하다
cf. picture-perfect 완전무결한
ex. a picture-perfect family, a picture-perfect jump

정답 (d)

10
A I'm embarrassed to say that I'm computer _____.
B Why don't you sign up for Computer 101? It's really easy to learn.
 (a) illiterate
 (b) uneducated
 (c) blind
 (d) helpless

해석 A 말하기는 창피하지만 난 컴맹이랍니다.
B 컴퓨터 기초반을 들어보지 그래요? 정말 배우기 쉽답니다.

해설 Computer 101, Biology 101 등과 같이 '~101'이라고 하면 '가장 기초적인 개론 과목'을 말한다. 컴퓨터 기초반을 들으려는 사람은 컴퓨터에 대해 거의 아는 바가 없을 것이다. illiterate는 literate(글을 읽고 쓸 줄 아는)의 반대로 '문맹'이라는 뜻이지만 복합어를 이루어 '~에 대해서 전혀 알지 못하는'의 뜻이 된다. 예를 들면 computer-illiterate는 컴퓨터의 키읔자도 모르는 '컴맹'이라는 의미며, 마찬가지로 technology illiterate, musically illiterate와 같이 표현한다. 단, '색맹'은 color-blind이다.

어구 embarrassed 당혹스러운, 창피한
sign up for 등록하다
illiterate 문맹의, 무지한
uneducated 교육을 받지 못한(= ignorant)
helpless 무기력한
blind 맹목적인

정답 (a)

11
A What do you want me to do?
B I need you to put your _____ on the dotted line at the bottom of the paper.
 (a) John Doe
 (b) Dear John
 (c) Richard Roe
 (d) John Hancock

해석 A 제가 어떻게 해야 하나요?
B 서류 밑에 점선 위에 사인하세요.

해설 '서명'에 해당하는 용어는 John Hancock이다. 미국 독립선언문에 눈에 띄는 그의 사인 때문에 관용적으로 그렇게 쓰이게 되었다. 보기의 다른 이름들 John Doe, Richard Roe는 보통 사람을 가리키는 이름으

어구   로 소송 등에서 이름이 분명치 않을 때 사용하는 가명이
기도 하다.
어구   dotted 점선의
John Hancock 서명, 사인
John Doe 보통 사람(홍길동)

정답   (d)

12
A How did the fight start?
B The drunk guy was _____ on the bartender and wouldn't leave him alone.
(a) serving
(b) egging
(c) drinking
(d) falling

해석   A 그 싸움이 어떻게 시작되었나요?
B 술 취한 남자가 바텐더에게 귀찮게 굴면서 가만 놔두지를 않았어요.

해설   문제를 푸는 키는 fight와 not leave him alone 부분이다. 싸움을 걸면서 가만 놔두지 않은 것은 시비를 걸었다고 볼 수 있다. egg on은 '선동하다', '시비를 걸다(= incite)'의 뜻이다. fall on은 '습격하다'의 뜻으로 이 맥락에서는 너무 어감이 강하다.

어구   bartender 바텐더
fall on 습격하다(= attack)

정답   (b)

13
A How are you going to pay for this car?
B I'm going to pay for this car in one _____.
(a) debit
(b) credit
(c) lump sum
(d) loan

해석   A 이 차 대금은 어떻게 지불하실 건가요?
B 일시불로 지불할게요.

해설   대금 지급과 관련된 표현을 정리해보자. 문제의 in one lump sum은 '일시불로', '신용카드로 지불'하는 경우는 pay with credit card, '할부로 분납'하는 것은 pay in (monthly/yearly) installments로 나타낸다. '현금 지불'은 물론 pay in cash이다.

어구   debit 차변, 결점
credit 대변, 신용
lump 덩어리, 집합체
loan 대부, 차관

정답   (c)

14
A How did you find this couch?
B I was _____ through a magazine, and I found it in one of the advertisements there.
(a) turning
(b) leafing
(c) lifting
(d) managing

해석   A 이 소파를 어떻게 찾은 거예요?
B 잡지를 뒤적이다가 광고에서 발견했어요.

해설   leaf through는 '페이지를 빨리 넘기며 죽 훑어보는 것'을 말한다. 엄지손가락으로 책 페이지를 넘긴다는 의미에서 thumb through라고도 한다.

어구   leaf through 뒤적이다
advertisement 광고

정답   (b)

15
A Why do you smoke?
B After 20 years of smoking, I think it's become a _____.
(a) force of practice
(b) routine of habit
(c) force of habit
(d) custom

해석   A 왜 담배를 피우시나요?
B 20년 동안 담배를 피우다 보니 습관이 된 것 같아요.

해설   force of habit은 '습관'이라는 뜻이고, by/from force of habit은 '타성으로'라는 뜻이 된다. routine은 '하루하루 반복되는 일상', practice는 '굳어진 관행', custom은 '관습'의 뜻으로 모두 어울리지 않는다. habit이 '개인적인 것'이라면 custom은 '사회집단 전체의 풍습을 가리킨다는 것'도 기억해두자.

어구   practice 관례, 관행
routine 판에 박힌 일, 일과
force of habit 습관
custom 풍습

정답   (c)

16
A You missed the exam last month.
B Yeah, but I _____.
(a) made it off
(b) made it up
(c) made it for
(d) made it

해석 A 지난달에 시험을 보지 않았구나.
B 네, 하지만 추가시험을 봤는데요.

해설 '놓친 시험을 보충하는 것'은 make up이다. I made it이라고 쓰면 '해냈다', '제시간에 도착했다' 등의 뜻이 된다. make off는 '급히 도망가다'라는 뜻의 전혀 다른 의미가 된다.

어구 miss 놓치다
make up 불합격[낙제 등] 때문에 시험[수업]을 다시 치다
make off 달아나다

정답 (b)

17
A Thanks for attending on such urgent notice.
B No problem. It's no _____ at all.
(a) factor
(b) trouble
(c) stain
(d) concern

해석 A 그렇게 급히 고지해 드렸는데도 참석해주셔서 감사합니다.
B 뭘요. 전혀 문제되지 않습니다.

해설 '통지', '예고' 등의 뜻을 갖는 notice는 on notice(예고를 받아, 통지되어)와 같은 형태로 쓴다. 상황과 어울리는 답은 '폐, 불편이 되지 않았다'가 되어야 하므로 trouble을 선택할 수 있다. concern은 좀 더 추상적인 사안에 대해 관심/우려를 표현할 뜻할 때 어울리는 단어이다. trouble은 -ing와 함께 써서 Did you have much trouble (in) finding my house?(저의 집을 찾는 데 힘드셨습니까?)와 같은 형태로 흔히 쓰인다.

어구 notice 통지, 경고
trouble 불편, 폐, 수고
stain 얼룩, 오점
concern 관심, 근심

정답 (b)

18
A My watch got stolen while I was sightseeing.
B Very sorry, but we're not responsible for lost or stolen _____.
(a) articles
(b) portions
(c) particles
(d) elements

해석 A 관광하다가 시계를 도둑맞았어요.
B 정말 유감입니다. 하지만 저희는 분실물이나 도난당한 물품에 대해 책임을 지지 않습니다.

해설 lost or stolen articles(= goods)는 분실 또는 도난당한 물품이라는 뜻이다. article은 주의 깊게 공부해 둘 만한 단어로 다양한 뜻을 갖고 있다. 일단 부정관사나 정관사 등의 '관사'라는 뜻이 있고, news article과 같이 써서 '기사 항목'을 가리키기도 하고, 여기서처럼 '물건', '품목(= goods)', 또한 '계약 등의 조항'이라는 의미도 있다.

어구 sightseeing 관광
article 물품, 관사, 기사
portion 부분
particle 분자, 입자
element (구성) 요소

정답 (a)

19
A I just got a one-year _____ at a language institute.
B Good for you. I'm sure you'll enjoy it.
(a) enlistment
(b) membership
(c) contract
(d) certificate

해석 A 방금 전에 어학원에서 1년 회원권을 끊었어요.
B 잘하셨네요. 재미있으실 거예요.

해설 보기의 단어들은 어떤 계약에 묶이게 된다는 점에서 비슷한 단어들이다. 하지만 enlist의 명사형인 enlistment는 '군에 입대', '편입'하는 것을 말하고, contract는 '거래', '계약'의 뜻이다. 여기서는 language institute(어학원)에 대한 이야기이므로 회원권(membership)이 가장 어울린다. Good for you(= Good on you)는 '잘한다', '잘했어' 등 격려의 말이다.

어구 enlistment 입대, 모병
　　 membership 회원권, 회원자격
　　 contract 계약
　　 certificate 인증(서)

정답 (b)

20

A Would you want to go out for lunch with me today?
B Thanks, but I _____ a sandwich from home.
(a) bagged
(b) made
(c) brought
(d) carried

해석 A 오늘 점심 식사 같이 하실래요?
　　 B 고맙지만 집에서 샌드위치를 싸왔어요.

해설 집에서 샌드위치를 가져왔다는 의미이므로 brought가 어울린다. 이 외에도 '도시락을 가져오다, 지참하다'의 뜻인 brown bag을 쓰기도 한다. brown bag은 원래 누런 종이 봉투를 의미하는 말이지만 흔히 샌드위치 등을 넣어오는 것에서, '도시락을 가져오다'라는 뜻이 되었다. 참고로 '식당에서 먹다 남은 음식을 싸가고자 할 때'는 doggie bag을 사용한다. 단순히 bag은 쓰지 않는다.

어구 carry 나르다, 운반하다
　　 bag 자루에 넣다, 차지하다

정답 (c)

21

A Catherine sure looks _____ today.
B You would too if you got a promotion.
(a) brilliant
(b) overjoyed
(c) terrible
(d) wretched

해석 A 캐서린은 오늘 정말 기분이 좋아 보이네요.
　　 B 당신도 승진했다면 아마 당신도 그럴 거예요.

해설 가정법으로 당신이라도 그랬을 것이라는 내용의 언급으로 연결되고 있다. 이것을 근거로 get a promotion(승진하다)할 때의 기분을 묘사하는 형용사인 overjoyed가 답임을 알 수 있다.

어구 promotion 승진
　　 brilliant 빛나는, 눈부신, 똑똑한
　　 wretched 비참한, 불행한

정답 (b)

22

A Mom called and said she's not feeling well but I'm too busy to go.
B Don't worry. I'll _____ her after work.
(a) go in with
(b) check in on
(c) take it out on
(d) do away with

해석 A 엄마가 전화해서 편찮으시다고 하셨는데 너무 바빠서 가볼 수가 없네.
　　 B 걱정 마. 내가 일 마치고 한번 들러서 살펴볼게.

해설 빈 칸의 목적어인 her는 편찮으신 어머니이므로 '돌봐드리다', '살펴보다' 등의 의미를 갖는 표현이 나와야 한다. 다양한 숙어들이 제시되고 있지만 이 문맥상으로는 모두 어울리지 않는다.

어구 go in with ~에 참가하다, ~와 제휴하다
　　 check in on 확인하다
　　 take it out on a person ~에게 분풀이를 하다, 보복하다
　　 do away with 없애다

정답 (b)

23

A If someone _____ me up, tell them I went out.
B I'm not going to lie for you.
(a) checks
(b) gives
(c) brings
(d) calls

해석 A 누가 전화하면 나갔다고 좀 해주세요
　　 B 너를 위해 거짓말을 하지는 않을 거야.

해설 call up(전화하다)가 어울린다. give up(포기하다), bring up(제기하다, 양육하다), check up(조사하다, 검토하다)는 모두 기본 숙어들이므로 반드시 뜻과 용례를 알아두자.

어구 bring up 1. 양육하다
   ex. He has brought up three sons by himself.
   그는 세 아들을 혼자 길렀다.
   2. 제기하다
   ex. You don't need to bring that up right now.
   지금 그 이야기를 꺼낼 필요는 없어.

정답 (d)

24

A You are going to _____ to their unfair demands, aren't you?
B I hate to do it, but I have no choice.
  (a) give out
  (b) give up
  (c) give over
  (d) give in

해석 A 넌 그들의 부당한 요구에 무릎을 꿇고 말 거야, 그렇지 않니?
    B 나도 그러기 싫지만 선택의 여지가 없어.

해설 unfair demands(부당한 요구)에 '굴복하다'라는 표현에 해당하는 단/숙어는 submit to, give in to 등이 있다.

어구 unfair 부당한
    demand 요구, 수요
    give in (to) 굴복하다, 무릎을 꿇다
    give out 나누어 주다(= distribute)
    give up 포기하다(= quit, surrender)

정답 (d)

25

A Let's watch *The Letter* tonight.
B Well, I don't particularly like these _____ movies where people are always crying and dying.
  (a) fantasy
  (b) willowy
  (c) weepy
  (d) mellow

해석 A 오늘 밤 〈더 레터〉를 보자.
    B 글쎄, 나는 사람들이 항상 울고 죽고 하는 눈물 짜내는 영화들은 별로 좋아하지 않는데.

해설 눈물바람을 하는 영화를 우리는 흔히 '최루성 ~'이라고 표현하는데 비슷한 의미를 갖는 영어 형용사가 바로 weepy다. weepy는 동사 weep의 형용사형이다. mellow는 원래 과일이 잘 익은 모양을 묘사하는 형용사에서 나와 사람, 문제 등에 쓰인다.

어구 fantasy 판타지, 환상
    weepy [영화, 책 등이] 눈물을 짜내는
    willowy 휘청휘청한, 나긋나긋한
    mellow 달콤하고 부드러운, 잘 익은, 원숙한

정답 (c)

Part II

26
A corrupt tree cannot _____ good fruit.
(a) churn out
(b) turn into
(c) bring forth
(d) make over

해석 썩은 나무는 좋은 열매를 맺을 수 없다.
해설 churn out은 원래 '버터를 휘젓다'라는 동사 churn에서 발전한 것으로 '영화, 제품 등을 대량생산'하는 것을 묘사하는 표현이다.
어구 corrupt 부패한, 썩은
bring forth 생기게 하다, 낳다
churn out 대량생산하다
정답 (c)

27
They _____ what they believed to be right.
(a) stood for
(b) stood down
(c) stood back
(d) stood up for

해석 그들은 그들이 옳다고 믿는 것을 옹호했다.
해설 목적어인 what~의 내용과 어울리는 동사구를 찾는 문제다. stand up for는 자신이 믿는 것을 '변호하다', '옹호하다'의 뜻이다.
어구 stand for 상징하다, 나타내다
stand down 자리(직장)에서 물러나다
stand back 뒤로 물러서다
stand up for 옹호하다, 변호하다
정답 (d)

28
The senator says she is taking nothing for _____ as she campaigns in Iowa.
(a) gratitude
(b) grace
(c) granted
(d) seriously

해석 그 상원의원은 그녀가 아이오와의 선거운동에서 아무 것도 당연히 받아들이지 않는다고 말했다.
해설 take ~ for granted는 ~를 주어진 것으로, 즉 '당연한 것으로 받아들여 그 소중함을 깨닫지 못하다'는 뜻이다. take ~ seriously는 '~를 진지하게', '~를 중요한 것으로 여기다'의 뜻이다.
어구 senator 상원위원
campaign 캠페인, 운동
gratitude 감사
granted 주어진, 부여받은
정답 (c)

29
The Supreme Court was expected to _____ a verdict in the coming days.
(a) publish
(b) mention
(c) call
(d) deliver

해석 대법원은 며칠 내로 판결을 내릴 것으로 예상된다.
해설 verdict는 deliver와 어울려 쓴다. 그밖에 verdict를 목적어로 쓰는 동사로 announce, bring in, render, return 등이 있다.
어구 The Supreme Court (미국) 대법원
verdict 평결
정답 (d)

30

The strategies the police _____ last night are under heated criticism.
(a) hid
(b) applied
(c) covered
(d) protected

해석 어젯밤 경찰이 사용한 전략은 혹독한 비판을 받았다.
해설 이 문장에서 빈칸에 들어갈 동사의 목적어는 strategies 이므로 '전술을 사용하다'에 해당하는 apply가 정답이다. strategies는 pursue와도 흔히 쓰인다.
어구 strategy 전술
heated 뜨거운, 강도 높은
criticism 비판, 비난
hide 숨기다
apply 적용하다, 사용하다
정답 (b)

31

The UN has _____ detailed criteria for who should be allowed to vote.
(a) sought
(b) took
(c) established
(d) interpreted

해석 UN은 누가 투표할 수 있는가에 대해 세부 기준을 수립했다.
해설 criteria와 함께 쓸 수 있는 동사를 찾는 문제다. '기준, 조건을 세우다'에 해당하는 establish가 정답이다. 그 밖에 criteria는 apply, satisfy 등의 동사와 어울려 쓴다.
어구 detailed 자세한, 세부적인
criteria 기준, 조건
vote 투표하다
establish 수립하다, 세우다
interpret 해석하다, 통역하다
정답 (c)

32

About 50 tenants with cholera _____ an isolation ward of the hospital.
(a) emptied
(b) borrowed
(c) sold
(d) occupied

해석 약 50명의 콜레라 환자들이 병원의 격리 병동을 차지했다.
해설 tenants(거주자)가 '거주하다', '(공간을) 차지하다'라는 의미의 동사는 occupy다. occupy는 그 외에도 '점령하다', '종사하다', '전념하다' 등 다양한 뜻을 갖고 있다.
어구 tenant 거주자, 차용자, 주민
cholera 콜레라
ward 부속건물, 병동 ex. isolation ward 격리 병동
empty 비우다
occupy 차지하다, 점유하다
정답 (d)

33

It is not ethical to _____ other people's misfortune.
(a) cash in
(b) cash in on
(c) carry on
(d) carry off

해석 타인의 불행을 이용하는 것은 윤리적이지 않다.
해설 cash in on은 이익을 위해 '~를 이용하다'라는 뜻의 동사구로 다소 부정적인 뉘앙스를 가지고 있다. 같은 표현으로 take advantage of~, exploit 등이 있다.
어구 ethical 윤리적인
misfortune 불행, 불운
cash in 현금으로 바꾸다, 청산하다
cash in on 활용하다, 이용하다
carry on 계속하다, 속행하다
carry off 이기다, 획득하다, 성공하다
정답 (b)

34

He was forced to _____ all of his assets in an effort to avoid filing for bankruptcy.
(a) eradicate
(b) accrue
(c) liquidate
(d) retail

해석 그는 파산 신청을 피하려고 모든 자산을 매각해서 현금을 만들어야 했다.

해설 file for bankruptcy(파산 신청을 하다)는 반드시 알아두어야 하는 표현이다. file for~는 '공식적으로 ~를 제기하다, 신청하다'라는 뜻으로 쓰인다. liquid는 '액체의', '유동체의'라는 뜻 외에도 '유동성의', '현금화하기 쉬운'이라는 뜻을 갖고 있다. '폐업정리 세일'은 liquidation sale이다.

어구 asset 자산, 재산
file for 신청하다, 제기하다
bankruptcy 파산
eradicate 뿌리 뽑다, 근절하다
accrue 생기다, 붙다, 발생하다
liquidate 현금화하다, 청산하다, 갚다
retail 판매하다

정답 (c)

35

We will be much stronger if we can get all the different groups to form a(n) _____ to fight corruption.
(a) assemblage
(b) membership
(c) cessation
(d) coalition

해석 우리가 서로 다른 그룹을 모두 연합하여 부정부패와 싸운다면 훨씬 더 강력해질 것이다.

해설 coalition(연합)은 동사 form과 어울려 쓴다. assemblage와 coalition은 우리말로는 '모으고 합한다'는 의미가 있으나, assemblage는 collection(수집)이란 의미의 모음이고, coalition은 union(결합;합병)이란 의미로 차이가 있다.

어구 corruption 부패, 부정
assemblage 집합, 소집
cessation 중단, 휴지, 정지
coalition 연합

정답 (d)

36

The attendees of the international conference wanted to find out if the hotel has any _____ during the event.
(a) vacancies
(b) spaces
(c) places
(d) bookings

해석 그 국제회의의 참가자들은 행사 기간 중에 그 호텔에 빈 방이 있는지 알고 싶어했다.

해설 내용상 들어가야 할 말은 '빈 방'이다. vacancy는 건물의 빈 방 외에도 '결원', '공석', '방심' 등 다양한 뜻으로 쓰인다.

어구 attendee 참가자
conference 회의
vacancies 공석, 빈방
booking 장부기입, 예약

정답 (a)

37

With so many ethnic minorities living in the country, India is one of the most culturally _____ countries.
(a) prevalent
(b) diverse
(c) limited
(d) restricted

해석 그렇게 다양한 소수 인종집단이 살고 있는 나라인 인도는 가장 문화적으로 다양성을 지닌 국가 중 하나이다.

해설 부대상황을 나타내는 With~의 내용이 문제를 푸는 열쇠이다. '다채로운', '다양한'에 해당하는 diverse가 답이다. 명사형인 diversity도 많이 쓰이므로 함께 기억해두자.

어구 ethnic 민족적인, 민족의
minorities 소수(집단)
culturally 문화적으로
prevalent 우세한, 우위를 점하는
diverse 다양한
restricted 제한된

정답 (b)

38

The _____ brochure presents a vast array of gardening equipment and materials you can choose from.

(a) enclaved
(b) encoded
(c) enclosed
(d) encapsulated

해석 동봉한 브로슈어에는 여러분이 선택할 수 있는 다양한 정원용 장비와 재료가 소개되어 있습니다.

해설 우편물에 수표, 광고 책자 등을 '동봉하는 것'은 enclose로 표현한다.

어구 enclave 둘러싸다, 고립시키다
encode 암호화하다
enclose 동봉하다
encapsulate 캡슐에 넣다, 요약하다

정답 (c)

39

Talks had _____ down earlier than expected because of developing nations' opposition to Japan's early suggestion.

(a) stuck
(b) stalled
(c) caught
(d) bogged

해석 회담은 일본의 초기 제안에 대한 개발도상국들의 반대로 인해 예상보다 일찍 난항에 빠졌다.

해설 '회담 따위가 어려움에 봉착하게 된 것'은 bog down이라고 표현한다. bog는 원래 '소택지', '늪'을 뜻했는데 늪에 빠져 꼼짝달싹 못하는 상태로 발전했다. stuck은 talks stuck on the issue~와 같은 형태로 표현한다.

어구 opposition 반대
bog down 꼼짝 못하게 되다, 난항에 빠지다
stall 지연되다

정답 (d)

40

Recent _____ in the economy indicate that the cost of gas may soon fall.

(a) signs
(b) stories
(c) reasons
(d) debates

해석 최근 경제지표는 석유 가격이 곧 하락할 것이라는 조짐을 보이고 있다.

해설 여기서 indicate는 show로 바꿔 써도 된다. 경기, 경제에 대해 이야기할 때 signs는 매우 자주 쓰이는 표현이다.

어구 indicate 함의하다, 지시하다, 나타내다
sign 신호, 사인, 지표
debate 토론, 논쟁

정답 (a)

41

She was born with a _____ heart defect, and she's had two open heart surgeries before her second birthday.

(a) co-related
(b) cordial
(c) congenital
(d) congenial

해석 그녀는 선천적 심장기형으로 태어나 만 2세가 되기도 전에 두 차례의 심장 개복 수술을 해야 했다.

해설 여기서는 was born with를 그대로 받아 '선천적(즉, 갖고 태어난)'에 해당하는 형용사 congenital을 선택해야 한다. congenial과 congenital이라는 비슷한 두 단어를 구별하는 것도 중요하다.

어구 defect 결함, 흠
surgery 수술
co-related 서로 연관된, 상호 관련된
cordial 따뜻한, 성심성의의
congenital 타고난, 선천적인
congenial 같은 성질의, 취미가 맞는

정답 (c)

42

Illegal aliens are prosecuted and are _____ to fines and imprisonment for illegal entry.

(a) supposed
(b) subject
(c) eligible
(d) allowed

해석 불법 외국인들은 기소되어 불법입국죄로 벌금을 물거나 수감된다.

해설 alien은 '외계인'뿐 아니라 '외국인'이라는 뜻도 갖고 있다. be subject to~는 '~의 영향을 받는다', '~할 수밖에 없다', '~의 의무가 있다' 등의 뜻으로 주로 좋지 않은 내용이 뒤에 따라 나온다.

어구 illegal 불법의, 위법의
alien 외계인, 외국인
prosecute 기소하다
imprisonment 수감, 구금
entry 입국, 진입
subject ~의 영향을 받는, 지배를 받는, 복종하는
cf. be subject to ~할 수밖에 없다
eligible (결혼 상대로) 적합한
be eligible to(for)~ (결혼 상대로) 적합한

정답 (b)

43

There are a number of language _____ where Chinese is taught.

(a) institutions
(b) installations
(c) inspectors
(d) institutes

해석 중국어를 가르치는 어학원이 여러 군데 있다.

해설 '외국어를 가르치는 곳, 기관'은 institute이며 '눈에 보이지 않는 제도' 등은 institution이라고 한다.

어구 institution 기관, 제도
installation 설치
inspector 감사관, 감독
institute 설치하다, 제도화하다, 학원

정답 (d)

44

The _____ caused at least $120 million in financial damage.

(a) walkout
(b) workout
(c) walk-down
(d) walkabout

해석 파업으로 인해 최소 1억 2천만 달러의 경제적 손실을 입었다.

해설 경제적 손실을 입힐 수 있는 내용이 될 수 있는 것은 walkout(파업)뿐이다. workout은 단어는 비슷하지만 '운동'이라는 전혀 다른 뜻이므로 혼동하지 않도록 하자.

어구 financial 재정적인, 금융의
damage 피해
walk-down 저지대 상점[주택가]
walkabout 도보여행
walkout 파업
workout 운동

정답 (a)

45

The sight of the skyscrapers always _____ a sense of awe to her.

(a) invoked
(b) provoked
(c) evoked
(d) revoked

해석 마천루들이 펼쳐져 있는 광경은 항상 그녀에게 일종의 외경심을 불러일으켰다.

해설 여기서는 sense를 목적어로 삼아 어울리는 동사를 골라야 한다. '~감각을 불러일으키다'에 해당하는 동사는 evoke다. provoke도 감정을 불러일으키다는 의미로 쓰이나, 주로 '부정적인 감정'에 사용된다.

어구 sight 광경, 보는 것
skyscraper 마천루
awe 놀람, 외경
invoke 빌다, 호소하다, 연상시키다
provoke 도발하다
evoke 일깨우다, 환기시키다
revoke 취소하다, 무효로 하다

정답 (c)

46
If you are _____ to a particular disease, you don't need to be vaccinated against it.
(a) immature
(b) immortal
(c) immune
(d) immaculate

해석 만일 특정 질병에 대해 면역을 갖고 있다면 그 질병에 대해 예방접종을 받을 필요가 없다.

해설 뒤 설명(don't need to be vaccinated against~ 예방접종을 받을 필요가 없다)이 힌트다. 즉, 면역(immune)이 있다면 예방 접종을 받을 필요가 없다.

어구 immature 미숙한
immortal 불멸의, 영원한
immune 면역이 있는
immaculate 흠 없는, 오점 없는
vaccinate 예방접종을 하다

정답 (c)

47
I asked the passenger next to me to _____ the volume because I could not bear the noise from his cassette player.
(a) turn up
(b) turn down
(c) turn on
(d) turn off

해석 나는 내 옆 승객의 녹음기에서 나는 소음을 견딜 수가 없어서 그에게 소리를 줄여달라고 요구했다.

해설 '소리, 볼륨 등을 줄이는 것'은 turn down이라고 표현한다. 그밖에 turn down에는 '거절하다'라는 의미도 있다.

어구 passenger 승객, 여객
bear 참다, 견디다
turned up[down] (소리 등을) 올리다[내리다]
turned on[off] 켜다[끄다]

정답 (b)

48
When the opposing team took the field, they looked _____, but we could defeat them.
(a) infamous
(b) indolent
(c) impregnable
(d) inert

해석 상대방 팀이 필드에 나섰을 때 그들은 난공불락으로 보였지만 결국 우리는 그들을 이겼다.

해설 접속사 but을 중심으로 정답을 추정하면 된다. '이길 수 있었다'와 난공불락(impregnable)이 역접관계로 어울린다. take the field는 '경기장에 나서다'라는 의미다.

어구 oppose 반대하다, 맞서다
field 분야, 부문, 경기장
defeat 패배시키다
impregnable 철벽의, 뚫을 수 없는
infamous 악명 높은
indolent 게으른, 나태한
inert 비활성의, 활발치 못한

정답 (c)

49
He was scheduled to _____ off around nine o'clock, but he didn't leave work until ten.
(a) get
(b) take
(c) start
(d) kick

해석 그는 9시경에 나갈 예정이었지만, 10시까지 퇴근하지 않았다.

해설 take off를 '떠나다'라는 의미로 쓴다면 보통 예정에 없이 '불쑥 떠나다'라는 의미이므로 9시에 떠날 예정이었다는 말과는 거리가 있다. get off는 '교통수단을 타고 내리다'라는 뜻 외에도 '떠나다', '퇴근하다'의 뜻이 있다.

어구 scheduled 예정되어 있는
kick off 시작하다, 출발하다
get off[on] (교통수단 등을) 내리다[타다], 떠나다, 퇴근하다

정답 (a)

50

It is _____ that you fill the basin with warm water before adding the detergent.
(a) informed
(b) guided
(c) ordered
(d) recommended

해석 세제를 넣기 전에 대야를 더운물로 채우는 것을 권장한다.

해설 that~의 내용은 사용설명서에서 흔히 봄직한 어구다. 이러한 안내사항은 '권장/권고'되는 것이므로 recommend가 답으로 어울린다.

어구 basin 대야, 웅덩이, 분지
detergent 세제
inform 정보를 주다, 알려주다
recommend 추천하다, 권하다

정답 (d)

ACTUAL TEST 6

Answers

Part I
1. (b) 2. (d) 3. (a) 4. (b) 5. (b)
6. (b) 7. (c) 8. (b) 9. (b) 10. (d)
11. (b) 12. (b) 13. (d) 14. (a) 15. (c)
16. (d) 17. (a) 18. (a) 19. (c) 20. (d)
21. (c) 22. (a) 23. (a) 24. (d) 25. (d)

Part II
26. (a) 27. (d) 28. (b) 29. (d) 30. (d)
31. (c) 32. (d) 33. (c) 34. (b) 35. (c)
36. (a) 37. (c) 38. (b) 39. (b) 40. (c)
41. (d) 42. (a) 43. (d) 44. (a) 45. (c)
46. (a) 47. (b) 48. (c) 49. (b) 50. (c)

Part I

1
A What is so urgent? Can't it _____ till tomorrow?
B No, we have to take care of it right away.
(a) come
(b) wait
(c) stay
(d) stop

해석 A 뭐가 그렇게 급해요? 내일 하면 안 되나요?
　　　B 안돼요. 지금 당장 처리해야 합니다.
해설 당장 처리해야 할(take care of it right away) 시급한 문제는 can't와 함께 동사 wait를 써서 표현할 수 있다.
어구 urgent 긴급한, 촉박한
　　　take care of 보살피다, 처리하다
정답 (b)

2
A I can't believe it. The ceiling is leaking again.
B Relax, let's ask the _____ to fix it.
(a) tenant
(b) inmate
(c) occupant
(d) caretaker

해석 A 믿을 수가 없어. 천장이 또 새고 있어.
　　　B 진정해, 관리인에게 고쳐달라고 요청하자.
해설 건물에서 비 등이 샐 때 이를 고치는 사람을 caretaker (아파트 보수 관리 등의 담당자)라고 한다. 미국에서는 통용어로 흔히 maintenance guy라고 하기도 한다.
어구 tenant 세입자
　　　occupant 거주자
　　　caretaker 관리인(= superintendent)
　　　inmate 수감자
정답 (d)

3
A Any news about the arson?
B Yes, the police arrested a _____, and they're drilling him with questions.
(a) suspect
(b) criminal
(c) prosecutor
(d) witness

해석 A 방화사건에 대해 새로운 소식이 있나요?
　　　B 네, 경찰이 용의자를 체포해서 심문하고 있어요.
해설 arson(방화), the police(경찰), drill~with(심문하다) 등의 단어들을 통해 용의자(suspect)를 답으로 찾을 수 있다. 범인(criminal)이라는 말은 재판을 거쳐 '범죄인'으로 확정되기까지는 쓸 수 없다.
어구 arson 방화
　　　suspect 용의자
　　　criminal 범인, 범죄자
　　　prosecutor 검찰, 검사
　　　witness 증인
정답 (a)

4
A If they don't sign the contract, we will be in trouble.
B Don't worry. If they don't, I'll eat my _____.
(a) word
(b) hat
(c) shoes
(d) gloves

해석 A 그들이 계약서에 서명하지 않는다면, 우리는 난처한 입장에 빠질 거야.
B 걱정하지 마. 만일 서명하지 않는다면 내 손에 장을 지진다.

해설 eat은 1차적으로 '먹다'라는 뜻으로 쓰이지만 다양한 관용 표현에도 쓰인다. eat one's hat if~ 는 구어로 '~라면 목을 내 놓겠다', '~ 일이 일어나지 않을 것이다'라고 장담할 때 쓰는 표현이다. 한편, eat one's word는 '말을 뒤집다', '약속을 어기다'라는 뜻이다.

어구 sign 서명하다, 조인하다
contract 계약(서)
eat one's hat if~ ~라면 목을 내 놓겠다

정답 (b)

5
A Hey, why don't we have a drink after work?
B I'd love to, but I have to pass. I have a previous engagement. Can I take a(n) _____?
(a) moment
(b) rain check
(c) drink
(d) appointment

해석 A 어이, 일 끝나고 한잔 어때?
B 그러고 싶은데 이번에는 안 되겠어. 선약이 있어서. 다음 기회로 미루면 안 될까?

해설 우천으로 행사가 연기된 데서 유래한 표현으로 '약속을 다음으로 미루는 것'을 take a rain check한다고 한다.

어구 engagement 약속, 약혼, 종사
rain check 우천교환권, 연기
appointment 약속, 임명

정답 (b)

6
A I _____ to make our boss upset today.
B How on earth did you do that? He seemed to be very happy this morning.
(a) created
(b) managed
(c) disappointed
(d) intended

해석 A 오늘 내가 상사를 화나게 만들었어.
B 도대체 어떻게 했기에? 오늘 아침에 상당히 기분이 좋아 보이시던데.

해설 How on earth~는 놀라움을 담은 질문이다. manage to~는 '어찌어찌해서 결국 ~하다'는 뉘앙스를 갖는다. 아주 기분 좋았던 사람을 결국 화나게 만들었다는 위 상황에 어울린다. intended는 의도만 있었던 것이므로 이미 벌어진 일에는 어울리지 않는다.

어구 upset 화난
disappointed 실망한

정답 (b)

7
A Are you _____ along with your boyfriend?
B Not at all. Recently, it seems that we have just been hurting each other.
(a) taking
(b) going
(c) getting
(d) doing

해석 A 남자 친구하고는 잘 지내?
B 전혀. 요즘은 서로 상처만 입히는 것 같아.

해설 '~와 (잘) 어울려 지내다'라는 뜻인 get along (well) with를 묻고 있다.

어구 recently 최근, 근래에
hurt 상처 입히다, 해를 가하다

정답 (c)

8
A Why was Congress so disappointed with the President?
B The President made a _____ point when he said he would veto the bill.
(a) firm
(b) poignant
(c) established
(d) congressional

해석 A 의회가 대통령에 대해 왜 그렇게 실망했나요?
B 대통령은 그 법안을 거부할 거라고 말하면서 신랄한 지적을 했거든요.

해설 veto the bill은 '법안을 거부하다'라는 뜻으로 대통령이 국가가 상정한 veto(거부권)를 행사할 정도면 매우 부정적인 입장에서 신랄하게(poignant) 비판했을 것이다.

어구 Congress 미국 의회
firm 확고한, 굳은
poignant 신랄한
congressional 연방의회의

정답 (b)

9
A How did you hit that street sign?
B My car suddenly hit a patch of ice and _____ out of control.
(a) turned
(b) spun
(c) pulled
(d) driven

해석 A 어쩌다가 거리 표지판을 들이받았나요?
B 내 차가 갑자기 빙판과 접촉하는 바람에 균형을 잃고 돌아버렸거든요.

해설 통제력을 잃고(out of control) 차가 얼음 위에서 '빙빙 돌아 버렸다'는 것이므로 spin의 과거형인 spun을 쓰면 된다. turn은 방향을 바꾸기 위해 도는 어감의 단어로 이 상황에서는 어울리지 않는다.

어구 patch 조각, 단편
spin 돌다, 회전하다

정답 (b)

10
A Let's call Chris and see if he can make it to the 5 p.m. meeting.
B Save your _____. He's always preoccupied with something around 5 p.m.
(a) money
(b) self
(c) trouble
(d) breath

해석 A 크리스한테 전화해서 오후 5시 회의에 참석할 수 있는지 물어보자.
B 말하나 마나지. 오후 5시 경에는 항상 뭔가 바쁘니까.

해설 save one's breath는 숨을 아끼라는 것이니 쓸데없이 말하는 수고를 아끼라는 뜻으로 '말하나 마나'라는 의미가 된다.

어구 save one's breath 쓸데없는 논쟁을 피하다, 잠자코 있다
preoccupied ~에 몰두한, 바쁜

정답 (d)

11
A I heard Kelly did not hand in her term paper again.
B Her professor must have _____.
(a) beaten up
(b) blown up
(c) hit out
(d) jumped up

해석 A 켈리가 기말 리포트를 또 제출하지 않았다며.
B 담당 교수가 무척 화가 났겠군.

해설 계속해서 과제물을 제출하지 않은 상황이므로 '무척 화내다'라는 뜻에 해당되는 blow up이 어울린다. '폭발하다'라는 뜻을 갖는 숙어이므로 화를 폭발시키는 상황을 연상하면 쉽게 답을 선택할 수 있다.

어구 blow up 화를 내다(= explode)
hit out 주먹으로 공격하다
jump up 벌떡 일어나다

정답 (b)

12

A My new vacuum cleaner doesn't seem to work smoothly.
B Why don't you take it back to the _____, then?

(a) expert
(b) dealer
(c) supervisor
(d) donor

해석 A 새로 산 진공청소기가 매끄럽게 돌아가지 않는 것 같아.
　　B 그럼 판매업자에게 다시 가져가 보는 게 어때?

해설 진공청소기가 말을 듣지 않으면 판매업자(dealer)에게 가져가서 환불(refund)이나 교환(exchange)을 요구할 것이다.

어구 vacuum 진공의
smoothly 원활하게, 매끄럽게
dealer 판매업자
supervisor 감독(관)
donor 기부자

정답 (b)

13

A I bet the German team will win the game.
B Yes, none of the teams are any _____ for them.

(a) buddy
(b) peer
(c) mate
(d) match

해석 A 독일 팀이 우승할 거라고 장담해.
　　B 맞아, 어떤 팀도 상대가 안 돼.

해설 buddy는 구어로 '동료', '친구'라는 뜻이며 호칭으로도 쓰인다. match는 '경쟁 상대'라는 뜻으로 be a match for ~(에 필적하다)의 형태로 쓴다.

어구 bet 장담하다
buddy 친구
match 짝, 대적상대

정답 (d)

14

A Are you going to _____ me off at the airport?
B I'm afraid that's impossible. I have to work.

(a) see
(b) look
(c) show
(d) watch

해석 A 공항에서 배웅해 줄 거야?
　　B 미안하지만 힘들 것 같아. 일해야 하거든.

해설 see off는 '배웅하다'라는 뜻이다. 반대로 '마중하다'는 meet이나 receive라는 동사를 쓴다.

어구 see off~ 배웅하다

정답 (a)

15

A Why does Mr. Lee look so depressed today?
B He asked Ms. Hong to marry him, but she _____ the proposal.

(a) broke
(b) laughed at
(c) turned down
(d) pulled out

해석 A 이 씨는 오늘 왜 그렇게 우울해 보여?
　　B 홍 양에게 청혼을 했는데 거절당했나 봐.

해설 depressed를 단서로 청혼 등을 '거절하다(turn down on~)'이라는 표현을 어렵지 않게 찾아낼 수 있다.

어구 depressed 우울한
laugh at 비웃다
turn down 거절하다
pull out 퇴각하다, 물러나다

정답 (c)

16
A   I'm going to _____ up Jane tonight. Want to come?
B   Sure, I haven't seen her in ages.
   (a) show
   (b) pass
   (c) run
   (d) look

해석 A 오늘 밤 제인을 방문하려고 하는데 같이 갈래?
    B 물론이지. 못 본 지 오래 됐거든.

해설 haven't seen her in ages/for a long time은 '오랜만에 아는 사람을 만날 때' 쓰는 표현이다. look up에는 '조회하다', '올려다보다' 외에도 '(오랜만에) 방문하다'라는 뜻이 있다.

어구 look up 방문하다, 찾아보다
    ages 세기, 오랜 시간

정답 (d)

17
A   What did you buy the flashlight for?
B   It comes in _____ during a power failure.
   (a) handy
   (b) easy
   (c) fast
   (d) helpful

해석 A 그 손전등은 뭐 하러 산 거야?
    B 정전이 되었을 때 쓸모가 있어.

해설 come in handy(useful)는 '(언젠가는) 쓸 데가 있다'라는 뜻이다. power failure는 '정전'을 뜻한다.

어구 flashlight 손전등
    power failure 정전
    handy 편리한, 바로 곁에 있는

정답 (a)

18
A   What is the meaning of FTA?
B   It _____ for Free Trade Agreement.
   (a) stands
   (b) counts
   (c) makes
   (d) ranks

해석 A FTA의 의미는 무엇이죠?
    B 자유무역협정(Free Trade Agreement)을 의미하죠.

해설 약자(acronym)의 의미를 풀어 설명할 때는 '~을 의미하다', '상징하다'라는 뜻의 stand for를 쓴다. 비슷한 뜻을 가진 단어로 abbreviation(약어)이 있는데 이는 Mr.(Mister)와 같은 '줄임말'을 뜻한다. 이 때는 short for를 사용해 Mr. is short for Mister라고 한다.

어구 trade 무역, 교역
    agreement 협정, 협약

정답 (a)

19
A   At the time of high inflation like this, many poor people barely manage to make ends meet.
B   We average wage-earners are all in the same _____.
   (a) car
   (b) track
   (c) boat
   (d) house

해석 A 지금과 같은 인플레이션 시대에는 가난한 사람들이 간신히 하루하루 살아가고 있어.
    B 우리 보통 임금 노동자들이 다 같은 처지야.

해설 make ends meet는 '수지를 맞추어 살아가다'라는 뜻이고 be in the same boat는 말 그대로 '같은 배를 타고 있다', 즉, '같은 운명(입장)'이라는 뜻이다.

어구 inflation 인플레이션, 물가 인상
    wage-earner 봉급생활자
    be in the same boat 같은 운명(처지)이다

정답 (c)

20
A It's getting late. Shall we go home now?
B No, let's stick _____ a while longer.
   (a) about
   (b) among
   (c) across
   (d) around

해석 A 늦었네요. 이제 집에 갈까요?
      B 아니요, 조금만 더 있어요.

해설 stick과 관련하여 꼭 알아두어야 할 표현으로 stick around(가까이에 있다, 떠나지 않고 기다리다), stick to(~에 달라붙다, ~에 집착하다), stick with(끝까지 충실하다, 결심 등을 지키다) 등이 있다. 문맥상 '떠나지 않고 있다'라는 뜻이 되도록 (d) around를 답으로 선택해야 한다.

어구 stick around 가까이에 있다, 곁에서 떠나지 않고 기다리다(= stay)

정답 (d)

21
A Your wife will definitely get upset when she hears the news.
B Yes, she has such a hot _____.
   (a) voice
   (b) character
   (c) temper
   (d) personality

해석 A 네 아내가 이 소식을 들으면 분명 화낼 거야.
      B 맞아, 아내의 성격이 상당히 급하지.

해설 쉽게 화를 내는 성격은 hot-tempered라고 한다. 문제에서와 같이 'have a (hot) temper'라고도 쓴다. 이와 함께 '화를 내다'라는 뜻의 lose one's temper 역시 기억해두자.

어구 definitely 분명히, 절대로
     upset 화난
     character 등장인물, 성격
     temper 기질, 성질
     personality 인격, 성격

정답 (c)

22
A The stock market is going down.
B You'd better not buy in this _____ market.
   (a) bear
   (b) bull
   (c) sheep
   (d) snail

해석 A 주식이 하향세네요.
      B 이렇게 장세가 좋지 않을 때는 사지 않는 게 좋아요.

해설 bull market은 '오름세의 장'을, bear market은 '내림세의 장'을 뜻한다. sheep은 무리지어 행동하는 습성 때문에 follow like sheep(맹종하다)과 같이 써서 '생각 없고 유순한 대중'의 이미지를 나타낸다. 참고로 a wolf in sheep's clothing(양가죽을 쓴 이리)도 많이 쓰이는 표현이다.

어구 stock 주식
     bull market 오름세의 시장
     bear market 내림세의 시장

정답 (a)

23
A I told them we would be there by 5 o'clock.
B That means we should _____ out right after lunch.
   (a) set
   (b) give
   (c) break
   (d) hang

해석 A 5시까지 간다고 말해두었어요.
      B 그렇다면 점심 식사 후에 바로 출발해야 한다는 거네요.

해설 보기 중에서 '출발하다'의 뜻을 갖는 숙어 표현은 set out이다. set out on a journey(길을 떠나다)와 같은 형태로 쓴다. 비슷한 뜻의 표현으로는 head off가 있다.

어구 set out 출발하다
     give out 나눠주다, 분배하다

정답 (a)

24

A I have a lunch meeting with a new client today.
B Good luck. Let me know how it turns _____.
(a) on
(b) in
(c) into
(d) out

해석 A 오늘 새 고객과 점심 약속이 있어요.
B 행운을 빌어요. 어떻게 됐는지 나중에 얘기해 주세요.

해설 turn out은 '~로 판명 되다', '(사태가) ~하게 이루어지다' 등으로 해석되는 결과에 초점을 맞춘 표현으로 문맥과 잘 어울린다.

어구 client 고객
turn out 끄다, 생산하다, 내쫓다, 판명되다

정답 (d)

25

A If you happen to run _____ her, would you ask her to call me?
B Sure. What's your phone number?
(a) over
(b) out
(c) up
(d) across

해석 A 혹시라도 그녀를 만나게 되면 나한테 전화하라고 좀 전해주시겠어요?
B 그래요. 전화번호가 어떻게 되죠?

해설 happen to는 '우연히'라는 어감이 있으므로 이를 단서로 run across를 답으로 선택할 수 있다. '약속을 하거나 예정된 만남'에는 run across를 쓰지 않는다. 비슷한 뜻의 표현으로 bump into가 있다.

어구 run across 우연히 마주치다
run over (차로)치다
run out 흘러가다, 다하다

정답 (d)

Part II

26. The key ingredient in _____ changes in troubled youth is in finding good mentors who can guide them.
(a) bringing about
(b) bringing across
(c) getting over
(d) going about

해석 방황하는 젊은 시절에 변화를 가져올 수 있는 주된 요소는 그들을 이끌어줄 수 있는 훌륭한 조언자를 찾는 데에 있다.

해설 '변화를 가져오다', '일으키다'의 의미가 되는 것은 bring about(초래하다, 야기하다)이다.

어구 ingredient 요소
troubled 불안한, 근심스러운
mentor 조언자, 스승, 지도자

정답 (a)

27. This event _____ three respected names: the Children's Miracle Network, the Professional Golf Association, and Walt Disney World.
(a) calls for
(b) brings in
(c) brings up
(d) brings together

해석 이 이벤트는 이름만으로도 유명한 세 단체인 칠드런즈 미라클 네트워크, 프로 골프 협회, 월트 디즈니 월드를 한 자리에 모읍니다.

해설 콜론(:) 뒤에는 세 가지 이름이 열거되어 있으므로 여기서 이름이란 콜론 뒤의 세 단체를 말한다. 즉, 이벤트를 통해 세 단체가 한 자리에 모인다는 뜻이므로 (d) brings together가 어울린다.

어구 respected 존경받는
professional a. 전문의, n. 전문가
call for ~을 요청하다, ~이 필요하다

정답 (d)

28. The prosecution couldn't determine from witness reports who was _____ in the accident.
(a) irresponsible
(b) at fault
(c) at mistake
(d) guilty

해석 검찰 측은 누구에게 그 사고의 책임이 있는지에 대해서 증인 보고서를 통해서는 결정할 수가 없었다.

해설 검찰(prosecution), 사고(accident) 등의 단어로 미루어 가장 어울리는 표현은 '과실이 있는', '실책의'라는 의미를 가진 at fault이다. guilty는 '유죄의'라는 뜻으로 재판을 통해 판사와 배심원이 결정하는 것이므로 이 문맥에서는 어울리지 않는다.

어구 prosecution 검찰
witness 증인
fault 과실, 잘못

정답 (b)

29. They had pledged to reduce local carbon emissions below their 1990 levels, in _____ with the international Kyoto Protocol.
(a) arms
(b) lockstep
(c) par
(d) line

해석 그들은 지역의 탄소방출량을 교토 의정서에 맞춰 1990년 수준 이하로 낮추겠다고 공언했다.

해설 in line with~는 '~에 맞춰 줄을 서서'라는 뜻에서 '~에 일치하여', '조화를 이루어'의 뜻으로 발전하였다. be on a par with~도 이와 비슷한 뜻으로 '~와 같다', '~와 동등하다'의 의미를 갖는다.

어구 pledge 공언하다, 맹세하다
carbon 탄소
emission 방사, 방출물
protocol 의정서, 협약

정답 (d)

30

They are now under a great deal of pressure to _____ their airport security.
(a) stiffen
(b) render
(c) lengthen
(d) tighten

해석 그들은 지금 공항 보안을 강화하라는 엄청난 압력을 받고 있다.

해설 tighten은 '죄다', '강화하다'의 뜻으로 security(보안)와 어울려 '보안을 강화하다'라는 뜻이 된다. 이때 문맥과도 자연스럽게 어울리므로 (d) tighten이 답이다. 그 밖에 strengthen (beef up) security의 형태로도 쓸 수 있다.

어구 stiffen 딱딱해지다, 뻣뻣해지다
render 주다, 나타내다
security 보안
tighten 강화하다

정답 (d)

31

They certainly want someone who can _____ the attacks from the opposition party.
(a) win
(b) claim
(c) beat
(d) weather

해석 그들은 분명 야당으로부터의 공격을 이겨낼 사람을 원한다.

해설 beat는 '패배시키다', '이기다'라는 뜻으로 빈칸 뒤의 attack이라는 목적어와 어울린다. win은 game, match 등을 목적어로 취해 '이기다'의 뜻으로 쓰인다. weather는 difficulties 등을 목적어로 취해 '역경을 이겨내다'라는 뜻으로 쓰인다. 이처럼 한국어로는 똑같이 번역되지만 서로 다른 목적어를 취하는 등의 collocation을 TEPS에서는 자주 묻는다.

어구 opposition 야당; 반대
claim 주장하다
beat 치다, 두드리다, (상대방을) 패배시키다

정답 (c)

32

They felt a strong need to improve _____ products and develop new lines.
(a) surviving
(b) replaced
(c) pursued
(d) existing

해석 그들은 기존 제품을 개선하고 새로운 제품군을 개발해야 한다는 절실한 필요를 느꼈다.

해설 and 뒤에 연결되는 develop new lines(새 제품군)와 대구를 이루는 것은 이미 있는 제품이다. 즉, existing(기존의)이 어울린다.

어구 survive 살아남다
pursue 추구하다
exist 존재하다

정답 (d)

33

This car is used only to _____ to and from school.
(a) pull
(b) push
(c) turn
(d) carry

해석 이 차는 통학용으로만 쓰인다.

해설 carry는 '나르다', '운반하다'의 뜻으로 사람, 사물을 모두 목적어로 취할 수 있으며 이 경우, transport로 바꿔 쓸 수 있다.

어구 pull 당기다
push 밀다
turn 돌리다, 회전시키다
carry 나르다, 운반하다

정답 (d)

34
In most cases, teachers should _____ the students by giving verbal warnings instead of corporal punishment.
(a) praise
(b) scold
(c) reward
(d) grow

해석 대부분의 경우, 교사들은 학생들을 체벌 대신 말로 꾸짖어야 한다.
해설 verbal warnings(말로 하는 꾸중), corporal punishment(체벌) 모두 혼내는 방식이므로 이를 아우르는 scold가 답으로 적절하다.
어구 verbal 말의, 구두의
corporal 신체의
scold 꾸짖다
reward 보상하다
정답 (b)

35
We had to try to _____ our conversation to arguments relevant to the topic because he kept diverting the attention of the people from the real issues.
(a) confide
(b) retort
(c) confine
(d) resort

해석 그가 계속해서 사람들의 주의를 실제 문제로부터 분산시켰기 때문에 우리는 대화를 주제에 관련된 논의들로 제한시켜야 했다.
해설 문장에서 because라는 접속사 앞뒤로 의미 관계를 먼저 파악해야 한다. confine~ to~라고 하면 '~을 ~에만 제한시키다'라는 뜻으로 이때 문맥과 어울린다.
어구 argument 논의, 언쟁
relevant 관련된
divert 전환하다, (주의를) 딴 곳으로 돌리다
confide (비밀을)털어놓다, 맡기다
retort 보복하다, 응수하다
confine 제한시키다
resort 의지하다
정답 (c)

36
The UN-led conference was to consider the draft in a _____ session later in the evening.
(a) plenary
(b) plethora
(c) pompous
(d) corporate

해석 국제연합이 주도하는 회의는 이후 저녁 무렵 총회에서 초안을 검토할 예정이다.
해설 UN이라는 표현과 뒤의 session이라는 말과 어울리는 단어는 plenary(전원 출석한)로, plenary session(meeting)은 '총회'라는 뜻이 된다.
어구 plenary session(meeting) 본회의, 총회
plethora 과도, 과잉
pompous 젠체하는, 거만한
정답 (a)

37
Younger generations tend to think that the latest _____ is to look cool.
(a) legacy
(b) tradition
(c) fad
(d) moments

해석 젊은 세대는 최신 유행이 멋져 보이는 것이라고 생각하는 경향이 있다.
해설 형용사 latest와 잘 어울리는 명사는 fad(일시적 유행)다. legacy(유산, 위업), tradition(전통) 등은 문맥상 어색하다.
어구 generation 세대
cool 멋진
legacy 유산, 유증
fad (일시적)유행
정답 (c)

38

It is not uncommon for office workers to feel like becoming _____ in meaningless daily routines.
(a) estranged
(b) enmeshed
(c) infringed
(d) insulated

해석 사무직 근로자들이 의미없이 반복되는 일상에 매몰되고 있다고 느끼는 것은 흔히 있는 일이다.

해설 routines은 '하루하루 반복되는 일상'을 말하는 것으로, 흔히 '단조로운 일상에 파묻히다, 매몰되다(enmeshed)'와 같이 표현한다.

어구 uncommon 드문
estrange 소원하게 하다, 멀어지게 하다
enmesh 빠뜨리다, 휘말리다
infringe 침해하다
insulate 고립시키다, 단절시키다

정답 (b)

39

A long illness had _____ the patient.
(a) elongated
(b) emaciated
(c) emanated
(d) educed

해석 오랜 투병생활로 환자는 야위었다.

해설 주어 a long illness(긴 투병)가 문제를 푸는 힌트가 된다. emaciate는 '수척하게 하다', '야위게 하다'라는 뜻으로 땅을 '메마르게 하다'라고 할 때도 쓴다.

어구 elongate 연장하다, 늘이다
emaciate 수척하게 하다, 야위게 하다
emanate (빛 등이) 나다, 발산하다, 퍼지다; (생각 등이) 나오다
educe 끌어내다, 연역하다

정답 (b)

40

His _____ argument has confused everyone in the group.
(a) insightful
(b) timely
(c) incongruous
(d) prosperous

해석 그의 앞뒤가 맞지 않는 주장은 그 그룹의 모든 사람들을 혼란에 빠뜨렸다.

해설 confused라는 동사가 단서다. 혼란에 빠뜨리는 주장은 incongruous(조리가 없는)한 것임을 알 수 있다.

어구 incongruous 앞뒤가 맞지 않는, 부조리한
insightful 통찰력이 있는, 견식 있는
timely 시의적절한
prosperous 번영하는

정답 (c)

41

The blind man ran his finger over the letters to see if they had been _____.
(a) eluded
(b) written
(c) embodied
(d) embossed

해석 그 눈먼 남자는 글씨가 도드라져 있는지 보려고 손가락으로 편지를 더듬었다.

해설 맹인들이 읽기 쉽도록 고안된 점자(braille)는 손으로 만져 의미를 알 수 있도록 올록볼록하게 도드라져(embossed) 있다.

어구 emboss 부조(浮彫) 세공을 하다
elude 회피하다
embody 구체화하다, 구체적으로 표현하다

정답 (d)

42
Greenpeace is an environmental organization trying to protect some _____ species.
(a) endangered
(b) extinguishing
(c) extinct
(d) enchanted

해석 그린피스는 멸종 위기에 처한 종을 보호하려 노력하는 환경단체이다.

해설 환경단체, 보호 등의 단어가 힌트다. extinct라고 하면 '이미 멸종한'의 뜻이 되어버리므로 여기서는 쓸 수 없다.

어구 environmental 환경의
   endangered 멸종 위기에 처한
   extinguish (불 등을) 끄다, 진화하다
   extinct 멸종된, (불이) 꺼진
   enchanted 요술에 걸린

정답 (a)

43
He also _____ in the 35th Infantry and was appointed adjutant.
(a) listed
(b) registered
(c) entered
(d) enlisted

해석 그는 또한 제35 보병연대에 입대하여 부관으로 임명되었다.

해설 enlist는 '징병에 응하다', '입대하다'라는 뜻으로 여기서 어울리는 표현이다. list는 '목록', '명부'로 list oneself는 스스로를 명부에 올리는 것, 즉 '어딘가에 등록하는 것'을 말한다.

어구 adjutant 부관
   infantry 보병 연대
   list 명단에 올리다
   register 등록하다
   enlist 지원하다

정답 (d)

44
He was so deeply _____ in the book he was reading that he did not even hear us enter the room.
(a) immersed
(b) drenched
(c) saturated
(d) imbued

해석 그는 읽고 있는 책에 너무 푹 빠져서 우리가 방에 들어오는 것도 듣지 못했다.

해설 so~ that~ 구문이 원인과 결과의 구조인 점을 고려해 문제를 풀면 된다. 방에 들어오는 인기척을 느끼지 못할 정도로 책에 '빠져 있다(immersed)'라고 봐야 문맥이 자연스럽다.

어구 immerse ~에 열중시키다, 담그다, 적시다
   drench 물에 흠뻑 적시다
   saturate 담그다, 흠뻑 적시다
   imbue (전통, 편견 등이) ~에 배어들다

정답 (a)

45
The minister addressed the group via satellite link-up and _____ them to play a leading role in the fight against global warming.
(a) exhaled
(b) exhausted
(c) exhorted
(d) exhumed

해석 장관은 모인 사람들에게 위성 연결을 통해 연설을 하면서 그들이 지구온난화와의 싸움에서 주역을 맡으라고 역설했다.

해설 장관이 연설을 통해 사람들에게 '훈계/역설하다(exhort)'라는 말이 어감에 어울린다. 접두어 ex-는 out의 의미를 가지며 보기에서와 같이 다양한 동사에 쓰인다.

어구 link-up 연결
   exhaust (체력, 인내력 등을) 고갈시키다
   exhale (숨 등을) 내쉬다
   exhort 훈계하다, 타이르다, 역설하다
   exhume (시체를) 발굴하다, (무덤을) 파내다

정답 (c)

46

They believed that the federal government can do more to _____ the challenge of climate change.

(a) combat
(b) convene
(c) conform
(d) confide

해석 그들은 연방 정부가 기후 변화라는 도전에 맞서 싸우기 위해 더 많은 일을 할 수 있다고 믿었다.

해설 challenge(도전, 문제)와 어울려 쓸 수 있는 동사를 찾는 문제로 challenge는 fight, address, combat 등의 동사와 잘 어울린다.

어구 combat 싸우다, 투쟁하다
convene 소집하다
conform 따르다, 순응하다
confide 신임하다, 신뢰하다, (비밀 등을) 털어놓다

정답 (a)

47

If you subscribe to *Dance* now, you'll _____ 30% off the newsstand price.

(a) take
(b) get
(c) make
(d) try

해석 지금 〈댄스〉 지를 구독하면 가판대 가격에서 30% 할인을 받게 됩니다.

해설 30% off(30퍼센트 할인)는 얻는(취하는) 것이므로 get이 가장 어울린다. 이 경우와 같이 나의 의지, 노력과 상관없이 주어지는 경우 get을 주로 쓴다.

어구 newsstand 가판대
subscribe to~ ~에 가입하다, ~을 구독하다

정답 (b)

48

Although it wasn't all his fault, his _____ apology made me pissed off.

(a) appropriate
(b) courteous
(c) belated
(d) rambunctious

해석 모두가 그의 잘못은 아니었지만, 그의 뒤늦은 사과로 나는 화가 났다.

해설 although는 거의 항상 문제를 푸는 키를 갖고 있다. ~이기는 하지만 그래도 화나게 만들었으니 그의 사과가 미진했거나, 뒤늦은(belated) 것이라고 짐작할 수 있다. 적절했거나(appropriate), 예의 바른 것(courteous)이었다면 화가 나지 않았을 것이다. 참고로 rambunctious는 apology와 어울리지 않는다.

어구 appropriate 적절한
courteous 예의 바른
belated 늦은, 구식의
rambunctious 난폭한, 사나운
piss off 화나게 하다

정답 (c)

49

Luckily enough, Mr. Lee was _____ of disorderly behavior by magistrates.

(a) stratified
(b) acquitted
(c) interdicted
(d) demarcated

해석 운이 좋게도 이 씨는 치안판사로부터 경범죄로 무죄방면 되었다.

해설 운이 좋았다(luckily)고 했으니 좋은 일이 있었어야 한다. 여기서는 '무죄 방면하는(acquit)'것이 어울린다.

어구 disorderly 무질서한, 혼란한
magistrate 치안판사
stratify 층을 형성시키다, 계층화하다
acquit 무죄로 하다, 석방하다
interdict 금지하다, 막다, 방해하다
demarcate 한계를 정하다; 분리하다

정답 (b)

50

Pupils could be expelled from school for their _____ attitude.
(a) clement
(b) gallant
(c) insolent
(d) prerogative

해석 학생들은 무례한 태도로 학교에서 퇴학 당할 수 있다.

해설 퇴학(expelled)되려면 부정적인 태도가 거론되어야 한다. 따라서 insolent(무례한, 건방진)가 어울린다. 건방지다고 항상 퇴학 당하는 것은 아니므로 조동사 could가 들어가서 의미가 다소 완화되고 있다.

어구 expel 제명시키다, 퇴학시키다
prerogative 특권
insolent 무례한, 건방진
pupil 학생, 제자
attitude 태도
clement 온화한, 동정심이 있는
gallant 용감한, 씩씩한

정답 (c)

ACTUAL TEST 7

Answers

Part I
1. (d) 2. (b) 3. (d) 4. (a) 5. (c)
6. (c) 7. (a) 8. (a) 9. (c) 10. (b)
11. (d) 12. (c) 13. (d) 14. (a) 15. (a)
16. (a) 17. (d) 18. (c) 19. (a) 20. (d)
21. (b) 22. (d) 23. (a) 24. (c) 25. (d)

Part II
26. (d) 27. (d) 28. (b) 29. (d) 30. (a)
31. (b) 32. (c) 33. (b) 34. (b) 35. (d)
36. (d) 37. (a) 38. (c) 39. (b) 40. (b)
41. (a) 42. (b) 43. (a) 44. (d) 45. (c)
46. (b) 47. (c) 48. (d) 49. (b) 50. (c)

Part I

1
A Why are you buying all these houses?
B I want to _____ for my retirement.
  (a) replenish
  (b) create
  (c) develop
  (d) invest

해석 A 왜 이 모든 집들을 사고 있나요?
　　　B 은퇴를 대비해서 투자하고 싶어서요.

해설 부동산, 퇴직 등의 단어가 나오고 있으니 '투자하다'는 의미의 단어인 invest를 어렵지 않게 답으로 선택할 수 있다. 만들거나(create), 개발하는 것(develop)은 다소 비약적이다.

어구 replenish 보충(보급)하다, 다시 채우다(= refill)
  ex. replenish one's cup with coffee
    컵에 커피를 다시 채우다

정답 (d)

2
A Have you heard Tim speak French? He's really good!
B I can imagine. He's been studying it for 12 years so he must sound almost like a(n) _____.
  (a) immigrant
  (b) native
  (c) domestic
  (d) foreigner

해석 A 팀이 프랑스어 하는 거 들어봤어? 정말 잘하더라!
　　　B 그렇겠지. 프랑스어를 12년 동안이나 공부했으니 거의 원어민처럼 말할 거야.

해설 한 언어를 12년 정도 열심히 공부하면 원어민(native)처럼 말하게 된다고 이어지는 것이 자연스럽다. native는 '토착의', '고유의'라는 뜻의 형용사로 쓰이기도 한다.

어구 immigrant 이민자, 이주자
  domestic 가정적인; 국내의(≠ foreign), 자국의, 국산의, 자가제의(homemade)

정답 (b)

3
A I don't enjoy taking my kids to Church on Sundays.
B I don't, either. They can be so _____ during the mass.
  (a) mundane
  (b) sophisticated
  (c) disciplined
  (d) garrulous

해석 A 일요일에 아이들을 성당에 데려가는 것이 힘들어요.
　　　B 나도 그래요. 미사 시간에 얼마나 소란스러운지 몰라요.

해설 '즐길 수 없다'와 이어지는 부정적인 내용 중 주어인 kids와 어울리는 단어를 찾아야 한다. disciplined는 '규율이 잘 잡힌'이라는 의미가 있으므로 반대 상황에 어울린다. mundane(세속적인) 역시 주어와 어울리는 형용사가 아니다.

어구 mass (가톨릭의) 미사
  mundane 현세의, 세속적인(= earthly)
  sophisticated 세련된, 민감한
  disciplined 규율이 잘 잡힌, 훈련받은
  garrulous 떠드는, 수다스러운

정답 (d)

4

A After getting married, how have you been able to maintain a healthy _____ for 40 years?
B A lot of patience and a high tolerance for bad cooking.
   (a) relationship
   (b) relative
   (c) resolution
   (d) reliability

해석 A 결혼한 후 40년이 지난 지금까지도 어떻게 부부 사이를 잘 유지할 수 있었어요?
B 엄청난 인내력과 형편없는 요리에 대한 참을성이 필요했죠.

해설 결혼 후 인내와 참을성으로 지켜나가는 것은 무엇일까? relationship은 물론 관계라는 뜻이지만 흔히 그 중에서도 '남녀관계'를 의미한다. 즉 사귀고 있는 이성과의, 혹은 부부 간의 관계를 지칭할 때 쓴다.

어구 resolution 결의, 결단
tolerance 관용, 참을성, 내성
ex. a tolerance to antibiotics 항생제에 대한 내성

정답 (a)

5

A I think the problems you have now are _____.
B I would agree. I don't think they will last that long.
   (a) transparent
   (b) transport
   (c) transient
   (d) teleport

해석 A 지금 당신 문제는 일시적인 거라고 생각해요.
B 저도 그렇게 생각해요. 그리 오래가지는 않을 겁니다.

해설 not last(오래 지속되지 않는다)라는 표현이 단서다. 일시적인(transient)으로 바꿔 표현할 수 있다. 영어에서는 이와 같이 비슷한 의미의 어구들로 글을 이어가는 paraphrasing 수법을 많이 쓰므로 동의어를 공부하는 것은 매우 중요하다.

어구 last 지속되다
transparent 투명한(≠ opaque)
transient 일시적인, 무상한(= temporary, momentary)
ex. transient affairs of this life 덧없는 세상사
teleport 염력으로 움직이다(옮기다, 이동시키다)

정답 (c)

6

A What is that awful smell?
B It's mosquito repellent. I sprayed it to _____ mosquitoes from entering our house.
   (a) protect
   (b) encourage
   (c) prevent
   (d) entourage

해석 A 이 끔찍한 냄새는 뭐야?
B 방충제야. 모기가 집안에 들어오지 못하게 하려고 뿌렸어.

해설 repellent(방충제)가 하는 일은 해충을 repel(쫓아내다)하는 일이므로 집에 들어오는 것을 방지(prevent)한다고 할 수 있다. repel에는 '튕겨내다', '불쾌하게 하다' 등의 의미가 있어 repelling하면 매우 싫은 것을 묘사하는 형용사가 된다.

어구 repellent 방충제
entourage 측근, 주위 사람들, 수행원

정답 (c)

7

A How did you do on the science exam?
B Not very good. Most of my points were _____ due to simple mistakes.
   (a) deducted
   (b) totaled
   (c) tallied
   (d) accumulated

해석 A 과학 시험은 어떻게 봤어?
B 잘 못 봤어. 대부분 단순한 실수 때문에 점수를 깎였어.

해설 시험점수가 좋지 못한 이유를 설명하는 부분이다. 따라서 누적되거나(accumulated) 득점하는 것(tallied)이 아니라 깎인다(deducted)는 말이 어울린다.

어구 tally 득점하다
deduct 빼다, 공제하다
ex. deduct 5% from a person's salary 봉급에서 5%를 공제하다
accumulate 모으다, 축적하다

정답 (a)

8
A How do you manage your finances at home?
B We sit down together and figure out a(n) _____.
   (a) budget
   (b) profit
   (c) assign
   (d) keepsake

해석 A 가정에서 어떻게 재무관리를 하시나요?
　　 B 같이 마주 앉아서 예산을 세웁니다.

해설 답은 manage your finances로부터 찾을 수 있다. 재정, 회계를 관리하는 것의 첫걸음은 예산(budget)을 세우는 것이다. budget은 돈뿐만 아니라 시간을 어떻게 배분해서 쓸지를 계획하는 것에도 사용해 budget your time과 같이 쓴다.

어구 profit 수익, 이익
　　 keepsake 기념품, 유품(遺品)(memento)

정답 (a)

9
A How did the man die?
B His ability to breathe was _____ by the water in his lungs.
   (a) masked
   (b) clogged
   (c) hampered
   (d) belated

해석 A 그 남자가 어떻게 죽었어요?
　　 B 폐에 물이 차서 숨을 쉴 수가 없었어요.

해설 폐로 숨을 쉬지 못하게 되어 죽음에 이르렀다는 내용으로 이어지고 있다. ability to breathe가 방해/제한되어서(hampered)라고 보는 것이 맞다. clog는 '관 따위가 막힌 것'을 나타내는 동사로 ability라는 주어와 어울려 쓸 수 없다.

어구 hamper 방해하다, 제한하다
　　 ex. A heavy snowfall hampered their progress.
　　　　폭설이 그들의 전진을 방해했다.
　　 clog 막다
　　 ex. The traffic clogged the Thames bridges.
　　　　교통 체증으로 템스 다리가 막혔다.
　　 belated 때늦은

정답 (c)

10
A What is this survey about?
B We are _____ customer feedback and opinions.
   (a) exchanging
   (b) gathering
   (c) asking
   (d) giving

해석 A 이 조사는 무엇에 관한 것인가요?
　　 B 고객의 피드백과 의견을 수집하고 있습니다.

해설 gather는 '모으다, 수집하다'의 뜻으로 목적어로 information, opinions 등이 나올 수 있다. 이 문장에서 gather 대신 쓰일 수 있는 동사에는 collect, get 등이 있다. (c)의 ask는 ask for information과 같이 써서 '정보를 요청하다'의 뜻이며 여기서는 어울리지 않는다.

어구 survey 조사
　　 gather 모으다, 수집하다
　　 exchange 교환하다

정답 (b)

11
A He's the son of Tom Perkins, the famous actor.
B I bet his Dad pulled a few _____ to get him into the movie.
   (a) contacts
   (b) favors
   (c) wires
   (d) strings

해석 A 그는 유명한 배우, 톰 퍼킨스의 아들이야.
　　 B 그를 영화에 출연시키려고 아버지가 힘깨나 썼겠군.

해설 pull strings는 '배후에서 조종하다', '영향력을 행사하다'라는 뜻이다. 꼭두각시 인형(marionette)에 매달린 줄을 당겨 조종하고 있는 모습을 상상하면 쉽게 알 수 있다. wire도 비슷한 선이지만 주로 '철사', '전선' 등의 뜻이고, 동사로 쓰면 '전송하다', '전보로 보내다' 등의 뜻을 갖게 된다.

어구 string 줄, 끈
　　 wire 철사, 전선 v. 전송하다, 송금하다
　　 ex. She wired (me) that she was coming soon.
　　　　그녀는 곧 오겠다고 내게 전보를 보냈다.

정답 (d)

12
A How did the police know where Rocky was hiding?
B They arrested his brother, Joe, who _____ the beans.
(a) mentioned
(b) confessed
(c) spilled
(d) leaked

해석 A 록키가 어디 숨어있는지 경찰이 어떻게 알았대요?
B 동생 조를 경찰이 체포했는데 그가 사실을 털어놨나 봐요.

해설 범인이 숨어 있는 곳을 동생을 통해 알아냈다면 그가 사실을 털어놓은 것(spill the beans)이다. 자루에 들어있는 콩이 쏟아져 나오는 느낌이 어떤 비밀을 털어놓는 것과 닮았다. leak는 동사 자체로 '비밀을 누설하다'의 뜻이 된다. beans라는 목적어와는 어울리지 않는다. confess는 '자신의 잘못, 죄를 고백하는 것'이다.

어구 confess 고백하다, 털어놓다
spill 흘리다

정답 (c)

13
A You'd better go _____ on that whiskey, Paul. You have to drive home.
B Don't worry. I'm taking a cab home.
(a) less
(b) smooth
(c) fewer
(d) easy

해석 A 폴, 그 위스키 적당히 마셔야 해. 운전해서 집에 가야 하잖아.
B 걱정하지 마. 택시 타고 집에 갈 거야.

해설 운전 걱정을 하면서 위스키를 어떻게 하라고 말하고 있다. 천천히, 적당히 마시라는 얘기일 테니 go easy on~(서두르지 않고 하다)이 제격이다. go smooth라고 하면 '(어떤 일이) 잘 되어 나가다'의 의미가 된다. less나 fewer는 go와 어울리지 않는다. '진정하라', '천천히 하라'는 표현으로 Take it easy가 있다.

어구 cab 택시
smooth 매끄러운, 평온한, 순탄한

정답 (d)

14
A He plays the guitar really well, but he can't read music.
B A lot of musicians play everything by _____.
(a) ear
(b) listening
(c) tones
(d) sound

해석 A 그는 기타를 정말 잘 쳐. 하지만 악보를 못 읽어.
B 귀로 듣기만 하고 음악을 연주하는 음악가들이 많아.

해설 read music은 '악보를 읽는 것'을 말한다. 악보를 읽지 못하면 그냥 들은 것을 기억해서 악보 없이 연주해야 한다. 그것을 play by ear라고 한다. 여기서 뜻이 발전해 구어에서 play it by ear는 '임기응변으로 처리하다'라는 뜻이 된다.

어구 tone 음, 음조, 음색

정답 (a)

15
A How can I get there?
B The fastest way is to go straight down the street for one block and _____ a right at the corner.
(a) hang
(b) go
(c) get
(d) give

해석 A 거기에 어떻게 가야 해?
B 가장 빠른 길은 길을 따라 한 블록 직진하다가 모퉁이에서 오른쪽으로 도는 거예요.

해설 hang a right는 구어로 '오른쪽으로 돌다'라는 뜻이다. 동사 hang이 take/make를 대신해 쓸 수 있음을 알아두자.

어구 hang a right (구어) 오른쪽으로 돌다

정답 (a)

16
A It's 9:00! Aren't you ready to go yet?
B Don't worry. I'll be ready in a _____. I just need to find my shoes.
  (a) flash
  (b) spark
  (c) burst
  (d) twinkle

해석 A 9시야! 아직 갈 준비 안 된 거야?
     B 걱정 마. 금방 준비할 거야. 구두만 찾으면 돼.

해설 준비 안 됐냐는 독촉에 구두만 찾으면 금방 된다는 말로 연결되어야 한다. '금방'에 해당하는 숙어는 in a flash(minute)다. flash는 원래 '번득임', '섬광'이므로 아주 짧은 '찰나'를 말한다.

어구 spark 1. 불꽃, 섬광
         2. (보통 부정문에서) 흔적, 기미, 조금
     ex. She didn't show a spark of interest.
         그녀는 조그마한 관심도 보이지 않았다.
     burst 파열, 돌발

정답 (a)

17
A Mommy, please buy me a new bicycle. I want one!
B Be quiet, Kyle. You're _____ me crazy.
  (a) pushing
  (b) dragging
  (c) forcing
  (d) driving

해석 A 엄마, 제발 새 자전거 사 주세요. 갖고 싶어요.
     B 조용히 좀 해. 카일. 너 때문에 정말 미치겠다.

해설 아이가 물건을 사달라고 졸라대면 엄마들은 미칠 지경일 것이다. 이때 쓰는 표현이 drive ~ crazy(mad, up the wall)이다. 보기의 동사들은 비슷한 것 같으면서도 각각 뉘앙스가 다르다. drive는 '어떤 방향으로 몰아가는 느낌', drag은 '의지에 반해서 끌고 가는 느낌', force는 '강요'의 의미가 강하다.

어구 drag 끌다, 끌어넣다
     ex. drag a country into a war
         나라를 전쟁으로 끌어들이다

정답 (d)

18
A Do you want to see a love story or another murder mystery?
B It's _____ to you. I chose last time.
  (a) over
  (b) as
  (c) up
  (d) first

해석 A 연애 이야기를 보고 싶어, 아니면 또 살인 미스터리를 보고 싶어?
     B 네가 결정해. 지난번에 내가 골랐으니까.

해설 영화 선택을 하는데 지난번엔 내가 골랐다고 말하면서 '너에게 달려 있다', '네가 선택해' 정도의 말을 해야 자연스럽다. 즉, It's up to you가 어울린다. 다른 보기들은 앞뒤 문맥이 이어지지 않는다.

어구 murder 살인, 살해

정답 (c)

19
A Your room's such a mess! You're the sloppiest guy I know.
B OK, OK, I'll clean it. Don't _____ me a hard time.
  (a) give
  (b) cause
  (c) make
  (d) force

해석 A 네 방은 엉망이구나! 너처럼 지저분한 사람은 처음이야.
     B 알았어, 알았어. 치울게. 좀 그만 닦달해.

해설 hard time에는 구어로 '어려움', '귀찮음', '냉대' 등의 뜻이 있으며 복수형으로 hard times라고 하면 '불경기'를 뜻하기도 한다. 또한 give a person a hard time은 '~을 혼내다', '~을 꾸짖다', '~을 놀리다'라는 뜻이다.

어구 sloppy 너절한, 질퍽한, 조잡한
     ex. sloppy writing 조잡한 문장 / 지저분한 글씨체

정답 (a)

20
A There's a sale on at that shoe store I like so much.
B I'll hide the credit card. Last time you really got _____ away.
(a) spent
(b) wasted
(c) eaten
(d) carried

해석 A 내가 너무나 좋아하는 구두점에서 세일을 해.
B 신용카드를 숨겨야겠군. 당신 지난번에 완전히 정신을 못 차렸잖아.

해설 신용카드를 숨길 정도로 지난번에는 통제가 안 되었다는 뜻일 것이므로 carry away(넋을 잃게 하다, 흥분시키다)라는 표현이 걸맞다. waste away는 '쇠약해지다', '(시간을) 헛되이 보내다'의 뜻이며, eat away는 '마구 먹어대다', '부식하다'의 뜻이므로 어울리지 않는다. spend away는 쓰지 않는 표현이다. 참고로 단순히 wasted이라고 하면 '쇠약한', '술에 취한'의 뜻이 된다.

어구 carry away 넋을 잃게 하다, 흥분시키다
waste away 쇠약해지다, (시간을) 헛되이 보내다
eat away 마구 먹어대다, 부식하다

정답 (d)

21
A Did you buy something for your Mom for her birthday?
B Oh, no! It completely _____ my mind.
(a) evaded
(b) slipped
(c) escaped
(d) left

해석 A 어머니 생신 선물로 뭐 샀니?
B 이런! 깜박 잊고 있었네.

해설 생일 선물을 사지 못한 것은 깜박 잊어버려서(slip one's mind)다. 언뜻 '마음을 벗어나다'라는 의미로 evade나 escape를 쓰지 않을까 하고 생각할 수도 있지만 evade는 '의도적으로 뭔가를 피한다'는 의미, escape는 '어떤 위험으로부터 벗어난다는 의미'가 강하다. slip은 '미끄러지다', '사라지다' 등의 뜻으로, 의도하지 않았는데 벌어지는 일을 묘사하는 것이다.

어구 evade 회피하다
slip 미끄러지다

정답 (b)

22
A I'm going out to play ball with the guys.
B It's 10 below zero outside. You must be out of your _____!
(a) league
(b) depth
(c) element
(d) mind

해석 A 애들하고 야구하러 나갈 거예요.
B 밖은 지금 영하 10도야. 제정신이 아니구나!

해설 영하 10도에 밖에 나가서 야구를 한다면 '정신이 나갔다(out of one's mind)'라고 말할 수 있을 것이다. 다른 단어들은 out of~와 어울리지 않는다.

어구 league 연맹, 동맹
ex. He is not in the same league with us.
그는 우리와 같은 그룹(부류)는 아니다.

정답 (d)

23
A Please _____ an eye on my bag while I go to the bathroom.
B Of course.
(a) keep
(b) cast
(c) maintain
(d) place

해석 A 화장실에 갔다 올 동안 가방 좀 봐주세요.
B 물론이죠.

해설 keep an eye on~하면 '~를 감시하다', '~를 유의하다'라는 뜻이 된다. keep one's eye on the ball이라고 해서 '방심하지 않다'는 의미로 쓰기도 한다.

어구 cast 던지다
ex. cast a glance at ~을 흘끗 보다

정답 (a)

24

A Why does Jeff look so depressed today?
B He's in hot _____ with the boss for arriving late.
  (a) times
  (b) onions
  (c) water
  (d) lava

해석 A 제프가 오늘 왜 저렇게 우울해 보이죠?
  B 오늘 늦게 도착해서 상사하고 문제가 좀 있었어요.

해설 상사에게 꾸중을 들었다든가 하는 등의 문제가 있는 상황이다. in hot water는 문자 그대로의 의미에서 짐작할 수 있듯이 '난처한', '곤란한'의 의미가 된다.

어구 **depressed** 우울한, 기운이 없는
  lava 용암

정답 **(c)**

25

A Hey, where's Lucy? Have you seen her?
B She said she was going to come, but I guess she didn't _____ it.
  (a) lose
  (b) reach
  (c) want
  (d) make

해석 A 헤이, 루시는 어디에 있지? 본 적 있어?
  B 올 거라고 했는데, 내 생각에는 안 온 것 같아.

해설 온다고 했지만(but), 오지 않을 것 같다는 말이 이어져야 한다. 'make it'은 구어로 자주 쓰이며 출제되는 빈도도 높으니 뜻을 정리해두도록 하자. make it (1) 제시간에 도착하다, (장소에) 이르다, 나타나다 (2) 제대로 수행하다, 성공하다 (3) (서로) 만나기로 하다 (4) (병이 걸린 이후에) 회복하다 (5) 출석하다, 오다

어구 **reach** 도달하다, 연락이 닿다

정답 **(d)**

Part II

26
A judge should be _____.
(a) immature
(b) immortal
(c) immune
(d) impartial

해석 재판관은 불편부당해야 한다.
해설 이 문장에서는 주어인 judge의 속성으로 적절한 형용사를 고르면 된다. impartial은 부정접두어를 붙인, 말 그대로 partial(일부분의, 편파적인)하지 않은 것이니 '무사공평', '불편부당'의 뜻을 갖는 형용사다.
어구 judge 판사
immature 미숙한, 생경한
immortal 불사(신)의
immune 면역(성)의
impartial 편견이 없는, 공평한
정답 (d)

27
The assault, which killed 10 soldiers and wounded eight, was _____ by an armed opposition group.
(a) put out
(b) put up with
(c) carried up
(d) carried out

해석 군인 10명 사망, 8명 부상을 초래한 그 공격은 무장 반군에 의해 저질러진 것이었다.
해설 주어인 assault를 목적어로 받는 자연스러운 동사 표현을 찾는 문제다. assault 뒤에는 내용을 부연 설명하는 관계대명사절이 삽입되어 있어, 혹시 assault의 뜻을 몰랐을 경우라도 그 의미를 짐작할 수 있다. '공격을 감행하다', '저지르다'에 해당하는 동사는 carry out(실행하다)이다.
어구 assault 공격
armed 무장한
put up with 참다
정답 (d)

28
The body and mind are _____ interrelated, so they cannot be thought separately.
(a) inaptly
(b) inextricably
(c) inaccurately
(d) inadequately

해석 몸과 마음은 떼어놓을 수 없게 서로 연관되어 있으므로 따로따로 생각할 수 없다.
해설 문장 구조를 보면 so 이하를 통해 앞의 내용을 유추할 수 있도록 되어 있다. 몸과 마음을 따로 분리해서 생각할 수 없다면 그 둘은 아주 '긴밀하게(inextricably)' 관련되어 있는 것이다. 부사 inextricably는 뒤에 나오는 동사 interrelate와 흔히 어울려 쓴다.
어구 interrelated 서로 관계가 있는
inaptly 적절하지 않게
inextricably 뗄 수 없이, 밀접하게
inaccurately 부정확하게
inadequately 부적당하게
정답 (b)

29
The victory has opened a new _____ in the history of sports in Korea.
(a) lap
(b) stage
(c) term
(d) chapter

해석 그 승리는 한국 스포츠 역사의 새로운 장을 열었다.
해설 chapter는 '책의 장' 외에도 '인생이나 역사의 중요한 한 구획, 시기'를 나타내는 말로 흔히 open a chapter in the history of~와 같이 쓴다. term에도 '기간'이라는 뜻이 있지만, open이나 history와 어울리지 않는다.
어구 lap (경주로의) 한 바퀴
stage 단계
term 기간
chapter 장, 시기
정답 (d)

30

Three French men _____ 100,000 dollars each in damages from the foundation.
(a) sought
(b) found
(c) tried
(d) covered

해석 세 명의 프랑스인이 그 재단으로부터 각각 10만 달러의 피해보상금을 청구했다.

해설 이 문제의 포인트는 피해보상을 청구하다(~ in damages)라는 표현에 쓰는 동사를 찾는 것이다. seek/claim 등의 동사를 쓸 수 있다.

어구 damages 손해액, 배상금
foundation 재단
cover 덮다, (비용·손실 등을) 보상하다

정답 (a)

31

At first I did not know who they were because all the police officers were in _____ clothes.
(a) uniform
(b) plain
(c) police
(d) formal

해석 경관들이 모두 평복을 하고 있어서 처음에는 그들이 누구인지 알 수 없었다.

해설 경찰관이라면 흔히 제복(uniform) 차림을 연상하지만 알아보지 못했다라는 것이 문제를 푸는 포인트다. '~을 입고'라고 표현할 때 쓰는 전치사는 in으로 여기서처럼 in plain clothes라고 하면 '평복 차림'이라는 뜻이다.

어구 uniform 제복
plain 평이한, 꾸미지 않은, 평직의
formal 형식적인, 공식적인

정답 (b)

32

We were all _____ dumb for a minute to see such a terrible sight.
(a) hit
(b) made
(c) struck
(d) stopped

해석 우리는 모두 그런 끔찍한 광경을 보고 잠시 동안 멍해졌다.

해설 to see such a terrible sight라는 원인에 따른 결과를 적절히 표현한 것이 답이다. be struck dumb은 '충격을 받아 멍해지다'라는 뜻으로 이때 문맥과 어울린다.

어구 be struck dumb 충격을 받아 멍해지다
(= dumbfounded)
dumb 말문이 막힌, 벙어리의

정답 (c)

33

The square was filled with a large _____ of people.
(a) disciple
(b) concourse
(c) conciliation
(d) concave

해석 광장은 엄청나게 모여든 사람들로 가득 찼다.

해설 사람들이 많이 모여 있는 모습을 나타낼 때 쓰는 여러 표현 중의 하나가 '군집'이라는 뜻을 갖는 concourse이다. 이를 대신해 crowd나 throng 등을 쓸 수 있다.

어구 concave 오목한
concourse 군집, 합류
conciliation 달램, 위로, 화해

정답 (b)

34

Luxury hotels provide all the _____ for their guests.
(a) discomforts
(b) amenities
(c) inconveniences
(d) capacities

해석 고급 호텔은 고객들을 위한 모든 편의를 제공한다.

해설 luxury hotel은 '고급(일류) 호텔'을 뜻하므로 고객들에게 훌륭한 서비스를 제공할 것이다. 따라서 편의 시설(amenities)이 빈칸에 어울린다. inconveniences는 '불편'이라는 뜻이므로 반대의 의미가 된다.

어구 luxury 사치(의), 고급(의)
provide 제공하다
discomfort 불쾌, 불안
amenities 편의 시설

정답 (b)

35

No one could _____ whose side the jury will be on.
(a) allow
(b) prohibit
(c) hinder
(d) predict

해석 배심이 누구 편을 들 것인지는 누구도 예측할 수 없었다.

해설 be on one's side라고 하면 '~ 편을 들다'라는 뜻이 된다. 여기서는 배심이 원고와 피고 중 누구의 손을 들어줄지 모른다는 뜻이므로 내용상 예측하다(predict)가 답이 되어야 한다.

어구 jury 배심
prohibit 금지하다
hinder 방해하다
predict 예측하다

정답 (d)

36

The rebels' only _____ of weapons are those they smuggled into the region from the faceless dealers.
(a) amount
(b) demand
(c) number
(d) supply

해석 그 반군의 유일한 무기 공급은 정체불명의 거래상으로부터 그 지역으로 밀반입하는 것들 뿐이다.

해설 smuggled into라는 표현은 '밀반입'하는 것이므로 반군 입장에서 보면 공급(supply)이 된다. demand는 전혀 반대의 뜻이다.

어구 rebel 반군
smuggle 밀수하다
faceless 익명의, 정체불명의
dealer 거래상

정답 (d)

37

The law was _____ to allow for the housing of refugees on government property.
(a) amended
(b) patched
(c) outlawed
(d) mutated

해석 정부 부지에 난민들의 주거를 허용할 수 있도록 법이 개정되었다.

해설 문장의 주어인 The law(법)는 의미상으로는 빈칸 동사의 목적어가 된다. '법을 ~하다'에 들어갈 수 있는 동사를 고르는 것이 문제의 포인트다. amend는 '법 등을 수정/개정하다'의 의미가 된다. 참고로 유명한 미국의 '수정 헌법'을 Amendment라고 한다.

어구 refugee 난민
amend (법을) 개정하다
outlaw 금지하다, 비합법화하다
mutate 변화하다, 돌연변이가 되다

정답 (a)

38

Tasha was with me when everyone else turned their backs on me, and I'll always _____ that.
(a) please
(b) expect
(c) appreciate
(d) request

해석 타샤는 다른 사람들이 모두 내게 등을 돌릴 때도 내 편이었고, 나는 그것을 언제나 고맙게 여길 것이다.

해설 turn one's back on~라는 숙어와 appreciate라는 동사의 쓰임 모두를 알아야 풀 수 있는 문제다. turn one's back on~는 말 그대로 '등을 돌리다', 즉, '무시하다', '저버리다'의 뜻이 있다.

어구 turn one's back on~ 등을 돌리다, 저버리다
please 기쁘게 하다
appreciate 감사하다, 인정하다
request 요청하다

정답 (c)

39

As the price of wheat, maize, corn and other commodities that make up the world's basic foodstuffs is soaring, the poorest people in the poorest countries are the hardest _____.
(a) price
(b) hit
(c) victims
(d) proponents

해석 세계의 기본 식료품을 차지하는 밀, 옥수수 그리고 다른 일용품 가격이 올라감에 따라 가장 빈곤한 국가의 빈곤층이 가장 큰 타격을 받는다.

해설 식료품 가격이 올라가면 엥겔계수가 큰 빈곤층이 가장 큰 타격(hit)을 받게 된다. '타격을 입다'는 ~be hit (hard)의 형태로 쓴다. 부사 hard와 어울려 쓰듯, 명사로 hit을 쓸 때도 보통 형용사 hard와 함께 쓴다.

어구 commodities 일용품
foodstuffs 식료품
be hit hard 타격을 입다
victim 희생자
proponent 제안자

정답 (b)

40

The pickle was neither sour nor sweet, tasting _____ and insipid.
(a) spicy
(b) bland
(c) delicious
(d) hot

해석 그 피클은 시지도 달지도 않고, 밍밍하고 무미건조한 맛이 났다.

해설 neither ~ nor…는 '~하지도 …하지도 않다'라는 상관어구다. 피클이 시지도 달지도 않다면 맛이 있을 수는 없을 것이고, and뒤의 insipid(풍미가 없는)와 어울리는 표현은 역시 bland(밍숭한)일 것이다.

어구 insipid 무미건조한(= tasteless)
bland 김빠진, 풍미없는

정답 (b)

41

A pack of hyenas crouched on the _____ of a dead buffalo.
(a) carcass
(b) cadaver
(c) hulk
(d) wreckage

해석 한 무리의 하이에나들이 죽은 물소 시체 위에 웅크리고 있었다.

해설 dead buffalo가 결정적인 힌트다. '동물의 사체'를 carcass라고 한다. cadaver 역시 시체지만 흔히 외과 실습용으로 쓰이는 '사람의 시체'를 가리킨다.

어구 carcass (짐승의) 시체
cadaver (특히 해부용) 시체
hulk (부서진, 버려진) 잔해
wreckage (난파) 잔해물

정답 (a)

42

Days of heavy rains have caused river banks in the region to overflow, _____ much of the oil-rich region underwater.

(a) submerging
(b) leaving
(c) flooding
(d) brushing

해석 폭우가 며칠 동안 계속되어 그 지역의 강둑이 넘쳐 석유가 풍부한 지역의 많은 부분을 물에 잠기게 했다.

해설 앞부분 내용의 결과가 뒤에서 현재분사구문으로 제시되고 있다. 강둑이 넘치면 주변지역은 '침수된다/물에 잠긴다' 이에 해당하는 표현으로 동사 submerge, flood를 쓸 수 있지만 뒤의 underwater와 어울리는 단어는 leave이다. 나머지 표현은 뒤의 underwater와 중복된다.

어구 heavy rain 폭우
overflow 범람하다
leave A underwater A를 침수시키다
submerge (물속에) 가라앉히다

정답 (b)

43

The exchange rate of currencies _____ depending on the strength of their economy and other factors at any given time.

(a) fluctuates
(b) flutters
(c) flickers
(d) flaps

해석 통화의 환율은 특정 시점의 경기가 좋은가 나쁜가를 비롯한 다른 요소들에 따라 변동한다.

해설 depending on(~에 달려있는)이라는 어구 뒤의 표현을 통해 적절한 동사를 선택할 수 있다. 뒤는 경제의 다양한 요소라는 말이 나오고 있으므로 환율이 오르내리는 모습을 표현하는 동사 fluctuate가 어울린다.

어구 exchange rate 환율
currency 통화, (화폐 등의) 유통
fluctuate 변동하다
flutter (깃발 등이) 펄럭이다
flicker (빛 등이) 깜빡이다
flap (커튼 등이) 펄럭이다

정답 (a)

44

The _____ contraction and relaxation of muscles appear to have a beneficial effect on blood circulation.

(a) alternative
(b) alteration
(c) altercation
(d) alternate

해석 근육이 교대로 긴장 수축하는 것은 혈액 순환에 좋은 영향을 미치는 것처럼 보인다.

해설 contraction and relaxation(수축과 이완)은 번갈아가며 일어나는 현상이다. 따라서 '교대로'에 해당하는 alternate가 답이다. alternative는 대신 선택할 수 있는 '대안'이라는 뜻이다.

어구 alternate 교대의
contraction and relaxation 수축과 이완
beneficial 유익한, 이로운
effect 효과
blood circulation 혈액 순환

정답 (d)

45

The President, whose term in office _____ next year, worries about how history will remember him.

(a) aspires
(b) conspires
(c) expires
(d) inspires

해석 내년이면 임기가 끝나는 대통령은 역사가 그를 어떻게 기억할 것인지에 대해 염려하고 있다.

해설 대통령이 역사에 어떻게 남을지를 걱정한다면 임기가 끝날 무렵이라고 보는 것이 옳다. 정해진 기간(계약, 임기)이 끝나는 것을 만료된다(expire)라고 한다. '식품, 약품 등의 유효기간'은 expiration date라고 한다.

어구 term in office 재직 기간
aspire 열망하다, 포부를 가지다
conspire 공모하다
expire 만료되다
inspire 고무하다, 격려하다

정답 (c)

46

Using too many different colors in a single room may result in _____ and a lack of unity in style.

(a) disillusion
(b) discord
(c) discard
(d) disband

해석 한 방안에 서로 다른 색을 너무 많이 쓰는 것은 부조화와 스타일의 통일성 부족을 가져올 수 있다.

해설 주어를 유심히 살펴야 한다. 너무 다양한 색깔을 쓰는 것은 어떤 결과를 초래할까? 조화를 이루기 어려울 것이므로 discord가 답으로 어울린다.

어구 unity 통일성
discord 불일치, 불화
disillusion 환멸
discard 버리다
disband (조직, 군대 등을) 해산하다

정답 (b)

47

It is not a _____ behavior to call people after midnight.

(a) discredited
(b) discrete
(c) discreet
(d) discourse

해석 자정이 지난 후에 전화를 거는 것은 지각 있는 행동이 아니다.

해설 자정이 지난 후에 전화하는 행동을 어떻게 생각할까? 신중한(discreet) 행동이 아니라고 보는 것이 문맥에 어울린다. 비슷한 형태지만 discrete는 '분리된'이라는 뜻의 형용사다.

어구 discredit 신용을 떨어뜨리다, 평판을 나쁘게 하다
discrete 분리된, 따로따로의
discreet 지각(사려)있는, 신중한
discourse 담론, 강연

정답 (c)

48

Regrettably, the preliminary contest within the conservative party caused serious _____ among the electorate for the lowly manners exhibited by the rival camps.

(a) disfigure
(b) disentanglement
(c) disinterest
(d) disdain

해석 유감스럽게도, 보수당내의 예비경선은 경쟁 진영에서 드러낸 비열한 행동 때문에 유권자들의 경멸을 불러일으켰다.

해설 문맥을 파악해 동사 cause에 어울리는 목적어를 찾는 것이 관건이다. 뒤에 이어지는 내용(the lowly manners)으로 보아 경멸(disdain)이 어울린다.

어구 regrettably 유감스럽게도
preliminary 예비의, 준비의
conservative party 보수당
electorate 선거민, 유권자
disfigure 외관을 손상하다
disentanglement 얽힌 것을 풀기
disinterest 무관심
disdain 경멸하다, 멸시하다

정답 (d)

49

The more the moon _____ in its monthly cycle, the bigger the size gets.

(a) suffuses
(b) waxes
(c) eclipses
(d) ablates

해석 달이 점차 참에 따라 크기는 점점 커진다.

해설 달의 크기가 점점 커진다는 다음 말이 힌트다. 따라서 '달이 차오른다(wax)'라는 말이 답이다.

어구 suffuse (액체 등으로) 뒤덮다, 채우다
wax (달이) 차오르다 (↔ wane)
eclipse (천체가) 가리다, (빛이) 어둡게 하다
ablate (부식 등으로) 제거되다

정답 (b)

50

The editorial will _____ caution about military intervention in the Middle East.
(a) consult
(b) console
(c) counsel
(d) council

해석 그 신문 사설은 중동에 군사적 개입 문제에 대해 신중하도록 조언할 것이다.

해설 목적어인 caution과 어울려 쓸 수 있는 동사는 counsel뿐이다.

어구 editorial 사설
intervention 간섭, 개입
consult 상의하다, 논의하다
console 위로하다
counsel 조언하다

정답 (c)

ACTUAL TEST 8

Answers

Part I
1. (c) 2. (b) 3. (c) 4. (b) 5. (b)
6. (a) 7. (b) 8. (c) 9. (b) 10. (a)
11. (c) 12. (a) 13. (b) 14. (c) 15. (c)
16. (d) 17. (d) 18. (c) 19. (d) 20. (b)
21. (b) 22. (d) 23. (a) 24. (b) 25. (c)

Part II
26. (c) 27. (d) 28. (c) 29. (b) 30. (d)
31. (c) 32. (a) 33. (a) 34. (b) 35. (a)
36. (d) 37. (c) 38. (b) 39. (b) 40. (d)
41. (d) 42. (c) 43. (c) 44. (b) 45. (c)
46. (b) 47. (a) 48. (d) 49. (b) 50. (d)

Part I

1
A Were you able to get the new sofa right away?
B No, we had to wait. They didn't have any in stock at the time, but they had several on _____ order.
(a) side
(b) front
(c) back
(d) layaway

해석 A 새 소파를 바로 살 수 있었나요?
B 아니, 기다려야 했어요. 그 당시에는 재고가 없었지만 처리 못한 몇 개의 이월 주문만 있는 상태였어요.

해설 재고가 없어서 처리 못하고 '뒤로 미룬 주문'을 back order라고 한다. have ~in stock은 '재고로 보유하고 있다'는 뜻이다.

어구 back order 이월 주문
layaway 일정 기간을 정해 할부로 구매해 대금 완불 시에 가져가는 제도

정답 (c)

2
A What exactly is the panel looking for?
B The panel is going to _____ you on your talent, not just your appearance alone.
(a) look
(b) judge
(c) decide
(d) choose

해석 A 패널이 찾고 있는 건 정확하게 뭐야?
B 그들은 외모로만 판단하는 게 아니라 재능으로 너를 판단할 거야.

해설 판단(judge)의 근거를 외모와 재능을 들어 말하고 있다.

어구 panel 패널, 토론자단, 심사원단
judge A on B A를 B로 판단하다
appearance 출현, 외관, 겉모습
ex. Appearances are deceptive.
겉모양은 믿을 게 못 된다.

정답 (b)

3
A What did you think of Jimmy?
B He's a very nice person with a high self-_____.
(a) established
(b) made
(c) esteem
(d) raising

해석 A 지미에 대해 어떻게 생각해?
B 자존심 강한 좋은 사람인 것 같아.

해설 self-(자기)를 붙여 만들어진 단어는 매우 많다. 그 중에서 많이 쓰이는 표현들을 정리해보면 다음과 같다.
self-abuse(자기 비난), self-centered(자기중심적인), self-defense(자기방어, 정당방위), self-employed(자영업의), self-esteem(자존심, 자긍심), self-image(자아상) 등이 있다.

어구 established 확립된, 안정된
ex. (a person of) established reputation
정평(이 있는 사람)

정답 (c)

4
A Where did you buy that dress?
B At the department store. It was on _____ for 50% off.
   (a) brand
   (b) sale
   (c) price
   (d) discount

해석 A 그 드레스는 어디서 샀어요?
     B 백화점에서요. 50% 세일이었어요.

해설 ~% off는 '~% 할인해준다'는 뜻이다. discount는 '할인'이라는 뜻이 있지만 on discount와 같은 형태로는 쓰지 않는다. discount가 답이 되려면 I bought the dress at a 50% discount와 같은 형태로 써야 한다. on sale은 '팔려고 내놓은'의 뜻으로 문장과 자연스럽게 어울린다.

어구 brand 브랜드, 상표
     discount 할인(하다)

정답 (b)

5
A How is the baby?
B After the checkup, the doctor _____ us that the baby is healthy and fine.
   (a) reassembled
   (b) reassured
   (c) recline
   (d) re-established

해석 A 아기는 어때요?
     B 검진을 하고서 의사가 아기는 건강하고 아무런 문제가 없다고 우리를 안심시켜 주었어요.

해설 reassure는 다시(re) 확신시켜주는 것(assure)에서 '안심시켜 주다', '보증하다', '자신을 갖게 하다' 등으로 의미가 확대되었다. 위에서처럼 that절 혹은 about과 같은 전치사와 함께 쓴다.

어구 checkup 검진
     reassemble 다시 모으다, 짜 맞추다
     reassure 안심시키다
     recline 기대다, 눕다(on, against)
     ex. recline against a fence 울타리에 기대다

정답 (b)

6
A Where can I get these _____ done to my clothes?
B There is a tailor down on the lower level of this department store.
   (a) alterations
   (b) fixations
   (c) altercations
   (d) solutions

해석 A 이 옷은 어디서 고칠 수 있나요?
     B 백화점 아래층에 가면 수선해 주는 사람이 한 명 있어요.

해설 tailor, clothes와 같은 단어들과 관련해서 옷을 고치는 것은 어떻게 표현할까? 문맥상 '변경', '개조'의 뜻을 갖는 alteration이 자연스럽다. altercation은 매우 비슷하게 보이지만 뜻은 전혀 다른 '격론(격렬한 토론)'이란 뜻이다.

어구 fixation 고착, 고정
     alteration 변경, 개조
     altercation 언쟁, 격론

정답 (a)

7
A What happened to Major Robert James?
B After he was found guilty of the crime, they gave him a dishonorable _____.
   (a) pension
   (b) discharge
   (c) charge
   (d) release

해석 A 로버트 제임스 소령은 어떻게 되었어요?
     B 그 범죄에 대해 유죄 선고를 받고 나서 불명예 제대를 하게 되었어요.

해설 이 문제에서의 단서는 major와 dishonorable(명예롭지 못한)이다. 군대의 '불명예 제대'에 해당하는 표현이 dishonorable discharge이다. discharge는 이 뜻 외에도 '해방', '퇴원', '면직' 등 여러 가지 뜻을 갖고 있다. release도 동사로 쓰면 '제대하다'의 뜻으로 쓸 수 있지만 불명예 제대라는 용어로는 함께 쓸 수 없다. 군 계급은 육해공군이 모두 다르기 때문에 상당히 복잡하고 헷갈리기 쉽다. 하지만 주요 계급만은 알아두도록 하자. 육군에서는 major를 소령, 중령은 a lieutenant colonel, 대령은 a colonel이라고 한다.

어구 guilty 유죄의
dishonorable 불명예의
pension 연금, 부양금
discharge 제대
release 방출

정답 (b)

8
A I'm impressed! It's Steve's first time to play golf, and he's really good!
B He seems to have a(n) _____ for the game.
(a) inability
(b) queue
(c) knack
(d) knock

해석 A 대단한데요! 스티브는 이번이 처음 골프를 치는 건데 정말 잘하네요!
B 골프에 재능이 있는 것 같아요.

해설 골프를 처음 치는데 정말 잘한다면 그것에 대한 요령이 있는 것이다. knack은 '솜씨', '요령'의 뜻을 갖고 있으므로 답으로 적절하다.

어구 inability 무능력
queue 대기, 열
ex. in a queue 줄을 지어
knack 솜씨, 요령, 재능

정답 (c)

9
A I think the ideas and plans they have for the new buildings are great!
B I do, too. They just need to _____ them.
(a) imperative
(b) implement
(c) impossible
(d) impressive

해석 A 새 빌딩에 대한 그들의 아이디어와 계획은 아주 훌륭한 것 같네요!
B 그래요. 이제 그걸 실행하기만 하면 되겠네요.

해설 보기는 혼동 어휘로 제시되고 있다. 아이디어와 계획은 중요하지만 문제는 그것을 어떻게 실행(implement)할 것인가이다. '실천하다'라는 의미로 Stop talking the talk and start walking the walk(이제 말만 하지 말고 행동으로 옮겨)라는 표현도 기억해두자.

어구 imperative 긴급한, 피할 수 없는
implement 이행하다(= put into action, actualize, carry out, execute)
impressive 강한 인상을 주는

정답 (b)

10
A How often does it rain here?
B For this area of the United States, rain isn't too _____.
(a) common
(b) sparse
(c) sometimes
(d) few

해석 A 여기는 얼마나 자주 비가 오나요?
B 미국의 이런 지역에서는 비가 그리 흔하지 않아요.

해설 How often은 빈도를 묻는 질문이므로 common이 답이다. sparse는 '부족한', '빈약한'이라는 뜻으로 어떤 지역에 무엇이 드문드문 흩어져있다는 느낌으로 쓰는 형용사이므로 답으로 어울리지 않는다. scarce나 rare 또는 uncommon을 사용하는 것이 적절하다.

어구 common 흔한
sparse 빈약한
ex. a sparse population 희박한 인구

정답 (a)

11
A So, did your parents kill you for failing chemistry?
B I studied like crazy and passed the final. It was a _____ escape.
(a) slim
(b) tight
(c) narrow
(d) thin

해석 A 화학점수가 나빠서 부모님한테 많이 혼났니?
B 미친 듯이 공부해서 기말고사를 통과했지. 정말 아슬아슬했다니까.

해설 여기서 kill이란 실제로 죽였다는 의미가 아닌 '크게 혼을 내다'는 뜻이다. 거의 낙제할 뻔한 과목을 가까스로 통과했으니 구사일생(a narrow escape = a close call/a close shave)일 것이다. narrow는 '좁은'의 뜻으로 a narrow victory(간신히 이긴 승리), by a narrow margin(겨우, 아슬아슬하게)과 같이 쓴다.

어구 chemistry 화학
final 기말시험 cf. mid-term 중간시험)

정답 (c)

12

A How much is it going to be to fix the heater?
B A _____ guess would be around $300.
(a) rough
(b) near
(c) close
(d) general

해석 A 난방기 수리하는데 돈이 얼마나 들까요?
B 대략 한 300달러 정도 들 거예요.

해설 would be around $300라는 표현을 통해 근사값을 추정하고 있음을 알 수 있다. '대략적인'에 해당하는 단어가 rough(= approximate)이다.

어구 general 일반적인, 보통의
ex. the general reader (전문가가 아닌) 일반 독자

정답 (a)

13

A You shouldn't drive if you're sleepy.
B It's OK. I'm _____ awake now. I had coffee at the resting place.
(a) awfully
(b) wide
(c) wholly
(d) almost

해석 A 졸리면 운전하지 마.
B 괜찮아. 지금은 완전히 깼어. 휴게소에서 커피를 마셨거든.

해설 졸리면 운전하지 말라는 말에, 깨어있다고 말하고 있다. '눈을 크게 둥그렇게 뜬 모습'을 with wide eyes라고 표현하는 것을 떠올리면 답을 선택하기 쉽다. wide awake와 같은 표현은 복합어처럼 붙어 다니는 표현이니 반드시 기억해 두자. TEPS 어휘 파트에서는 거의 이렇게 관용적으로 함께 쓰이는 어휘들의 조합을 묻는다.

어구 awfully (구어) 대단히, 지독하게
ex. I'm awfully sorry. 정말 죄송합니다.
wholly 전적으로, 전체적으로, 포괄적으로

정답 (b)

14

A You erased the entire file! I worked for weeks on that.
B I'm very sorry. I didn't do it on _____.
(a) accident
(b) chance
(c) purpose
(d) plan

해석 A 전체 파일을 지웠다고! 몇 주 동안이나 작업했는데.
B 정말 미안해. 고의로 그런 것은 아니야.

해설 사과할 때 붙일 수 있는 말인 '일부러 혹은 고의로 그러지 않았다'는 말이 이어져야 자연스럽다. 영어로는 I didn't mean to~라고 하거나, on purpose(고의로, 의도적으로)를 붙여 써서 표현할 수 있다. accident나 chance는 by와 함께 쓰여 '우연히'라는 뜻이 된다. '계획대로'라고 쓰려면 according to plan이라고 쓸 수 있다.

어구 erase 지우다
on purpose(= purposefully) 일부러, 고의로

정답 (c)

15

A How did you pay the hotel bill?
B I paid it _____ cash.
(a) for
(b) through
(c) in
(d) from

해석 A 호텔 요금은 어떻게 계산했어요?
B 현금으로 지불했어요.

해설 청취, 어휘 파트에서 지불 방법 표현은 거의 매번 등장하니 꼭 알아두도록 하자. pay in cash, pay by charge(or credit)라고 쓴다.

어구 bill 청구서, 지폐, 법안

정답 (c)

16

A How did you like studying in London?
B It was so nice to be _____ my own, but I was lonely sometimes.
(a) to
(b) by
(c) for
(d) on

해석 A 런던에서 공부하는 것은 어땠어?
B 혼자 독립해서 산다는 것은 너무 좋지만 가끔은 외로웠어.

해설 on one's own은 구어로 '혼자서' 또는 '독립하여'의 뜻이 된다. for one's (very) own은 '혼자서 차지하여', of one's own은 '자기 소유의'라는 뜻이 된다.

어구 for one's own 혼자 차지하여
ex. May I have it for my (very) own?
그것을 나의 전용물로 가져도 좋습니까?
on one's own 스스로, 혼자 힘으로, 독립하여
(= by myself)
ex. do something on one's own
자신의 힘으로 ~을 하다

정답 (d)

17

A What will you say if Malcom asks to marry you?
B I don't know the answer _____ that question.
(a) about
(b) of
(c) with
(d) to

해석 A 말콤이 결혼하자고 하면 뭐라고 할 거야?
B 그 질문에 대한 대답은 나도 모르겠어.

해설 '질문에 대한 대답'이라고 쓸 때는 answer to the question이라고 표현한다.

정답 (d)

18

A What time does the train for Wisconsin depart?
B The train leaves _____ the hour.
(a) after
(b) at
(c) on
(d) in

해석 A 위스콘신행 기차는 몇 시에 출발해요?
B 기차는 매 정시에 출발해요.

해설 on the hour는 '매시간 출발'한다는 뜻이 된다. in[after] an hour라고 하면 '한 시간 후에' 출발한다는 뜻이다.

어구 on the hour 매시에
depart 출발하다

정답 (c)

19

A Does this instruction manual have any information _____ how to enlarge pictures?
B Yes, that is covered in chapter 5.
(a) for
(b) with
(c) at
(d) on

해석 A 이 사용 설명서에 사진 확대 방법에 대한 설명이 들어있나요?
B 네, 제5장에 수록되어 있습니다.

해설 '~에 대하여'라는 의미로 전치사 on을 쓸 수 있다. on은 보다 학문적인 내용에 쓰는 경향이 있다. 예를 들어, a book on chemistry는 '화학 책', an authority on astronomy는 '천문학의 권위자'라는 뜻이 된다.

어구 instruction 교수, 교훈, 지침(pl.)
enlarge 확대하다(= increase, expand)
ex. an enlarged photograph 확대 사진

정답 (d)

20
A　Hey, why the _____ face?
B　Nobody remembered my birthday today.
　(a) short
　(b) long
　(c) shallow
　(d) narrow

해석　A　이봐, 왜 그렇게 우울한 얼굴이야?
　　　B　오늘이 내 생일인데 아무도 기억해주지 않았어.
해설　the long face는 구어로 '우울한 표정'이라는 뜻이다. narrow[broad] face는 말 그대로 '갸름한[넓적한] 얼굴'이라는 뜻이다.
어구　shallow 얕은(≠ deep), 천박한, (견해 등이) 피상적인 ex. shallow mind 피상적인 생각
정답　(b)

21
A　In fact, Sally and I are from the same hometown.
B　Really? What a _____ world!
　(a) little
　(b) small
　(c) close
　(d) wonderful

해석　A　사실 샐리와 나는 같은 고향 출신이야.
　　　B　정말? 세상 참 좁구나!
해설　우리말로 '세상 참 좁다'에 해당하는 표현은 What a small world!이다. 참고로 Six degrees of Kevin Bacon이라는 재미있는 표현도 알아두자. 이 역시 '작은 세상'을 나타낸다. 누구든 여섯 다리만 건너면 'Kevin Bacon(할리우드 배우)을 안다'라는 뜻이다. 우리나라에서 흔히 말하는 '몇 다리 건너면 다 안다'고 하는 표현이 이것에 해당한다.
어구　hometown 고향
정답　(b)

22
A　I'm sorry. I didn't catch that. Would you mind repeating the last sentence?
B　I was _____ that young people nowadays don't pay very close attention to anyone.
　(a) telling
　(b) talking
　(c) speaking
　(d) saying

해석　A　미안하지만 못 들었어요. 마지막 문장을 다시 한 번 말씀해 주시겠어요?
　　　B　요즘 젊은이들은 어느 누구에게도 특별히 주의를 기울이지 않는다는 말을 하고 있었어요.
해설　catch는 '이해하다', '알아듣다'라는 뜻도 있어 이 경우 understand, get으로 바꿔 쓸 수 있다. 다시 한 번 자기 말을 반복해주면서 하는 '~라고 말하고 있었어'에 해당하는 표현을 묻고 있다. 보기의 동사들은 모두 '말하다'지만 위 구문에서 that절을 바로 받을 수 있는 것은 say뿐이다. tell은 간접목적어(여기서는 you에 해당)가 있어야 하고, talk나 speak는 that절을 목적어로 받지 않는다. 한국어로는 같지만 뜻의 구별에 있어서 미묘한 표현들을 TEPS 어휘에서 단골로 묻는다.
어구　pay attention to~ ~에 주의를 기울이다, 주목하다
정답　(d)

23
A　Andy always seemed like a nice boy. Why do you suspect he smokes?
B　His school bag was open, and I noticed a _____ of cigarettes inside.
　(a) packet
　(b) packing
　(c) package
　(d) packer

해석　A　앤디는 항상 아주 착한 아이같이 보이던데. 왜 담배를 피울 거라고 생각하세요?
　　　B　그 애의 학교 가방이 열려 있었는데 안에 담뱃갑이 들어있는 것을 발견했거든요.
해설　담배를 세는 단위를 묻고 있다. 보통 a pack(packet) of~로 센다. 단위 문제도 가끔 출제되고 있으니 나올 때마다 눈여겨봐두자. 예를 들어, a school of whales는 '고래 떼', a pack of wolves는 '이리 떼', shoals of people은 '많은 사람들'을 나타낸다.

어구 packer 포장업자
package 꾸러미, 포장, a. 일괄의, 포괄적인
ex. a package proposal 일괄 제안

정답 (a)

24

A Marisol has dyed her hair again. It's pure black this time.
B Yes. I know. I ran into her on the street, and I hardly _____ her.
(a) realized
(b) recognized
(c) remembered
(d) knew

해석 A 마리솔은 머리를 다시 염색했어. 이번에는 새까만 색이야.
B 나도 알아. 거리에서 우연히 마주쳤는데 겨우 알아봤어.

해설 hardly는 부정어구 없이 '거의 ~ 않는다'라는 의미가 된다. 염색을 해서 원래 알고 있던 사람을 알아보지 못한다는 말이므로 recognize가 어울린다. realize는 '어떤 사실을 깨닫게 되는 것'을 말하며, 이미 아는 사람이므로 know는 어울리지 않는다.

어구 dye 염색하다
realize 깨닫다, 실감하다
ex. She realized that no one loved her as much as her parents did. 그녀는 부모님만큼 자기를 사랑하는 사람은 없다는 것을 깨달았다.

정답 (b)

25

A I called to remind you that you have _____ in your insurance payment.
B Oh, sorry. I'll transfer the money right away.
(a) been overdue
(b) been undue
(c) fallen behind
(d) fallen back on

해석 A 보험금 납입이 밀려있어서 알려드리려고 전화했습니다.
B 저런, 미안합니다. 지금 바로 송금하겠습니다.

해설 pay overdue salaries and allowances와 같은 표현처럼 overdue되는 것은 사람이 아닌 돈 등에 해당한다. 사람이 어떤 것에 '따르지 못하다'는 fall behind로 표현할 수 있다.

어구 undue 부당한, 공연한
fall back on 의지하다

정답 (c)

Part II

26
He has not paid enough attention to his family, _____ in his career.
(a) ended up
(b) gave up
(c) wrapped up
(d) brought up

해석 그는 일에 너무 푹 빠져 살다 보니, 가족들한테 충분히 신경을 쓰지 못했다.

해설 묘사는 가족에게 제대로 신경을 쓰지 못할 정도로 일에서 빠져나오지 못하는 사람이므로 be wrapped up(~에 푹 빠지다)가 어울린다. end up은 어떤 일의 결과를 나타내는 표현으로 그 결과의 내용이 부정적인 뉘앙스를 가져야 어울린다. give up, bring up 등은 필수기본 숙어이므로 반드시 알아두자.

어구 pay attention to~ ~에 주의를 기울이다, 신경을 쓰다
be wrapped up ~에 푹 빠지다

정답 (c)

27
If the terms stated herein are _____ to you, please sign this letter and email back to me as soon as possible.
(a) aggravating
(b) agreed
(c) aggressive
(d) agreeable

해석 위의 조건에 동의하면 이 서신에 서명해서 바로 이메일로 반송해 주세요.

해설 agree(동의하다)의 형용사인 agreeable은 to와 함께 쓰여 '기꺼이 동의하는'의 뜻으로 위와 같은 구문에서 많이 쓰인다. agreed는 '합의된', '협정된'으로 an agreed rate(협정 요금)나, I am agreed on~(~에 동의한다)와 같이 쓰인다.

어구 agreeable 기꺼이 동의하는, 찬동하는
agreed 협정한
aggressive 적극적인, 호전적인
aggravating 악올리는, 화나는

정답 (d)

28
My parents are too _____ to go to the gala ball.
(a) high-flying
(b) close call
(c) down-to-earth
(d) to the point

해석 우리 부모님들은 축제 무도회에 가시기에는 너무 소박한 분들이다.

해설 이 문제의 포인트는 too~ to~ 구문으로 목적어인 the gala ball과의 관계를 파악해야 한다. 갈라는 호화로운 무도회 행사이므로 반대 개념을 찾아야 한다. 따라서 소박한(down-to-earth) 분들이라고 보는 것이 맞다. high-flying(야심적이고 성공지향적인)는 반대 의미다.

어구 gala 축제
down-to-earth 소박한, 현실적인
to the point 적절한, 요점에 부합하는
close call 아슬아슬하게 피하다

정답 (c)

29
New cars are cheaper than used cars in the long _____ because of greater fuel efficiency.
(a) time
(b) run
(c) way
(d) trip

해석 새 차는 연비가 좋기 때문에 장기적으로 보면 중고차보다 더 싸다.

해설 because of에 주목해 인과 관계를 파악하면 된다. 새 차는 연비(fuel efficiency)가 높으므로 '결국은(in the long run)' 중고차보다 싸게 먹힌다는 뜻으로 연결되어야 자연스럽다.

어구 fuel efficiency 연비
in the long run 결국에는, 장기적으로는

정답 (b)

30

When a _____ employee heard a rumor that the company was in danger of bankruptcy, he was not sure if he should take the job.

(a) terminal
(b) transitory
(c) prodigious
(d) prospective

해석 고용될 지원자는 그 회사가 파산 위험에 처했다는 루머를 듣고 그 일자리를 받아들여야 할지 확신이 서질 않았다.

해설 he was not sure if he should take the job 부분이 문제 해결의 포인트다. 그 일을 택해야 할지 아직 모르는 것이므로 고용될 가능성이 있었던(prospective employee)라고 봐야 한다. prospective는 potential(잠재력 있는, ~이 될 가능성 있는)의 뜻으로 a prospective[potential] customer와 같이 쓰인다.

어구 transitory 일시적인
prodigious 거대한, 막대한
prospective 예상된, 기대되는
terminal 끝의, 종말의

정답 (d)

31

He _____ his tie and took a deep breath trying to relax.

(a) tightened
(b) eased
(c) loosened
(d) comforted

해석 그는 타이를 느슨히 하고 심호흡을 하면서 긴장을 풀려고 했다.

해설 took a deep breath는 '심호흡을 하는 것'이고 뒤의 relax를 보면 긴장을 푸는 것이므로 그에 어울리는 표현은 타이를 느슨하게 하는 것이다. '느슨하게 하다'의 의미인 loosen이 가장 잘 어울린다.

어구 tighten 엄격하게 하다, 죄다
loosen 늦추다, 느슨하게 하다
comfort 위로하다

정답 (c)

32

Later he _____ his attention to the desperate state of housing in the province.

(a) turned
(b) threw
(c) poured
(d) obeyed

해석 후에 그는 그 지역의 절망적인 주거 상황에 관심을 돌렸다.

해설 목적어 attention과 collocation을 이루는 동사를 고르는 문제다. attention과 어울리는 동사로서 '주목을 끌다'의 의미로 쓸 때는 attract(catch, draw, get)~ 등을, '주의를 집중하다'의 의미로는 focus, pay~to 등을 쓸 수 있다. 문제에서 later(나중에는)라는 표현이 있으므로, '~로 주의를 돌리다(turn)'라고 하는 것이 문맥과 자연스럽게 어울린다.

어구 desperate 절망적인
state 상황
housing 주거
obey 복종하다, 순종하다

정답 (a)

33

The album _____ performances by Henry Gray and other famous musicians.

(a) features
(b) shows
(c) carries
(d) holds

해석 그 앨범은 헨리 그레이와 다른 유명 음악가들의 연주를 수록하고 있다.

해설 앨범(album)에는 연주(performances)가 수록되는 것이므로 feature(특징을 이루다)가 어울리는 답이다.

어구 feature 특징을 이루다, 특색을 담다
performance 연주

정답 (a)

34

The company has to make its accounts and operations as _____ as possible to improve its image in the international market.
(a) opaque
(b) transparent
(c) dubious
(d) obvious

해석 회사는 국제 시장에서 기업 이미지를 개선하기 위해 회계와 운영을 가능한 투명하게 만들어야 한다.

해설 transparent는 '물 따위가 투명한 것'을 나타낼 때도 쓰고 예문에서와 같이 기업의 경영 등이 '의혹이 없는'의 의미로도 쓰인다. 반대어는 '불투명한'의 의미인 opaque이고 역시 두 가지 의미로 쓴다.

어구 account 회계; 설명
improve 개선하다
opaque 불투명한
dubious 의심쩍은, 모호한

정답 (b)

35

With this password, anyone is able to gain _____ to classified information.
(a) access
(b) excess
(c) hold
(d) reach

해석 이 암호로 누구든 기밀 정보에 접근할 수 있다.

해설 gain access to~는 '~에 접근하다(이용할 수 있다)'라는 뜻으로 gain access to information(또는 service, electricity)과 같이 쓴다.

어구 gain access to~ ~에 접근하다, ~에 이용할 수 있다
classified 기밀의

정답 (a)

36

The agreement between the countries has _____ hopes that the war may end soon.
(a) found
(b) risen
(c) answered
(d) raised

해석 국가들 간에 맺어진 그 협정은 전쟁이 곧 종결될 것이라는 희망을 불러일으켰다.

해설 hope를 목적어로 쓰는 동사로는 raise(불러일으키다), dash(깨뜨리다) 등이 있는데, 주어인 the agreement between the countries(국가 간 협정)와 어울리는 것을 골라야 하므로 raise가 정답이다. rise는 자동사이므로 목적어를 받을 수 없다.

어구 agreement 일치, 협정

정답 (d)

37

Developing weapons of mass destruction _____ me as being a great waste of energy and time.
(a) hits
(b) slaps
(c) strikes
(d) slams

해석 대량살상무기를 개발하는 것은 나에게는 엄청난 시간 낭비로 여겨진다.

해설 '~로 생각되다(~라는 인상을 주다)'는 동사 strike로 표현할 수 있다. 나머지 보기는 모두 '치다', '때리다'라는 일차적인 의미를 갖는다. '나에게는 ~한 인상을 줬다'라는 의미로 ~ strikes me as ~를 외워두면 좋다.

어구 weapons of mass destruction 대량살상무기
slap 찰싹 때리다, 손바닥으로 때리다
slam (문 등을) 쾅 닫다

정답 (c)

38

I am confident that the man is not innocent and that he deserves _____.
(a) employment
(b) punishment
(c) requirement
(d) qualification

해석 나는 그 남자가 무죄가 아니며 처벌을 받아 마땅하다는 것을 확신한다.

해설 not innocent and~에 연결될 수 있는 것은 유죄라는 사실과 어울리는 내용이 되어야 하므로 처벌(punishment)을 선택하면 된다.

어구 innocent 순진한, 무죄의
deserve ~가 마땅하다
punishment 처벌, 형벌
qualification 자격

정답 (b)

39

Many _____ animals also have teeth that help them eat both plants and animals.
(a) omnipotent
(b) omnivorous
(c) omnipresent
(d) omnibus

해석 많은 잡식성 동물은 또한 식물과 동물을 모두 먹을 수 있도록 하는 치아를 갖고 있다.

해설 that~에서 eat both plants and animals(동식물을 모두 먹다) 부분을 한 단어로 표현하면 '잡식성(omnivorous)'이다.

어구 omnipotent 전능한
omnivorous 잡식성의
omnipresent 편재하는, 어디에나 있는, 무소불위의
omnibus 승합자동차, 버스

정답 (b)

40

People in different cultures tend to _____ distinctive behaviors in the same social situation.
(a) reveal
(b) see
(c) arrange
(d) exhibit

해석 서로 다른 문화권에 사는 사람들은 같은 사회적 상황에서도 구별되는 행동 양식을 보여주는 경향이 있다.

해설 목적어 distinctive behaviors와 호응이 되는 동사를 찾는 문제다. tend to~는 '~하는 경향이 있다'의 의미다. reveal도 한국어 해석만 보면 '보여주다'가 될 수 있지만 숨겨져 있던 것을 '드러내다', '폭로하다'의 의미로 뉘앙스 차이가 있다.

어구 distinctive 특유의, 구별되는
reveal 드러내다, 폭로하다

정답 (d)

41

When you move, you should notify the post office of your _____ address.
(a) remote
(b) previous
(c) rewarding
(d) forwarding

해석 이사할 때는 전달할 주소를 우체국에 알려야 한다.

해설 forward는 주소가 바뀌어 우편물 등이 이전된 주소로 '전달해 주다'는 뜻이다. forwarding address라는 표현을 묶어서 함께 기억해 두자.

어구 notify 알리다
remote 멀리 떨어진
rewarding 보답하는

정답 (d)

42

Yoga poses range from the seemingly easy to those that are more obviously difficult and take years of practice to _____.

(a) oversee
(b) dominate
(c) master
(d) command

해석 요가 자세는 겉으로 보기에 쉬운 것부터 매우 어렵고 숙련되기까지 수년간의 연습을 요하는 것들까지 다양하다.

해설 범위를 나타내는 range from~ to~ 구문이 포인트다. 아주 어려운 것은 '숙련(master)'되는 데 오랜 시간이 필요하다는 말로 이어질 때 자연스럽다.

어구 pose 자세
dominate 지배하다

정답 (c)

43

His _____ habits alienated many of his countrymen.

(a) pleasant
(b) typical
(c) eccentric
(d) friendly

해석 그의 이상한 습관들 때문에 많은 동포들이 그를 따돌렸다.

해설 alienate(소외시키다, 따돌리다)의 의미에 어울리는 주어를 찾아야 한다. 문맥상 부정적인 뉘앙스를 갖는 eccentric이 답이다.

어구 alienate 멀리하다, 따돌리다
eccentric 별난

정답 (c)

44

He is a _____ Christian, far different from the so-called "Sunday Christians."

(a) deviant
(b) devout
(c) devour
(d) dismal

해석 그는 이른바 "일요일 신자"와는 전혀 다른 독실한 기독교도이다.

해설 Sunday Christians는 종교적인 믿음 없이 일요일에 습관적으로 교회에 나가는 사람들을 말한다. 이들과는 전혀 다른 사람이라면 '독실한(devout)' 신자가 답이 된다.

어구 deviant 벗어난
devout 독실한
devour 게걸스럽게 먹다
dismal 음침한

정답 (b)

45

Most people feel _____ when they are dumped by their girlfriends or boyfriends.

(a) detached
(b) indigent
(c) despondent
(d) destitute

해석 사람들은 대부분 여자친구나 남자친구에게 차이면 의기소침해진다.

해설 감정을 나타내는 형용사들에 대한 이해를 묻는 문제다. 사귀던 사람에게 차이면(dumped) 어떤 감정이 될까? 의기소침(despondent)할 것이다. 다른 보기들도 다소 어렵기는 하지만 출제 가능성은 충분히 있는 단어들이다.

어구 detached 초연한
indigent 궁핍한
despondent 의기소침한
destitute 결핍한, 궁핍한

정답 (c)

46

If you decided to strike while the iron is hot, you should not _____ what you have to do today.

(a) deluge
(b) defer
(c) devoid
(d) digress

해석 만일 쇠뿔도 단 김에 빼려고 결심을 했다면, 오늘 할 일을 미루지 말아야 한다.

해설 Strike while the iron is hot.이란 쇠가 달구어졌을 때 두드려야 한다는 말로 '할 일을 미루어 때를 놓쳐서는 안 된다'는 뜻의 속담이다. 따라서 '연기하다'에 해당하는 defer가 정답이다. 동의어 hold off, put off, 다소 형식적인 표현으로는 adjourn, 구어 표현 give rain check 등도 같이 공부해 두자.

어구 deluge 홍수, 호우, 범람시키다
defer 미루다
devoid ~이 결여된
digress (이야기 등이) 빗나가다

정답 (b)

47

Anyone caught driving under the influence of alcohol twice within a period of less than one year will have his or her license _____.

(a) revoked
(b) revamped
(c) revealed
(d) rebuked

해석 누구든 음주운전으로 1년 이내에 2회 적발된 사람은 운전면허가 취소된다.

해설 음주운전(driving under the influence of alcohol)은 면허 취소(revoke)의 사유가 될 수 있다. 비슷한 형태의 rebuke는 '비난하다'라는 전혀 다른 뜻이다.

어구 under the influence of alcohol 음주 상태에서
revoke 취소하다, 철회하다
revamp 개조하다, 혁신하다
rebuke 비난하다, 꾸짖다

정답 (a)

48

The _____ involved in the merger of the software companies will make millions of dollars from the deal.

(a) principles
(b) priorities
(c) principals
(d) patrons

해석 그 소프트웨어 기업들의 합병에 관여한 후원자들은 그 거래로부터 수백만 달러를 챙길 것이다.

해설 involved in~은 '~에 개입한(참가한)'의 의미로, merger(합병)에 참여한 사람들의 의미가 되려면 patron(후원자)이나 stakeholder(이해관계자) 등의 단어가 와야 한다.

어구 patron 후원자, 단골

정답 (d)

49

The British company, Charles has been producing MontBlanc writing instruments and other high quality _____ products since 1925.

(a) stationary
(b) stationery
(c) statistical
(d) statuary

해석 영국 기업인 찰스는 1925년 이래 몽블랑 필기구를 비롯한 고급 문구 제품을 생산하고 있다.

해설 and other~ 앞에서 나온 예를 포함하는 카테고리가 필요하다. 필기구(writing instruments)는 문구류에 포함되므로 stationery products가 정답이다. 뒤에 예가 나오는 반대 경우에는 such as~, including~ 등이 등장한다. 이 경우 stationery products including writing instruments와 같이 쓸 수 있다. 유사한 철자의 전혀 다른 의미를 가진 단어에 유의하며 학습하는 것의 중요성이 강조되는 문제이기도 하다.

어구 stationary 정지한
stationery 문방구
statuary 조각(= sculpture)

정답 (b)

50

Unsuspecting foreign tourists are often _____ in by dishonest taxi drivers and shop owners.

(a) carried
(b) given
(c) brought
(d) taken

해석 순진한 외국 여행자들은 부정직한 택시 운전수들이나 상점 주인들한테 속아 넘어가곤 한다.

해설 잘 모르는 외국인이라고 해서 바가지요금을 물리는 경우가 있는데, 이때 흔히 희생당하는 쪽을 unsuspecting이라는 형용사로 표현한다. 즉, '순진하고 아무 의심하지 않는(not suspecting)' 사람들이란 뜻이다. 반대로 피해를 주는 쪽은 흔히 unscrupulous companies(악덕, 비양심 기업)와 같이 표현한다. take in은 구어로 '속이다'의 뜻으로 쓰인다.

어구 **unsuspecting** 의심하지 않는
dishonest 부정직한
be taken in by~ ~에게 속다(= deceived by)

정답 (d)

ACTUAL TEST 9

Answers

Part I
1. (b) 2. (c) 3. (a) 4. (c) 5. (a)
6. (b) 7. (c) 8. (b) 9. (c) 10. (b)
11. (c) 12. (d) 13. (b) 14. (c) 15. (c)
16. (d) 17. (c) 18. (d) 19. (c) 20. (b)
21. (b) 22. (a) 23. (c) 24. (d) 25. (a)

Part II
26. (c) 27. (c) 28. (a) 29. (a) 30. (d)
31. (c) 32. (b) 33. (a) 34. (d) 35. (c)
36. (a) 37. (b) 38. (b) 39. (a) 40. (a)
41. (c) 42. (d) 43. (b) 44. (a) 45. (d)
46. (a) 47. (a) 48. (b) 49. (c) 50. (b)

Part I

1
A What's happening to the United States work force?
B Many companies are losing money because much of their cheap labor is being _____ back to other countries.
(a) detained
(b) deported
(c) departed
(d) despaired

해석 A 미국의 노동력에 어떤 일이 벌어지고 있는 거야?
B 값싼 노동력이 다른 국가로 송환되고 있어서 손실을 보고 있는 회사가 많아.

해설 deport는 다른 국가로 '추방' 또는 '이송'되는 것을 뜻한다. 뒤에 to other countries로 간다는 이야기가 나오면서 미국의 상황을 이야기하고 있으므로 deport를 선택하면 된다. depart는 '출발하다'라는 뜻의 자동사이다.

어구 deport 이송, 운반되다, 추방되다
detain 구류, 구금하다

정답 (b)

2
A When did you see Beck last?
B _____ I ran into him at the coffee shop.
(a) Sentimentally
(b) Sensitively
(c) Incidentally
(d) Instantly

해석 A 벡을 최근에 본 게 언제야?
B 우연히 커피숍에서 마주친 적이 있었지.

해설 문장에서 쓰고 있는 run into(= come across)는 '우연히'의 의미를 내포하고 있다. 따라서 incidentally(우연히)가 정답이다. I happened to meet him~ 도 같은 의미가 된다.

어구 sentimentally 감상적으로, 감정적으로
instantly 즉시, 곧

정답 (c)

3
A What did you do with all the fruit in the basket?
B I ate most of it, and the _____ I threw away because it was bad.
(a) rest
(b) most
(c) supplement
(d) pulse

해석 A 바구니에 그 과일들은 다 어떻게 했니?
B 대부분은 먹어치웠고 나머지는 상해서 버렸어.

해설 앞의 most of it에 대응할 수 있는 표현을 찾아야 한다. 대부분(the most)과 어울리는 것은 문맥상 '나머지'라는 말이 어울리므로 rest가 정답이다. 문맥에서 the rest는 the remaining fruit에 해당한다.

어구 supplement 추가, 보충, 부록
pulse 맥박, 파동, 경향

정답 (a)

4

A How did you get that scratch on your car?
B My wife was parking it, and she _____ it along the wall.
(a) smashed
(b) crashed
(c) scraped
(d) bashed

해석 A 어쩌다 차가 긁혔어?
B 내 아내가 차를 주차시키다 벽에다가 긁었어.

해설 차에 긁힌 상처(scratch)가 나려면 차를 벽에 긁었다(scrape)고 해야 자연스럽다. scrape는 이밖에도 '도려내다', '긁어모으다' 등의 뜻을 갖고 있다. smash나 crash는 '충돌하는 것'을 묘사하므로 움푹 들어가는 dent 등의 동사와 어울리는 동사다. bash도 '강타하다' 정도의 의미가 있지만 차 사고에는 잘 쓰지 않는다.

어구 crash 부서지다, 무너지다, 와해되다, 충돌하다
smash 1.때려 부수다, 깨뜨리다, 분쇄하다
(ex. smash a window 창을 부수다)
2.격파하다, 대패시키다
(ex. smash an enemy 적을 격파하다)
bash 강타하다, 맹렬히 비난하다

정답 (c)

5

A How was your public defendant?
B He did such a great job. His argument was very _____ during the cross examination.
(a) tenable
(b) serene
(c) audible
(d) bigoted

해석 A 너의 국선 변호사는 어땠어?
B 정말 잘해주었어. 대질심문에서 아주 조리 있게 주장을 펼쳤어.

해설 a great job이라는 말에서 답을 추론할 수 있다. tenable은 '요새 등이 공격에 견딜 수 있는'의 의미로, 의미가 확장되어 '어떤 주장이 논박에 견딜 수 있는', 즉 '신빙성 있고, 조리 있는'이라는 뜻이 된다. tenable argument와 같이 쓴다.

어구 tenable 조리 있는
audible 들리는, 들을 수 있는
public defendant 국선 변호사

serene 고요한, 침착한, 평온한
ex. serene weather 맑은 날씨
bigoted 고집 센, 완고한

정답 (a)

6

A Please _____ to whatever you want.
B Thanks, but all I would like is a glass of water.
(a) show yourself
(b) help yourself
(c) tell yourself
(d) make yourself

해석 A 뭐든 원하는 걸 마음대로 드세요.
B 고마워요. 하지만 그냥 물 한잔이면 돼요.

해설 음식을 권할 때 쓰는 표현은 help oneself to~이다. (d) make yourself는 뒤에 형용사를 붙여 make yourself comfortable/at home(편하게 하세요), make yourself useful(좀 움직여서 뭔가 도움이 되는 일을 해라) 등의 형태로 쓴다. 보기에는 없지만 '즐겁게 보내세요!'라고 말할 때는 enjoy yourself!를 쓸 수 있다.

정답 (b)

7

A What are we going to _____ for this time?
B If my team wins, you buy me dinner.
(a) take
(b) get
(c) play
(d) bet

해석 A 이번에는 무슨 내기를 할까?
B 만약 우리 팀이 이기면 네가 나한테 저녁을 사기로 하자.

해설 what~for는 '~을 위해서'의 뜻이므로 '~을 위해서 게임/시합(play)할까'라고 묻는 것이 어울린다. bet은 타동사로 on과 어울려, bet money on the horse(그 말에 돈을 걸다)와 같은 형태로 쓴다.

어구 bet (내기를) 걸다

정답 (c)

8

A If you think it's okay for a man to smoke and isn't okay for a woman, isn't it a bit _____?
B I see your point. On second thought, I guess it's not a good idea for either men or women to smoke.

(a) pedantic
(b) chauvinistic
(c) radical
(d) stubborn

해석 A 남자가 담배를 피우는 것은 괜찮고 여자는 안 된다면 좀 남성 우월주의인 것 아냐?
B 무슨 말인지 알겠어. 다시 생각해보니, 남자든 여자든 담배 피우는 것은 좋지 않은 것 같아.

해설 남자는 괜찮은데 여자는 안 된다는 식의 태도는 한마디로 '남성 우월주의'라고 할 수 있다. chauvinism은 자기가 속한 집단(성, 계급, 민족 등)에 대한 극단적 우월주의를 뜻한다. On second thought는 말 그대로 '다시 한 번 생각해보니'의 뜻으로 자신의 의견을 수정할 때 흔히 쓴다.

어구 pedantic 현학적인
chauvinistic (민족, 남성~) 우월주의
radical 급진적인
stubborn 완고한

정답 (b)

9

A What is the favorite gift you have ever received in your life?
B The thing I _____ the most is the watch my grandfather gave me.

(a) worship
(b) esteem
(c) treasure
(d) gain

해석 A 지금까지 살면서 받은 선물 중에서 가장 아끼는 게 뭐야?
B 내가 제일 애지중지하는 물건은 우리 할아버지가 주신 시계야.

해설 favorite gift라는 말이 문제를 푸는 핵심어다. 가장 마음에 드는 선물이라면 아주 소중히 할 것이다. treasure는 '보물'이라는 뜻으로, 동사로 쓰면 '보물처럼 여기다', '소중히 보관하다'의 뜻이 된다. worship은 종교의 대상처럼 '숭배하다', '흠모하다'의 의미이므로 어울리지 않는다.

어구 treasure 소중히 여기다, 애지중지하다
gain 얻다, 획득하다

정답 (c)

10

A Are you _____?
B I can't leave yet. I have to still take a shower.

(a) going to make it
(b) ready to go
(c) going to fly
(d) making a bed

해석 A 나갈 준비 됐어요?
B 아직요. 샤워를 해야 해요.

해설 leave가 go의 의미로 쓰이고 있다는 점을 생각하면 문제를 쉽게 풀 수 있다. be ready to~는 '~할 준비가 되다'의 의미다. Are you going to make it?이라고 물으면 '시간에 맞춰 갈 수 있겠니?' 정도의 의미가 되어 '아직 못 가'라는 대답과는 어울리지 않는다.

어구 take a shower 샤워를 하다
make it (약속시간에) 맞춰 가다, 성공하다
make a bed 잠자리를 준비하다

정답 (b)

11

A If our company keeps _____, I'm going to lose my job.
B Yeah. My department has already begun layoffs.

(a) expediting
(b) optimizing
(c) downsizing
(d) deducing

해석 A 계속해서 회사가 규모를 줄여나간다면 난 일자리를 잃고 말 거야.
B 그러게. 우리 부서는 이미 감원을 시작했어.

해설 layoff는 '감원 조치'를 뜻하므로 회사가 규모를 축소한다는 의미인 downsizing이 답으로 잘 어울린다.

어구 layoff 감원, 대량해고
expedite 재촉하다
optimize 낙관하다, 최고로 활용하다
downsize 소형화하다, 인원을 대폭 축소하다
deduce 연역하다, 추론하다

정답 (c)

12
A My check to the gas station _____. I was fined $20.00!
B Did you forget to put money in your account?

(a) rebounded
(b) deposited
(c) endorsed
(d) bounced

해석 A 주유소에서 쓴 수표가 부도가 났어요. 20달러나 벌금을 물었어요.
B 계좌에 돈을 넣는 걸 잊어버렸나요?

해설 대화를 통해 계좌에 잔고(balance)가 없음을 알 수 있고 잔고가 없을 때 수표를 쓰면 부도가 나게(bounce) 된다.

어구 bounce 튀다, 벌떡 일어나다; 부도가 나다
check 수표
fine 벌금(을 물리다)
rebound 되튀다, 반향하다
deposit 쌓다, 저축하다
endorse 배서하다, 뒷받침하다, 보증하다

정답 (d)

13
A Could you lend me some money?
B I'd like to, but I'm a little bit _____ myself recently.

(a) poor
(b) short
(c) low
(d) tight

해석 A 나한테 돈 좀 빌려줄 수 있어?
B 그랬으면 좋겠지만 나도 요즘 좀 쪼들려.

해설 poor는 지속적인 경제 상태로 '가난한'의 의미이므로 어울리지 않는다. low는 '낮은', '저급한', '기운이 없는' 등의 뜻으로 be low in one's pocket(주머니 사정이 나쁘다, 호주머니가 비다), low on dough(돈이 떨어지다)와 같은 형태로 쓴다. tight는 Financially, things are a bit tight. 또는 tight budget과 같이 쓰고, 사람이 tight하다고 하면 '인색한'의 의미가 된다.

어구 lend 빌려주다
tight 인색한

정답 (b)

14
A Is there any cake left over from Jane's wedding?
B If there was, it would surely be _____ by now.

(a) raw
(b) rusty
(c) stale
(d) edible

해석 A 제인의 결혼식에서 남은 케이크가 있나요?
B 있었다 해도 지금쯤이면 상했을 거예요.

해설 If there was(있다고 해도)~는 양보의 의미로 쓰였다. 따라서 뒤는 부정적인 의미인 stale이 어울린다. 그밖에 다른 (술, 계란, 고기, 빵 등의) 음식에도 stale을 쓸 수 있다.

어구 raw 날것의, 원래의
rusty 녹슨
stale 김빠진, 썩은, 딱딱해진
edible 먹을 수 있는, 식용의

정답 (c)

15
A The Democratic _____ will be held in New Jersey this October.
B Oh, no. That means all the hotels will be full.

(a) compartment
(b) conversion
(c) convention
(d) collusion

해석 A 민주당 대회가 올 10월 뉴저지에서 열릴 거예요.
B 저런, 그렇다면 호텔은 만원이겠군요.

해설 hotels will be full(호텔이 만원)이 된다는 얘기는 큰 행사가 있다는 것이므로 Democratic과 함께 '전당대회'를 뜻하는 convention을 답으로 선택할 수 있다. collusion은 정경유착에서와 같이 수상쩍은 연관관계를 가리킬 때 흔히 쓰는 말이다.

어구 Democratic 민주당의, 민주당원
compartment 구획, 부분
conversion 전환
collusion 연관, 유착

정답 (c)

16

A I love to go for a walk right after a big rain.
B So do I. It's so pleasant when the air is still _____, but you won't get soaked.
   (a) drizzling
   (b) dusky
   (c) drowsy
   (d) damp

해석 A 비가 많이 내린 직후에 산책하는 걸 좋아해요.
      B 저도요. 공기는 아직 촉촉하지만 젖을 염려는 없어 아주 좋아요.

해설 A의 '비가 내린 후(after a big rain)'와 B의 '(비에) 젖지는 않을 것(won't get soaked)'이라는 내용을 종합하면 damp가 답임을 알 수 있다. drizzling은 비가 내리고 있는 것을 의미하므로 여기서는 쓸 수 없다.

어구 soaked 흠뻑 젖은
      drizzling 가랑비가 내리는
      dusky 어둑어둑한
      drowsy 졸리는, 꾸벅꾸벅 조는
      damp 축축한, 습기 찬

정답 (d)

17

A Did you see the pictures of the damage done by that earthquake?
B What a(n) _____! The whole town was devastated.
   (a) distortion
   (b) apprehension
   (c) catastrophe
   (d) mischief

해석 A 지진 피해 사진들을 보았나요?
      B 정말 끔찍한 재난이에요! 마을 전체가 황폐해졌어요.

해설 대화에서 쓰인 일련의 단어 damage, devastated, catastrophe는 보통 함께 어울려 쓴다. mischief는 의도적인 장난이나 해를 끼치는 것을 의미하므로 자연재해인 지진과는 어울리지 않는다.

어구 devastated 황폐한, 초토화된
      distortion 왜곡, 변형
      apprehension 체포, 염려
      catastrophe 재난
      mischief 장난, 해악

정답 (c)

18

A Come on, let's cross the street here!
B No, let's wait at the light. I don't want to get caught _____ again.
   (a) trespassing
   (b) zigzagging
   (c) zapping
   (d) jaywalking

해석 A 그러지 말고 여기서 길을 건너자!
      B 아니, 여기서 신호를 기다리자. 무단횡단으로 또 잡히고 싶지 않거든.

해설 wait at the light는 청신호로 바뀌는 것을 기다린다는 뜻이므로 '무단횡단(jaywalk)하고 싶지 않다'는 내용으로 이어져야 자연스럽다. be(get) caught ~ing은 '~하다가 잡히다(체포되다)'의 뜻이다. trespass는 '남의 영역을 침범하다'라는 의미로 trespass on a person's land와 같이 전치사 on과 함께 쓴다.

어구 trespass 침입하다, 폐를 끼치다
      zigzag 지그재그로 걷다, 흐르다
      zap 단숨에 때리다, 리모컨으로 채널을 이리저리 바꾸다
      jaywalk 무단횡단하다

정답 (d)

19

A Have you seen the movie *Titanic*?
B It was so sad, especially the scene where it _____.
   (a) floats
   (b) dwindles
   (c) capsizes
   (d) spills

해석 A 〈타이타닉〉 보았어요?
      B 정말 너무 슬펐어요. 특히 배가 전복되던 그 장면에서요.

해설 문제에서 it은 위의 Titanic, 즉 선박이므로 이 주어에 어울리는 동사표현을 찾아야 한다. 배와 같이 쓸 수 있는 동사는 보기 중 float(뜨다)와 capsize(뒤집히다)가 있지만, 슬픈 일이라고 했으므로 capsize가 답이다.

어구 float 뜨다, 부유하다
      dwindle 줄다, 감소하다
      capsize 뒤집히다, 전복하다
      spill 엎지르다, 누설하다

정답 (c)

20
A Now that you're divorced, how often do you see your kids?
B Every day. The judge gave me full _____.
(a) supremacy
(b) custody
(c) sovereignty
(d) captivity

해석 A 이혼하셨는데 아이들은 얼마나 자주 보시나요?
B 매일요. 판사가 나에게 전적인 양육권을 주었어요.

해설 자녀에 대한 권리, 즉, '양육권'을 custody라고 한다. 이렇게 미성년자의 '보호', '후견'이라는 뜻 외에 custody에는 '구금(imprisonment)'의 뜻도 있으니 상황에 따라 적절히 해석하도록 하자.

어구 supremacy 우월, 우세
custody 보호, 후견, 감금
sovereignty 주권
captivity 포로, 감금

정답 (b)

21
A Look, everything in this box is broken!
B You should have warned someone that it was _____.
(a) exquisite
(b) fragile
(c) robust
(d) crisp

해석 A 이봐요, 상자 안의 것이 죄다 부서졌어요!
B 부서지기 쉬운 물건이라고 경고를 하셨어야죠.

해설 키워드는 broken이다. 깨져버리기 쉬운 것, 약한 것을 표현해야 하므로 형용사 fragile이 답이다. exquisite는 '정교한' 것을 뜻하지만 부정적인 의미로는 쓰지 않는다.

어구 exquisite 정교한
fragile 약한, 깨지기 쉬운
robust 강건한, 튼튼한
crisp 바삭바삭한

정답 (b)

22
A Experts say that we're going to _____ all of the world's fossil fuel in the near future.
B Yeah, that's why people are trying to find alternative energy sources now.
(a) exhaust
(b) expel
(c) eject
(d) delete

해석 A 전문가들은 가까운 미래에 우리가 전세계의 화석연료를 소진시킬 거라고 하네요.
B 그래요, 그래서 사람들이 지금 대체 에너지를 찾으려고 열심인 거죠.

해설 fossil fuel은 석유, 석탄과 같은 '화석연료'를 말한다. 대체에너지(alternative energy)가 필요한 이유는 전통적인 화석연료가 고갈되기(exhausted) 때문일 것이다.

어구 fossil fuel 화석연료
alternative 대체하는, 대신하는
exhaust 고갈시키다
expel 추방하다, 쫓아내다
eject 쫓아내다, 배출하다
delete 삭제하다

정답 (a)

23
A Do you think the U.S. economy is recovering?
B No, I think we're not out of the _____ yet.
(a) forest
(b) well
(c) woods
(d) hole

해석 A 미국 경제가 회복되고 있다고 생각하세요?
B 아니오, 아직 어려운 고비를 벗어나지 못하고 있다고 봅니다.

해설 well은 '우물'이라는 뜻으로 비유적으로는 '근원', '원천'을 의미한다. forest는 a forest of chimneys/TV antennas(숲을 이룬 굴뚝/TV 안테나), cannot see the forest for the trees(나무를 보고 숲을 보지 못하다, 작은 일에 사로잡혀 큰일을 놓치다)와 같이 쓴다. out of the woods는 '곤경을 벗어나'의 뜻이며 go to the woods(사회적 위치를 잃다, 사회에서 추방되다)와 같은 용법으로도 쓴다.

어구 out of the woods 곤경을 벗어나, 위험을 피해
정답 (c)

24

A I'm so sorry I forgot our anniversary.
B It's OK, but I wish you would have _____.

(a) recorded
(b) cancelled
(c) forgotten
(d) remembered

해석 A 우리의 기념일을 잊어서 미안해요.
B 괜찮아요, 하지만 당신이 기억했으면 했어요.

해설 I wish you would have~는 가정법 구문이다. 즉 기념일을 잊어버린(forgot) 사실의 반대 내용 (remember)이 나와야 한다.

어구 anniversary 기념일
record 기록하다

정답 (d)

25

A What can I do for you, Mrs. Joan?
B I just found out I'm pregnant. Can I get some information about _____ leave?

(a) maternity
(b) marriage
(c) pregnancy
(d) separation

해석 A 조안 부인, 제가 무엇을 도와드릴까요?
B 이제 막 임신했다는 사실을 알았어요. 출산휴가에 대해 알 수 있을까요?

해설 pregnant와 maternity leave는 각각 '임신한, 출산 휴가'의 뜻으로 함께 어울리는 단어들이다. maternity 는 '모성'이라는 뜻으로 주로 출산과 관련하여 maternity leave외에도 maternity blues(산후우울증) 등으로 쓰기도 한다.

어구 maternity 모성, 어머니다움
pregnancy 임신
separation 별거, 분리

정답 (a)

Part II

26
Last week's tsunami _____ southern Asia affecting fisheries in many countries.
(a) detente
(b) deteriorated
(c) devastated
(d) deterred

해석 지난 주의 해일은 남아시아 지역을 초토화시키고 여러 나라의 어업에도 피해를 끼쳤다.

해설 해일 등의 자연재해가 물리적으로 큰 피해를 냈을 때 devastate(초토화시키다)를 쓴다. 정신적으로 완전히 황폐화되는 것을 표현할 때도 She was devastated by~와 같이 쓸 수 있다.

어구 tsunami 해일
affect 영향을 미치다, 피해를 입히다
fisheries 어업, 수산업
deteriorate 저하시키다
devastate 황폐화시키다
deter 단념시키다

정답 (c)

27
Clinton first seemed to embrace the idea, but then _____ it.
(a) backed up
(b) backed out
(c) backed away from
(d) backed in

해석 클린턴은 처음에는 그 아이디어를 받아들이는 것처럼 보였지만 곧 철회했다.

해설 but이 있으므로 앞의 embrace the idea와 역접을 이루는 backed away from(철회하다, 후퇴하다)을 답으로 선택할 수 있다.

어구 embrace 제안 등을 받아들이다
back out 퇴각하다

정답 (c)

28
The allies are at _____ with one another over which strategy to try first.
(a) odds
(b) least
(c) ends
(d) favor

해석 동맹국들은 어떤 전략을 먼저 시도할 것인가에 대해 의견을 달리하고 있다.

해설 at odds with~는 '~와 사이가 나쁘다'라는 뜻으로 이 문맥에서는 의견의 일치를 보지 못하고 있다는 뜻으로 쓰이고 있다.

어구 ally 동맹국
be at odds with ~와 사이가 나쁘다

정답 (a)

29
Around these peaks _____ by daily sunshine, grass and shrubbery flourish in spectacular abundance.
(a) invigorated
(b) inebriated
(c) inveigled
(d) invoiced

해석 이러한 봉우리 주위로는 햇살의 영향으로 목초와 관목들이 놀라우리만치 풍성하게 번성한다.

해설 다소 어려운 문장이다. 주어가 grass and shrubbery이며 그 앞은 부사구로 문장을 수식하고 있다는 것을 파악해야 문제를 쉽게 풀 수 있다. 매일매일 햇살이 비추기 때문에 초목이 잘 자란다는 말이므로 invigorated(기운이 난, 활기를 띤)가 답으로 어울린다.

어구 inebriate 취하게 하다
inveigle 꾀다, 속이다
invoice 송장을 만들다

정답 (a)

30

Copies of all receipt and warranties are needed when _____ a complaint with the Consumer Protection Agency.
(a) saying
(b) nagging
(c) bothering
(d) filing

해석 소비자보호원에 민원을 제기할 때는 모든 영수증과 보증서 사본이 필요하다.

해설 a complaint와 함께 '민원을 제기하다'에 해당하는 동사는 file이다. '공식적으로 어떤 내용을 신청/제기/등록하다'의 의미로 'file a suit(소송을 제기하다)'와 같이 쓴다.

어구 file a complaint 공식적으로 불만을 제기하다
nag 잔소리하다

정답 (d)

31

Online privacy has been _____ debated as the Internet becomes increasingly commercialized and abuses have got rampant.
(a) richly
(b) firmly
(c) hotly
(d) deeply

해석 온라인 프라이버시는 인터넷이 점점 상업화되고 남용이 만연하면서 뜨거운 논쟁의 대상이 되어왔다.

해설 어울리는 (부사 + 동사)의 조합을 묻는 문제다. 동사 debated와 어울리는 부사는 hotly(뜨겁게, 열띠게) 외에 heatedly가 있다. 명사형일 때는 a bitter(또는 heated, lively) debate와 같이 쓴다.

어구 rampant 유행하는, 마구 퍼지는

정답 (c)

32

She felt overjoyed because her restaurant _____ a large profit last year.
(a) extended
(b) yielded
(c) hatched
(d) promoted

해석 레스토랑이 지난해 큰 수익을 거두어서 그녀는 너무나 기뻤다.

해설 overjoyed(크게 기뻐)했으니 긍정적인 내용이 나와야 하고, 동시에 목적어 profit과 어울리는 동사가 필요하다. '수익(profit)을 거두다'에 해당하는 동사 yield가 답이다. 그밖에 profit을 목적어로 받을 수 있는 동사로 earn, make, realize, reap, turn이 있다.

어구 overjoy 매우 기쁘게 하다
hatch 부화시키다

정답 (b)

33

_____ us to five friends and earn a discount coupon.
(a) Refer
(b) Sustain
(c) Relieve
(d) Enroll

해석 친구 다섯 명에게 우리(가게)를 소개해 주고 할인 쿠폰을 받으세요.

해설 refer는 사람(또는 기관)을 다른 사람(또는 기관) 등에게 조언(혹은 결정) 등을 목적으로 소개(또는 회부)하는 것을 말한다. 예를 들어, 일반 병원에서 전문의를 소개해준다면, My doctor referred me to a specialist라고 쓸 수 있고, 소송사건이 상급법원으로 회부되는 것은 The case was referred to~와 같이 쓸 수 있다.

어구 sustain 떠받치다, 지탱하다
enroll 등록하다

정답 (a)

34

This research lab has many _____ to help develop simulation models and conduct scientific experiments.
(a) outfits
(b) crafts
(c) missions
(d) apparatuses

해석 이 연구소는 시뮬레이션 모델을 개발하거나 과학 실험을 수행하는 데 도움이 되는 많은 기구들을 갖추고 있다.
해설 '시뮬레이션과 실험을 하는 데 필요한 기구, 장비'를 apparatus라고 한다. outfit은 '특정 목적을 위해 갖춰 입는 의상'을 말한다. 예를 들어, wedding outfit(혼례 복)이나 Superman outfit(슈퍼맨 의상)과 같이 쓸 수 있다.
어구 outfit (의상) 한 벌
apparatus 기구, 장치
crafts (소형의) 선박, 비행기
정답 (d)

35

It is still controversial if the new malaria vaccine protects infants against _____.
(a) injection
(b) sanitation
(c) infection
(d) impact

해석 새로운 말라리아 백신이 유아들을 감염으로부터 보호할 수 있는지에 대해서는 여전히 논란의 여지가 있다.
해설 vaccine(예방접종)은 감염(infection)으로부터 보호하기 위해 받는 것이다. sanitation은 전반적인 위생을 말하며, injection은 '접종'이란 뜻이므로 거리가 멀다.
어구 controversial 논란의 여지가 있는
infant (특히 걷기 전의) 유아
sanitation 공중위생
infection 전염
정답 (c)

36

When two moving things strike each other, they are said to _____.
(a) collide
(b) evade
(c) avoid
(d) avert

해석 두 개의 움직이는 물체가 서로 부딪치는 것을 충돌한다고 말한다.
해설 two moving things strike each other를 한 단어로 paraphrase하면 collide가 된다.
어구 collide 충돌하다
evade 피하다, 면하다
avert 비키다, 외면하다
정답 (a)

37

This incident _____ off violence against the Arabs in the local area.
(a) kicked
(b) set
(c) caused
(d) brought

해석 이 사건은 지역에서 아랍인들에 대한 폭력을 촉발시켰다.
해설 주어(incident)와 목적어(violence)의 관계는 원인과 결과(사건이 폭력을 유발함)라고 볼 수 있다. 이 관계를 완성할 수 있는 표현은 set off, touch off, cause, bring about 등이 있다.
어구 kick off (축구 시합 등) 시작하다
set off 시작하다
정답 (b)

38

She warned the workers against supporting these anti-social politics which she declared would _____ rather than alleviate the plight of the common people.

(a) destroy
(b) aggravate
(c) inhibit
(d) impair

해석 그녀는 노동자들에게 반사회적 정치를 지지하는 것은 일반 사람들의 곤경을 덜기는커녕 오히려 더 악화시킬 것이라고 선언하면서 경고했다.

해설 다소 긴 문장이 나오면 문장의 각 부분을 이어주고 있는 연결어구(transition)를 파악해야 한다. 여기서 rather than이 눈에 띄면 문제의 반은 해결한 셈이다. rather than은 역접관계(~보다는 ~)를 만들기 때문에 뒤에 나오는 동사 alleviate(덜어주다)의 반대어인 aggravate(악화시키다)를 선택하면 된다.

어구
anti-social 반사회적인
alleviate (고통 등을) 덜다, 완화하다
plight 곤경
aggravate 악화시키다
inhibit 억제하다, 제지하다
impair 손상시키다, 해치다

정답 (b)

39

The Millennium Development Goals _____ to reduce poverty, disease and illiteracy in developing nations.

(a) aim
(b) get
(c) target
(d) claim

해석 새천년 개발계획은 개발도상국에서의 빈곤, 질병, 문맹을 감소시키는 것을 목표로 하고 있다.

해설 빈칸 뒤에 나오는 목적어구(reduce poverty, disease and illiteracy in developing nations)는 '목표'에 해당하므로 aim to~가 들어가야 적절하다. get to~는 '도달의 의미'이며, 이 문장에서 target을 쓴다면 The Millennium Development Goals mainly target the reduction of poverty, disease and ~와 같이 써서 어떤 운동(이벤트, 캠페인 등)의 대상이 바로 목적어로 나와야 한다.

어구
illiteracy 문맹
developing nation 개발도상국

정답 (a)

40

Appalling _____ conditions in the barracks led to widespread disease.

(a) sanitary
(b) nutritious
(c) compounded
(d) crippled

해석 병영의 끔찍한 위생 상태는 질병을 만연케 했다.

해설 동사가 led(lead의 과거)이므로 주어와 목적어의 관계는 원인과 결과가 된다. 즉, 질병이 만연(widespread disease)한 원인은 '형편없는 위생상태(appalling sanitary conditions)'일 것이다. crippled 역시 부정적인 의미를 내포한 형용사로 '절름발이가 된'에서 '무력한'의 의미로 crippled condition과 같이 쓰기는 하지만 이 문장에서는 어색하다. barracks가 (군대의)막사로 쓰일 때는 반드시 barracks(단/복수 겸용)로 사용해야 한다. 단수형태인 barrack은 동사로 '야유하다'라는 의미이다.

어구
appalling 끔찍한
barracks 막사, 병영
sanitary 위생의
nutritious 영양분이 많은

정답 (a)

41

A very active cold _____ brought dramatic weather changes to Kansas on Wednesday.

(a) area
(b) center
(c) front
(d) line

해석 매우 활동성이 강한 한랭전선이 수요일 캔자스 지역에 급격한 기상 변화를 가져왔다.

해설 weather changes(기상변화)를 가져올 수 있는 것은 한랭/온난전선(a cold/warm front)이나 해류 따위가 될 것이다.

어구 dramatic 급격한

정답 (c)

42

Many believe that sustainable development will be able to be achieved only if population growth is held in _____.

(a) position
(b) location
(c) together
(d) check

해석 많은 사람들이 지속 가능한 발전은 인구 성장이 제어되어야만 이룰 수 있을 거라고 생각한다.

해설 sustainable은 '지속 가능한'의 뜻으로 지구상의 자원으로 인구가 자급자족할 수 있다면 그것이 sustainable한 것이다. 따라서 인구 증가(population growth)는 억제/견제되어야 한다. hold(keep) ~ in check는 '저지(억제)하다'의 의미다.

어구 unsustainable 지지할 수 없는, 입증할 수 없는
hold(keep) ~ in check 저지(억제)하다

정답 (d)

43

If your goal is to become a successful engineer, you need an aptitude for both math and science, and must _____ the effort to get an engineering degree.

(a) export
(b) expend
(c) expound
(d) expand

해석 성공적인 엔지니어가 되는 것이 목표라면 수학과 과학에 적성이 있어야 하고, 공학 학위를 따는데 노력을 쏟아야 한다.

해설 collocation 문제다. 동사 expend 외에도 '노력을 기울이다'의 의미로 effort와 함께 쓸 수 있는 동사로 put forth/make 등이 있다.

어구 aptitude 경향, 습성, 소질

정답 (b)

44

Since the king was diagnosed with cancer, his younger brother has been the _____ leader of the nation.

(a) effective
(b) efficient
(c) effectual
(d) effluent

해석 왕이 암 진단을 받은 이후로 그 동생이 실질적인 국가의 지도자 역할을 해오고 있다.

해설 effective는 '유효한', '효과적인', '실상의' 등의 의미를 갖는다. 즉, 명목상으로는 아직 형이 왕이지만 '실질적, 사실상' 동생이 통치를 하고 있다는 것이므로 effective가 답으로 어울린다. effectual은 '효과적인', '유효한'의 의미를 갖는다.

어구 effectual 효과적인
effluent 유출하는, 방출하는

정답 (a)

45

This deeply _____ attitude toward elders is a hallmark of traditional Korean society.

(a) respective
(b) respectively
(c) respectable
(d) respectful

해석 노인들에 대한 이 같은 깊은 존경의 태도는 전통적인 한국 사회의 상징이다.

해설 '존경하는'의 의미를 갖는 형용사는 respectful이다. respective는 '각각의', respectable은 '존경할 만한'이라는 뜻으로 의미의 차이가 있다.

어구 hallmark 특징, 특질
respective 각각의

정답 (d)

46

Cats have very good night vision because the pupils _____ to allow in more light.
(a) dilate
(b) dilute
(c) dilapidate
(d) demolish

해석 고양이의 눈동자는 더 많은 빛을 흡수하기 위해 확대되므로 밤에도 잘 볼 수 있다.

해설 allow in more light(빛을 더 많이 받아들이다)하려면 동공은 커져야(dilate) 한다. 비슷한 철자의 dilapidate는 '황폐하게 하다', '탕진하다'라는 전혀 다른 뜻이므로 주의해야 한다.

어구 **pupil** 학생; 눈동자
dilate 넓히다, 팽창하다
dilute 묽게 하다, 희석하다
dilapidate (건물 등을) 헐다

정답 **(a)**

47

Economic conditions are expected to _____ when the government increases the income tax by 20 percent on average.
(a) deteriorate
(b) deter
(c) detest
(d) detain

해석 정부가 소득세를 평균 20% 가량 인상하면 경제 상황이 더욱 악화될 것으로 예상된다.

해설 정부가 소득세를 올리면 대개 경제 상황은 주춤하게 마련이므로 '악화된다(deteriorate)'라는 말이 자연스럽게 어울린다.

어구 **deteriorate** 악화되다
deter 우회하다
detest 싫어하다
detain 구금하다, 억류하다

정답 **(a)**

48

Habitat for Humanity International is _____ to housing and shelter for homeless people around the world.
(a) prepared
(b) committed
(c) accountable
(d) agreeable

해석 해비타트 인터내셔널은 전세계의 집 없는 사람들에게 주거와 쉴 곳을 제공하는 데 헌신하고 있다.

해설 Habitat for Humanity International이라는 단체의 사명에 대해 말하고 있다. be committed to~는 '~하는 데 헌신(전념)하고 있다'의 의미로 뒤에는 (동)명사가 온다. be prepared to~는 '~할 준비를 하다'라는 의미로 뒤에 동사 원형이 나와야 한다. shelter는 '피난처'라는 뜻이기도 하고, 흔히 '의식주'라고 말할 때 '주'에 해당하는 개념으로 쓴다.

어구 **accountable** 설명할 수 있는
agreeable 기분 좋은

정답 **(b)**

49

With the skyrocketing cost of tuition, a growing number of students are _____ their way through college.
(a) borrowing
(b) hesitating
(c) working
(d) managing

해석 수업료가 폭등하면서 점점 더 많은 학생들이 대학 학비를 조달하기 위해 일하고 있다.

해설 학비가 올라가면(skyrocket) 학비를 벌기 위해 일해야 할 것이다. work one's way through college하면 말 그대로 일을 해서 대학을 졸업하는 것이다. pay one's way through college도 비슷한 뜻으로 학비를 스스로 조달한다는 의미를 담고 있다.

어구 **skyrocket** (물가 등이) 급등하다
tuition 수업(료)

정답 **(c)**

50

Researchers believe that children _____ languages best when they are young.

(a) test
(b) acquire
(c) grow
(d) direct

해석 연구원들은 아이들이 어렸을 때 언어를 가장 잘 습득한다고 믿고 있다.

해설 '언어를 습득하다'는 acquire(learn) languages라고 한다.

어구 **acquire** 취득하다, 습득하다

정답 **(b)**

ACTUAL TEST 10

Answers

Part I
1. (a) 2. (d) 3. (b) 4. (a) 5. (d)
6. (b) 7. (a) 8. (b) 9. (d) 10. (a)
11. (b) 12. (b) 13. (c) 14. (b) 15. (b)
16. (d) 17. (c) 18. (a) 19. (b) 20. (d)
21. (b) 22. (b) 23. (c) 24. (c) 25. (a)

Part II
26. (b) 27. (a) 28. (d) 29. (a) 30. (d)
31. (c) 32. (a) 33. (b) 34. (a) 35. (a)
36. (c) 37. (b) 38. (d) 39. (a) 40. (a)
41. (b) 42. (d) 43. (a) 44. (c) 45. (b)
46. (d) 47. (b) 48. (b) 49. (b) 50. (c)

Part I

1
A Why doesn't he have many friends?
B His problem is he's not good at _____ with others.
(a) socializing
(b) trading
(c) mating
(d) spending

해석 A 그는 왜 친구가 많이 없어요?
B 그의 문제는 사람들하고 잘 어울리지 못한다는 거예요.

해설 친구가 많이 없다고 했으므로 '사교성'에 관련된 표현인 socialize가 답이다. mate는 '짝짓기 하다'의 의미이므로 여기서는 어울리지 않는다. '사교적인 사람'은 sociable person이라 한다.

어구 socialize 사교를 하다, 사귀다
trade 교역하다, 거래하다
mate 짝을 짓다

정답 (a)

2
A Have you met my college buddy?
B Yeah, I have. Our _____ first crossed when we were at the library.
(a) sight
(b) sidewalk
(c) trails
(d) paths

해석 A 제 대학 친구를 만났어요?
B 네, 도서관에서 처음 마주쳤죠.

해설 meet(만나다)를 풀어쓰면 paths cross(길이 교차했다, 즉 마주쳤다)라고 할 수 있다. 이것을 paraphrase라고 하며 흔히 영어에서 같은 말을 반복하지 않으려 흔히 바꿔 쓰는 방식이다.

어구 sight 보기, 시력, 조망, 광경
sidewalk 보도
trail 산책로
path 오솔길, 통로, 행로

정답 (d)

3
A What's wrong?
B I'm in the _____ with my wife because I stayed out too late last night.
(a) shack
(b) doghouse
(c) fire
(d) mask

해석 A 무슨 문제가 있나요?
B 어젯밤 너무 늦게 들어가서 아내한테 미움을 받고 있어요.

해설 뭐가 잘못되었냐는 질문을 하고 있으니 부정적인 내용으로 이어져야 한다. doghouse는 말 그대로 '개집'이라는 뜻인데 in the doghouse하면 '미움을 사서'라는 의미로 쓴다.

어구 in the doghouse (미·속어로) 면목을 잃고, 미움을 사서, 인기가 떨어져
shack 판잣집, 오두막집

정답 (b)

4
A Why can't they reach an agreement?
B Because both sides won't meet each other _____.
(a) halfway
(b) face to face
(c) in the face
(d) in the middle

해석 A 그들이 왜 합의에 도달하지 못하나요?
B 양쪽 모두가 타협을 하려 들지 않거든요.

해설 합의에 도달(reach an agreement)하지 못하는 것은 어느 한쪽도 타협(양보)하지 않기 때문이다. meet halfway는 말 그대로 중간 지점에서 만나는 것이니 '타협하다'의 뜻으로 발전했다. in the middle은 언뜻 비슷한 의미로 보이지만 이런 의미로는 쓰지 않는다.

어구 agreement 협의, 합의
meet halfway 쌍방이 서로 다가가다, 타협하다
face to face 얼굴을 맞대고

정답 (a)

5
A When can you help me with these questions?
B My schedule is _____. I can help you any time.
(a) arranged
(b) set
(c) dated
(d) flexible

해석 A 이 문제들을 언제 도와줄 수 있나요?
B 내 일정은 융통성이 있으므로 언제든 도와줄 수 있어요.

해설 '언제라도(any time)' 도와줄 수 있는 스케줄은 매우 '융통성(flexible)' 있다고 볼 수 있다.

어구 arrange 조정하다, 알선하다
flexible 융통성 있는, 유연한
dated 구식의

정답 (d)

6
A Where do you like shopping for food?
B I love shopping at the Quickie Mart because they _____ their products.
(a) grant
(b) guarantee
(c) gratify
(d) grade

해석 A 식료품은 어디서 구입하기를 좋아하나요?
B 품질 보증을 해주니까 퀴키 마트에서 사는 게 좋아요.

해설 shopping for food를 grocery shopping이라고도 한다. 쇼핑할 때의 장점이 나와야 하므로 '보증해 주다'는 의미인 guarantee가 답으로 어울린다. '품질 보증'을 명사로 warranty라고 쓴다는 것도 기억해두자.

어구 grant 주다, 부여하다
guarantee 보증하다, 보장하다

정답 (b)

7
A Who's responsible for managing this store?
B I am. I'm _____ for all that happens here.
(a) accountable
(b) manager
(c) developed
(d) taken

해석 A 이 매장은 누가 책임지고 관리하나요?
B 접니다. 여기서 일어나는 모든 일은 제가 책임지고 있죠.

해설 이 문맥에서의 accountable은 responsible과 동의어이다.

어구 accountable 책임이 있는, 해명할 수 있는

정답 (a)

8
A Why are you so upset?
B My boss just _____ me out for something I didn't do.
   (a) promoted
   (b) chewed
   (c) told
   (d) extracted

해석 A 왜 그렇게 화가 났어요?
     B 지금 막 상사가 내가 하지도 않은 일로 꾸중을 하잖아요.
해설 자기가 하지 않은 일에 대해서, 억울하게 꾸중을 들었다는 내용이 자연스럽게 이어진다. chew는 물론 '씹다'의 뜻이 있지만 chew over는 '심사숙고하다', chew out은 '호되게 꾸짖다'의 의미를 갖는 숙어 표현이다.
어구 chew out 호되게 꾸짖다(= tell off)
     promote 촉진하다, 장려하다
     extract 추출하다
정답 (b)

9
A What's wrong? Don't you like my jokes?
B I do. But sometimes there is a point where I have to _____ the line.
   (a) make
   (b) straighten
   (c) thicken
   (d) draw

해석 A 왜 그래요? 내 농담을 좋아하지 않나요?
     B 좋아하지만 가끔은 선을 그어야 할 때가 있어요.
해설 ~ a point where~라고 하면 '~한 (시)점'이라는 뜻이다. 농담도 지나치면 상대의 기분을 상하게 할 수 있으므로 어느 정도 선을 지켜야(draw the line) 한다고 연결되는 것이 자연스럽다. 반대로 '선을 넘다'는 cross the line(= go overboard)이라고 한다.
어구 straighten 똑바로 하다, 펴다
     thicken 두껍게 하다, 걸쭉하게 하다
정답 (d)

10
A How many games did the Yankees win?
B They extended their _____ to 37 games.
   (a) winning streak
   (b) winning series
   (c) losing streak
   (d) ending streak

해석 A 양키스가 몇 게임이나 이겼나요?
     B 지금까지 37연승을 기록했어요.
해설 '연승가도'라는 의미로 winning streak를 쓴다. streak는 원래 '줄', '선'의 의미로 구어에서 '연속'이라는 뜻으로도 쓴다.
어구 streak 줄, 선, 경향, 기미
     ex. be on a winning(losing) streak
         연전연승(연패)하다
정답 (a)

11
A May I ask one more question? When do the job interviews start?
B All the _____ for this position should show up at 9 tomorrow morning with their Curriculum Vitae.
   (a) appliances
   (b) applicants
   (c) applications
   (d) applicators

해석 A 질문 하나만 더 해도 돼요? 면접은 언제 시작하나요?
     B 지원자들은 모두 내일 9시까지 이력서를 지참하고 출석해야 합니다.
해설 job interview(입사 면접), Curriculum Vitae(이력서) 등의 단어와 어울리는 단어인 '지원자', '후보(applicant)'를 답으로 선택해야 한다. 그밖에 resume(이력서), cover letter(첨부서) 등도 함께 기억해두자.
어구 appliance 설비, 기계
     applicant 지원자
     application 지원, 응용
     applicator 약 바르는 데 쓰는 도구(면봉 등)
정답 (b)

12
A I regret having missed Professor Kim's special lecture.
B You shouldn't. It was _____ and he didn't say anything new.
 (a) pedestrian
 (b) impromptu
 (c) improvident
 (d) poignant

해석 A 김 교수님의 특강을 놓쳐서 정말 유감이야.
B 그럴 필요 없어. 그냥 즉석에서 한 것이었고, 새로운 것도 없었어.

해설 You shouldn't는 You shouldn't regret라는 뜻이다. 따라서 놓쳐도 아쉬울 것 없었던 강의라는 의미를 완성할 수 있는 단어, 여기서는 impromptu(그 자리에서 만든)를 선택하면 된다.

어구 pedestrian 보행자, 행인
impromptu 즉석의, 임시변통의
improvident 선견지명이 없는, 부주의한, 적절히 부양하지 못하는
poignant 신랄한

정답 (b)

13
A Can you _____ me my umbrella?
B How about doing it yourself?
 (a) take
 (b) restore
 (c) fetch
 (d) entrust

해석 A 우산 좀 가져다 줄래?
B 직접 하지 그래?

해설 fetch는 '가져오다'의 의미로 여기서는 get으로 대신 쓸 수 있다. take는 내 쪽에서 상대방 쪽으로 가는 것이므로 방향이 다르다. entrust는 '(금전 등을) 맡기다, 위탁하다'의 뜻으로 with와 함께 쓴다.

어구 restore 복원하다, 복구하다
fetch 가져오다
entrust 위탁하다, 맡기다

정답 (c)

14
A Why didn't you say _____ before the meal?
B I was so preoccupied with something that I entirely forgot about it.
 (a) hello
 (b) grace
 (c) congratulations
 (d) mercy

해석 A 왜 식사 전에 기도를 하지 않았니?
B 다른 일에 너무 몰두해서 완전히 잊었지 뭐야.

해설 grace는 '은총', '은총에 대한 감사'라는 뜻으로 '식전[식후] 기도하는 것'을 say grace라고 한다. 또는 say something, say a few words와 같은 형태로 쓰기도 한다. 일반적인 의미에서 '기도하다'도 say one's prayers와 같이 동사 say를 쓴다.

어구 grace 은총, 우아함
congratulation 축하
mercy 자비

정답 (b)

15
A Excellent job! I'm so impressed.
B Thanks for your _____.
 (a) reply
 (b) compliment
 (c) measurement
 (d) evaluation

해석 A 훌륭해요. 정말 잘했어요!
B 칭찬해 주셔서 감사합니다.

해설 Excellent job!이라는 칭찬하는 말이 나온다. 따라서 가장 어울리는 것은 compliment(칭찬)이다.

어구 impressed 인상 깊은, 감명 받은
compliment 칭찬, 칭송
measurement 측정
evaluation 평가

정답 (b)

16

A Can I buy two _____ of *Vogue* magazine?
B I'm sorry, but it's out of stock.
   (a) books
   (b) publications
   (c) reprints
   (d) issues

해석 A 〈보그〉지 두 부만 살 수 있을까요?
      B 죄송합니다. 다 떨어졌네요.

해설 잡지를 한 부, 두 부 셀 때는 issue를 쓴다. the March issue of a magazine이라고 하면 '잡지의 3월호'를 뜻한다.

어구 out of stock 다 떨어진
     publication 출판
     reprint 재판(하다)
     issue 발행(물), 유출

정답 (d)

17

A I don't mean to be rude, but are you gaining weight?
B In fact, I'm _____. I'll be a mom in three months.
   (a) marrying
   (b) losing
   (c) expecting
   (d) fattening

해석 A 음, 실례되는 건 아닌지 모르겠는데, 혹시 체중이 늘고 있어요?
      B 사실 임신했어요. 3개월 후면 출산이에요.

해설 여기서의 힌트는 I'll be a mom(곧 엄마가 된다)이다. 즉 이 여성은 임신했음을 알 수 있다. '임신한'의 뜻으로 가장 일반적인 형용사는 pregnant이지만 출산을 예정하고 있다는 느낌으로 expecting을 흔히 쓴다.

어구 rude 무례한
     gain weight 체중이 늘다
     fatten 두꺼워지다, 뚱뚱해지다

정답 (c)

18

A Today, Internet connection is _____ to most companies, schools, banks, etc.
B That's quite true. We can't do anything without it nowadays.
   (a) indispensable
   (b) inescapable
   (c) inadvertent
   (d) uncontrollable

해석 A 오늘날 인터넷 접속은 대부분의 회사, 학교, 은행 등 어디서나 필수불가결한 부분이죠.
      B 맞아요. 요즘은 인터넷 없이는 아무것도 할 수가 없죠.

해설 paraphrase문제다. can't do anything without it(그것 없이 아무 것도 할 수 없다)이라면 '필수불가결(indispensable)'한 것이다. dispense with~는 '~없이 지내다'의 뜻이므로 부정의 접두어 'in~'을 붙여 '~없이 지낼 수 없는'이라는 뜻을 통해 답을 유추할 수도 있다. 비슷한 뜻의 단어로는 inevitable이 있다.

어구 connection 연결
     indispensable 필수불가결한, 빼놓을 수 없는
     inescapable 피할 수 없는
     inadvertent 고의가 아닌, 우연의
     uncontrollable 통제할 수 없는

정답 (a)

19

A Let's take _____ cooking.
B OK, you do it this week, and I'll do it next week.
   (a) steps
   (b) turns
   (c) order
   (d) choice

해석 A 우리 돌아가면서 식사 당번을 하자.
      B 좋아, 네가 이번 주에 하면 난 다음 주에 할게.

해설 두 번째 문장과 같이 한 주씩 번갈아 가면서(교대로) 하는 것을 take turns라고 한다. take a turn for the better/worse(좋아지다/악화되다)라는 숙어도 함께 기억해 두자.

어구 turn 순서, 순번

정답 (b)

20
A Can I use a garbage _____ for food waste in this town?
B No, it's not permitted for environmental reasons.
   (a) collector
   (b) mixer
   (c) blender
   (d) disposal

해석 A 이 동네에서는 음식물 쓰레기 분쇄기를 사용할 수 있나요?
B 아니오, 환경 문제 때문에 허용이 안 되고 있어요.

해설 환경 문제 때문에 허용이 안 된다는 말이 힌트다. 따라서 garbage disposal이 정답이다. Mixer나 blender는 조리기구이며 collector는 환경에 나쁠 이유가 없다.

어구 garbage 쓰레기
collector 수집가
environmental 환경의
blender 믹서
garbage disposal 음식물 분쇄기

정답 (d)

21
A Who is the _____ in the household?
B I am. I need to earn money to support my family.
   (a) landlady
   (b) breadwinner
   (c) housekeeper
   (d) homemaker

해석 A 누가 집안의 생계를 책임지고 있나요?
B 저요. 가족을 부양할 돈을 제가 벌어야 하죠.

해설 earn money to support my family는 '가족을 부양하다', '생활비를 벌다'라는 의미로 earn one's bread라고 쓰기도 한다. breadwinner는 이것의 명사형으로 보면 된다.

어구 household 가구
landlady 집주인(여)
breadwinner 가구를 부양하는 사람
housekeeper 주부, 가정부

정답 (b)

22
A I'm _____ to talk about others' personal lives.
B That's probably a good idea. I think we need to respect people's privacy.
   (a) obliged
   (b) reluctant
   (c) itching
   (d) indifferent

해석 A 나는 다른 사람들의 사생활에 대해서는 이야기하길 꺼려하는 편이죠.
B 좋은 생각 같아요. 다른 이들의 사생활은 존중해야 한다고 생각해요.

해설 B의 '다른 사람들의 사생활을 존중한다'라는 말에서 남의 사생활에 대해 이야기하는 것을 '꺼리는(reluctant)'이 자연스럽게 이어진다. be itching to~는 '~하고 싶어 죽을 지경인' 것으로 이런 사람은 nosy(참견하기 좋아하는)라는 형용사와 어울린다.

어구 privacy 사생활
obliged 의무의, ~해야 하는
reluctant 주저하는
itching 가려운
indifferent 무관심한

정답 (b)

23
A Should we take my car to the meeting?
B I think we're better off _____ by bus.
   (a) taking
   (b) getting
   (c) going
   (d) driving

해석 A 모임에 차를 가져가야 할까요?
B 버스를 타는 것이 더 나을 것 같아요.

해설 '버스로 가다'를 의미하는 go by bus가 적절한 답이다. 버스를 타고 가는 것을 drive라고 표현하지는 않으며 get은 뒤에 전치사가 필요하다.

어구 be better off -ing ~하는 것이 더 낫다

정답 (c)

24

A What happened to Harry? He looks _____.
B He got a long-awaited promotion.
(a) down
(b) up
(c) excited
(d) desperate

해석 A 해리한테 무슨 일이 있어요? 흥분한 것 같아요.
      B 오랫동안 기다리던 승진이 드디어 되었어요.

해설 오래 기다리던(long-awaited) 승진을 하게 되었다면 어떤 마음의 상태일까? '흥분된(excited)'이 어울리며 up은 기분이 들뜬 상태를 의미하므로 다소 약한 표현이라 할 수 있다.

어구 long-awaited 오래 기다려온
      desperate 절박한, 절실한

정답 (c)

25

A I've lost my job. What am I going to do?
B Don't worry. The harder you fall, the higher you _____.
(a) bounce
(b) jump
(c) leap
(d) run

해석 A 일자리를 잃었어. 어떻게 해야 할까?
      B 걱정하지 마. 호되게 떨어질수록 더 높게 튀어 오르는 법이잖아.

해설 좋지 않은 형편에 처한 친구를 위로할 때는 어떤 말을 할까? '이보 전진을 위한 일보 후퇴'라는 영어표현이 여기에 나왔다. 더 호되게 떨어지면 더 높게 bounce(튀어 오른다)라는 말이 어울린다.

어구 bounce 뛰다, 뛰어오르다
      leap 도약하다

정답 (a)

Part II

26. Development _____ upon investment and aggressive policies rather than dependence on foreign aid.
(a) nails
(b) hinges
(c) focuses
(d) knobs

해석 개발은 외국 원조에 대한 의존보다는 투자와 적극적인 정책에 달려 있다.
해설 목적어는 A rather than B의 형식으로 되어 있고 주어는 development(개발)이다. hinge는 '경첩'이라는 뜻으로 동사로 '~에 달려 있다', '~에 의해 결정되다'의 의미 역시 가지고 있고 이때 문맥이 자연스럽다.
어구 foreign aid 외국 원조
hinge on ~에 달려 있다(= depend entirely on~)
knob 손잡이(를 달다)
정답 (b)

27. He played the violin, and he _____ from all the other musicians.
(a) stood out
(b) stood up
(c) stood up for
(d) stood for

해석 그는 바이올린을 연주했는데 모든 다른 음악가들로부터 두드러져 보였다.
해설 '무리 중에서 두드러져 보이다', '뛰어나다'의 의미는 stand out으로 표현할 수 있다.
어구 stand out 눈에 띄다, 걸출하다
stand up for 옹호하다, 편들다
정답 (a)

28. The incompetent king did not have a _____ in making big decisions.
(a) spot
(b) talk
(c) time
(d) say

해석 그 무능한 왕은 큰 결정을 내리는 데 발언권이 없었다.
해설 incompetent(무능한)는 competent(유능한)에 접두어 in-을 붙여 만든 반대어이다. 무능하기 때문에 주요 결정에 자기 의견을 내세우지 못한다고 연결되어야 한다. have a(no) say는 '발언권이 있다(없다)'의 뜻으로 자주 쓰이는 표현이다.
어구 incompetent 무능한
정답 (d)

29. The newly arrived refugees faced many difficulties as they struggled to survive, living from _____ to mouth.
(a) hand
(b) pocket
(c) mouth
(d) foot

해석 새로 도착한 난민들은 겨우 입에 풀칠을 하며 생존을 위해 투쟁하면서 많은 어려움에 부딪쳤다.
해설 struggled to survive, faced many difficulties라는 어려운 상황과 잘 어울리는 표현은 '근근이 먹고 살다'에 해당하는 live from hand to mouth이다. by word of mouth는 '소문이 입에서 입으로 전해진다'는 의미의 표현이다.
어구 refugee 난민
struggle ~하려고 애쓰다
정답 (a)

30

Our company is _____ of capital at the moment, and it is time to aggressively attract foreign investment.

(a) away
(b) back
(c) less
(d) short

해석 우리 회사는 지금 자본이 모자라므로 적극적으로 외국 투자를 유치해야 할 때다.

해설 뒷부분의 투자를 유치할 시기라는 말이 나오므로 현재 자본이 부족하다는 것을 유추할 수 있다. be(run) short of~은 '~이 부족하다, 모자라다'라는 뜻이다.

어구 capital 자금
aggressively 적극적으로
foreign investment 외국 투자

정답 (d)

31

The activists _____ a demonstration in front of the embassy to protect against unfair trade practices.

(a) performed
(b) did
(c) staged
(d) made

해석 그 활동가들은 불공정한 무역 관행을 막기 위해 대사관 앞에서 시위를 벌였다.

해설 demonstration이라는 목적어와 어울려 '시위를 벌이다'의 뜻을 만들어주는 동사를 찾는 것이 핵심이다. 동사 stage/hold를 써서 stage/hold a demonstration이라고 표현할 수 있다.

어구 activist 운동가, 활동가
demonstration 시위
stage a demonstration 시위를 벌이다
unfair 불공정한
trade practice 무역 관행

정답 (c)

32

While I would agree that Bach is the most _____ composer, there were other composers among his contemporaries who also cranked out vast quantities of music.

(a) prolific
(b) precarious
(c) gluttonous
(d) poignant

해석 바흐가 가장 다작의 작곡가였다는 점에는 동의하지만 당대에는 방대한 양의 음악을 생산해낸 다른 작곡가들도 있었다.

해설 crank out은 무언가를 빠른 속도로 만들어낸다고 표현할 때 쓰는 숙어다. 이 문제는 cranked out vast quantities of music이라는 부분을 하나의 형용사로 바꿔야 한다. 즉, '다작의(prolific)'가 답이다. gluttonous와 혼동할 수도 있는데 '대식가의'라는 뜻을 갖고 있는 gluttonous(다른 의미로, 탐욕스러운, 열중하는)도 비유적으로 쓰이기는 하지만, 무언가를 받아들이는 모습을 묘사할 때 쓰므로, 밖으로 내놓는 생산의 의미와는 어울리지 않는다.

어구 prolific 다산(多産)의
crank out 척척 만들어내다
gluttonous 탐욕스러운
precarious 불확실한, 위험한
poignant 통렬한

정답 (a)

33

The Times has filed an innovative antitrust suit against junk e-mailers that has a _____ chance of succeeding.

(a) little
(b) slim
(c) thin
(d) few

해석 〈더 타임즈〉지는 정크 이메일을 보내는 회사들을 대상으로 승소할 가능성이 희박한 혁신적인 반독점 소송을 제기했다.

해설 '가능성'이라는 의미로 쓰인 chance라는 단어와 어울리는 형용사를 고르는 문제다. poor, slight, slim을 써서 가능성이 희박하다는 뜻을 표현할 수 있다. little은 There is little chance of~(~할 가능성이 거의 없다)와 같이 관사 없이 부정적인 의미로 쓴다.

어구 innovative 혁신적인
antitrust 반독점의

정답 (b)

34
Usually coins are _____ in a mint.
(a) manufactured
(b) designed
(c) processed
(d) authorized

해석 보통 동전은 조폐국에서 주조된다.

해설 똑같이 '만들다'는 의미를 가지더라도 그 표현은 경우에 따라 매우 다양하다. 여기서와 같이 동전을 만들어내는 것은 '주조하다(mint)'라고 하며 '화폐를 주조하는 곳'도 mint라고 한다. 따라서 mint에서 이루어지는 작업은 디자인(designed)이나 승인(authorized)이 아니라 제조(manufacture)라고 볼 수 있다.

어구 mint 조폐국
authorize 권한을 부여하다, 위임하다

정답 (a)

35
The strategy must _____ the problems of juveniles in order to be effective in reducing inner city crime.
(a) address
(b) harass
(c) impress
(d) express

해석 도심 범죄를 줄이는 데 효과가 있으려면 청소년들의 문제를 다루는 전략을 써야 한다.

해설 '문제를 다루다'의 의미는 동사 address, fight, tackle, deal with 등으로 쓸 수 있다.

어구 juvenile 청소년
inner 안의, 안쪽의
harass 괴롭히다, 귀찮게 굴다

정답 (a)

36
His employers could not complain about his work because he was _____ in the performance of his duties.
(a) derelict
(b) penetrating
(c) assiduous
(d) mandatory

해석 그의 고용주들은 그가 자신의 임무를 열심히 수행했기 때문에 그의 일에 대해 불평할 수가 없었다.

해설 불평할 수 없다(cannot complain)라는 것은 성과가 나쁘더라도 매우 열심히 하는(diligent, assiduous, hard-working) 모습을 보았기 때문일 것이다.

어구 derelict 유기된, 포기된
assiduous 근면한, 열심인

정답 (c)

37
The opposition party expressed concern over the unfair and biased manner of the police _____ into the case of bribery.
(a) survey
(b) inquiry
(c) infringement
(d) criticism

해석 야당은 이 수뢰사건에 대한 경찰의 불공평하고 편향된 조사 방식에 대해 우려를 표명했다.

해설 경찰이 수뢰 사건을 조사, 수사(inquire into)한다고 보는 것이 내용상 가장 어울린다. survey는 같은 조사라도 '설문 조사'나 '연구 조사'를 의미한다.

어구 opposition party 야당
survey 연구, 조사
inquiry 수사, 조사
infringement 침해
criticism 비판

정답 (b)

38

The assassination of J.F. Kennedy is a _____ in American history.
(a) landslide
(b) landmark
(c) trifle
(d) triviality

해석 J.F. 케네디의 암살은 미국 역사의 한 이정표다.

해설 역사에 큰 영향을 미쳐 하나의 새로운 시대를 여는 사건을 이정표(landmark; 도로상의 표지)라고 본다면 케네디 대통령의 암살도 하나의 이정표라고 할 수 있다. 사소한(trivial, trifle) 것과는 거리가 멀다.

어구 assassination 암살
landslide 산사태; (선거의) 압도적 대승리
landmark 이정표, 역사적 사건
trifle 사소한 것
triviality 하찮음, 평범함, 진부함

정답 (b)

39

While using the vehicle, the renter must pay for insurance and assume _____ for any damage that may occur.
(a) liability
(b) vindication
(c) impediment
(d) corrodibility

해석 차량을 사용하는 동안 임대인은 보험금을 지불해야 하며 발생할 수 있는 피해에 대해 책임을 져야 한다.

해설 '책임'에 해당하는 단어로 responsibility, liability, accountability 등이 있으며 assume(take)와 같은 동사와 어울려 '책임을 지다'의 뜻을 갖는다. Liability insurance는 '책임보험'이란 뜻이다.

어구 renter 임대자
assume liability 책임을 지다
vindication 옹호, 변호
impediment 방해물, 장애물
corrodibility 부식성, 침식성

정답 (a)

40

People _____ having such facilities as nuclear power plants or dumping grounds near residential areas.
(a) shun
(b) trust
(c) herald
(d) protect

해석 사람들은 원자력발전소라든가 쓰레기 매립장 등이 주거지역 근처에 들어서는 것을 꺼린다.

해설 원자력발전소(nuclear power plants)나 쓰레기 매립장(dumping grounds)이라면 누구든 집 주변에 두기를 꺼려할(shun) 것이다. such facilities as~와 같이 연결되면 as 뒤에는 앞에 언급한 것의 예가 나열된다는 것을 알아두면 문장 파악이 한결 쉬워질 것이다.

어구 shun 멀리하다, 피하다
nuclear power plant 원자력발전소
dumping ground 쓰레기 매립장
residential area 주거지역
herald 고지하다, 보도하다

정답 (a)

41

More than 100 mayors from across the United States _____ in Seattle to discuss how cities can play a role in fighting global warming.
(a) brought together
(b) convened
(c) put together
(d) conversed

해석 미국전역에서 100명 이상의 시장들이 시애틀에 모여 지구온난화에 대응하기 위한 각 도시들의 역할에 대해 논의했다.

해설 주어가 사람(100 mayors)이므로 '모이다', '집합하다(convene)'라는 의미의 자동사 표현이 적절하다. converse는 형태는 비슷하지만 '대화하다', '이야기하다'라는 뜻이다.

어구 convene 모이다
play a role 역할을 하다
global warming 지구온난화
bring together 접합하다, 불러 모으다
converse ~와 이야기하다

정답 (b)

42

In need of labor, Australia welcomes _____ from all over the world.

(a) reformers
(b) fugitives
(c) candidates
(d) immigrants

해석 노동력이 필요한 호주는 전세계에서 오는 이민자들을 환영한다.

해설 '노동력이 필요하여(In need of labor)'라는 부분이 힌트다. 노동력을 제공할 수 있는 전세계의 이민자들 (immigrants)을 환영할 것이라는 내용으로 연결되어야 자연스럽다. 비슷한 단어인 emigrants는 이동의 방향이 달라 한 국가를 기준으로 떠나가는 사람들을 가리킬 때 쓰는 표현이다.

어구 reformer 개혁가
fugitive 도망자
immigrant 이민자, 이주자

정답 (d)

43

The rescue plan was _____ by the chaotic leadership of the military.

(a) hindered
(b) prohibited
(c) prevented
(d) avoided

해석 구조 계획은 군부 지도부의 혼선으로 말미암아 방해받고 있었다.

해설 chaotic leadership(지도부의 혼선)이란 의도한 상황이 아니므로 계획을 금지(prohibit)하거나, 예방(prevent)하는 것이 아니라 방해를 받고 있다(hinder)고 보는 것이 어울린다.

어구 rescue 구조
chaotic 혼란스런
hinder 방해하다, 훼방 놓다

정답 (a)

44

You can make this chair more comfortable by _____ the armrest, backrest, height and tilt of the seat.

(a) maneuvering
(b) arranging
(c) adjusting
(d) folding

해석 팔걸이, 등받이, 높이, 좌석 기울기 등을 조정하면 이 의자에 더욱 편안하게 앉을 수 있다.

해설 빈칸 뒤에 나오는 여러 가지 목적어를 통해 어울리는 동사를 찾아야 한다. 등받이 등은 자기 몸에 '맞추어 조정'하는 것이므로 adjust가 답으로 어울린다. maneuver는 '~를 조종해서 이동시키다', '계략을 써서 ~하게 하다'의 뜻이고 arrange는 시간, 사람 따위를 '주선'하는 것을 말한다. 어감이 미묘하게 다른 이런 단어들은 많은 예문을 통해서 숙달하도록 하자.

어구 armrest (의자 등의) 팔걸이
tilt 기울기
maneuvering ~를 조종해서 이동시키다, 계략을 써서 ~하게 하다
arrange (시간을) 정하다, (사람을) 주선하다

정답 (c)

45

Due to its high population _____, the region emerged as a very promising market for their new products.

(a) depth
(b) density
(c) size
(d) width

해석 그 지역은 인구 밀도가 매우 높아서 신상품의 유망한 시장으로 떠올랐다.

해설 인구를 나타내는 표현들은 자주 출제가 된다. population이라는 단어의 용법은 한국인의 직관과는 일치하지 않아 어렵기 때문일 것이다. 예를 들면, '인구가 많다'라는 뜻은 large population이라고 말한다. '인구가 조밀한 것'을 dense, '희박한 것'을 sparse라고 한다. '인구 밀도'는 population density로 높고 낮음은 이 문장에서처럼 high/low로 표시한다.

어구 emerge 떠오르다, 부상하다
density 밀도

정답 (b)

46

The president argued against the scientific _____ on which the alternative fuel theory is based.

(a) resolution
(b) proposal
(c) confidence
(d) assumption

해석 대통령은 대체에너지 이론의 바탕이 되는 과학적 가정을 반박했다.

해설 여기서는 관계절이 따라나오고 있는 선행사의 자리가 빈칸이 되었다. 그렇다면 합쳐지기 전의 원래 문장을 이해하는 것이 중요하다. 즉, be based on ~(~에 토대를 두고 있다)라는 숙어에 들어갈 만한 표현을 찾는 것이다. 보통 이론은 가정(assumption)을 기반으로 발전시킨다는 점을 이해하면 문제를 풀 수 있다.

어구 question 의문을 제기하다
resolution 결심; 결의안
assumption 가정

정답 (d)

47

Due to the car accident in the main street yesterday, 2 people _____ their lives.

(a) fail
(b) lost
(c) died
(d) took

해석 어제 메인 스트리트에서 있었던 자동차 사고로 두 사람이 목숨을 잃었다.

해설 '죽다'라는 표현은 여러 가지가 있다. 여기서 lives라는 목적어와 어울리는 것은 lose이다. 그밖에 take라는 동사도 같이 쓰이는 경우가 있지만, 이 경우에는 목숨을 앗아간 '원인'이 주어가 되어야 한다. 예를 들어 The civil war took the lives of many innocent people(내전은 수많은 죄 없는 사람들의 목숨을 앗아갔다)의 형태로 쓴다.

어구 lose one's life 목숨을 잃다

정답 (b)

48

Companies are strengthening their screening process in recruiting new employees in order to _____ unqualified applicants.

(a) keep off
(b) weed out
(c) root out
(d) strain

해석 회사들은 자격 미달인 지원자들을 걸러내기 위해 신규 직원을 채용하는 선별 과정을 강화하고 있다.

해설 신입사원 채용 시에 선별기준을 엄격하게(strengthening their screening process) 하는 이유는 걸러내기 위한(weed out), 즉 쓸 만한 지원자만을 선별하기 위한 것이다. weed out은 말 그대로 잡초(weed)를 아웃(out)시키는 것으로 풀이할 수 있다. root out은 아예 뿌리째 뽑아버리는 것(근절하다)이므로 보통 병폐나 해악 등이 목적어로 온다.

어구 screen 가리다; 가려내다
keep off 가까이 못 오게 하다, 떼어놓다
weed out 제외시키다, 걸러내다
root out 근절하다
strain 체로 거르다

정답 (b)

49

The audit and _____ session will be followed by addresses by representatives of the three major parties.

(a) investigation
(b) inspection
(c) probe
(d) inquiry

해석 국정 감사에 이어 각 당 대표 연설도 계획되어 있다.

해설 '감사'는 법규가 제대로 지켜지고 있는지 보는 것으로 inspection으로 표현할 수 있다. investigation은 비슷한 뜻이기는 하나 '수사', '연구조사'의 뉘앙스가 크다.

어구 audit 감사
probe (부정이나 부패의 척결을 위한) 철저한 조사, 탐사
inquiry 질문, 문의

정답 (b)

50

Some firms do not grant the paid leave as prescribed in their contract, a(n) _____ that is illegal in many western countries.

(a) agenda
(b) principle
(c) practice
(d) proposal

해석 일부 회사는 계약서에 명시된 대로 유급휴가를 주지 않는데 이는 많은 서구 국가에서 불법인 관행이다.

해설 빈칸 앞부분에서 설명하고 있는 것은 원칙을 어기면서 흔히 이루어지는 행동에 관한 것. 따라서 practice가 어울린다. 원칙(principle)이나 제안(proposal), 의제(agenda) 모두 아직 행동으로 이루어진 것은 아니다.

어구 grant 주다, 부여하다
paid leave 유급 휴가
prescribe 규정하다, 정하다

정답 (c)

★ *i*-TEPS Review

국내 최초 통합 영어능력 평가
*in*tegrated-TEPS

⇨ **의사소통에 필요한 듣기, 말하기, 읽기, 쓰기 능력을 통합하여 평가한다.**
　듣기, 말하기, 읽기, 쓰기 능력은 서로 밀접한 관계를 가진 요소로 듣기, 읽기 능력 혹은 말하기, 쓰기 능력만을 단순히 측정해서는 정확한 영어능력을 평가하기 어렵다. *i*-TEPS는 유기적인 연관성을 지닌 이 네 가지 의사소통 능력을 통합적으로 측정하여 수험자의 영어능력을 정확하게 평가한다.

⇨ **변별력과 신뢰도가 있는 시험이다.**
　i-TEPS는 국내 최고 권위의 영어능력 평가로 듣기, 읽기 분야에서 탁월한 변별력을 인정받은 TEPS와 국내 최초 CBT 방식의 영어 말하기·쓰기 시험인 TEPS-Speaking & Writing의 성공 노하우를 바탕으로 개발되었다. 실전 영어능력을 보다 정밀하게 측정할 수 있도록 세분화된 채점 요소를 적용하고 있으며, 출제자와 채점자를 어학 분야의 최고 전문가들로 선정하여 높은 신뢰도와 탁월한 변별력을 지니고 있다.

⇨ **실전 영어능력을 측정한다.**
　간단한 대화를 할 수 있는 능력부터 도표를 보고 발표하는 분석력과 구성력까지, 접하는 상황에 따라 필요한 영어능력도 다양하다. *i*-TEPS는 유학이나 비즈니스 등 특정한 분야에서의 영어 활용 능력을 집중적으로 평가하는 타 시험과는 달리, 비즈니스 상황을 포함한 다양한 영어 사용 환경을 재현하여 실질적으로 활용 가능한 영어능력을 평가한다.

⇨ **경제성과 효율성을 갖춘 시험이다.**
　i-TEPS는 타 통합 영어능력 평가시험에 비해 응시료가 저렴하다. 한 번의 시험으로 듣기, 말하기, 읽기, 쓰기 능력을 종합적으로 평가하여 각각의 영역을 별도로 평가해야 하는 타 시험과 비교해도 응시료 부담이 적다. *i*-TEPS는 최소의 시간과 비용으로 수험자의 영어능력을 정확히 측정하는 높은 효율성을 갖춘 시험이다.

i-TEPS 영역별 유형 및 설명

i-TEPS는 기존의 TEPS와 TEPS-Speaking & Writing 시험을 토대로 듣기, 말하기, 읽기, 쓰기 능력을 종합적으로 측정하는 통합형 시험으로 개발되었다. Listening, Grammar & Vocabulary, Reading, Speaking, Writing의 5개 영역에 걸쳐 약 3시간 동안 진행되며, 총 143문항, 400점 만점으로 구성되어 있다.

영역		문제유형	문항수	시간		총점
Listening	Part 1	짧은 대화를 듣고 이어질 대화로 가장 적절한 답 고르기	15	35분		80점
	Part 2	긴 대화를 듣고 질문에 가장 적절한 답 고르기	15			
	Part 3	담화를 듣고 질문에 가장 적절한 답 고르기	10			
Grammar & Vocabulary	Part 1	대화문의 빈칸에 가장 적절한 답 고르기	15	20분		20점
	Part 2	단문의 빈칸에 가장 적절한 답 고르기	15			
	Part 3	대화문의 빈칸에 가장 적절한 어휘 고르기	15			20점
	Part 4	단문의 빈칸에 가장 적절한 어휘 고르기	15			
Reading	Part 1	지문을 읽고 빈칸에 가장 적절한 답 고르기	10	40분		80점
	Part 2	지문을 읽고 질문에 가장 적절한 답 고르기 (1지문 1문항)	19			
	Part 3	지문을 읽고 질문에 가장 적절한 답 고르기 (1지문 2문항)	6			
Speaking	Part 1	간단한 질문에 대답하기	1(3)		답변 10초	100점
	Part 2	소리내어 읽기	1	준비 30초	답변 45초	
	Part 3	일상 대화 상황에서 질문에 답하기	1(5)	준비 15초	답변 10초	
	Part 4	그림 보고 연결하여 이야기하기	1	준비 60초	답변 60초	
	Part 5	도표 보고 발표하기	1	준비 120초	답변 90초	
Writing	Part 1	받아쓰기	1	10분		100점
	Part 2	이메일 쓰기	1	15분		
	Part 3	의견 쓰기	1	30분		
계						400점

★ TEPS 등급표

등급	점수	영역	능력검정기준(Description)
1+급 Level 1+	901~990	전반	**외국인으로서 최상급 수준의 의사소통 능력** 교양 있는 원어민에 버금가는 정도로 의사소통이 가능하고 전문분야 업무에 대처할 수 있음. (Native Level of Communicative Competence)
1급 Level 1	801~900	전반	**외국인으로서 거의 최상급 수준의 의사소통 능력** 단기간 집중 교육을 받으면 대부분의 의사소통이 가능하고 전문분야 업무에 별 무리 없이 대처할 수 있음. (Near-Native Level of Communicative Competence)
2+급 Level 2+	701~800	전반	**외국인으로서 상급 수준의 의사소통 능력** 단기간 집중 교육을 받으면 일반분야 업무를 큰 어려움 없이 수행할 수 있음. (Advanced Level of Communicative Competence)
2급 Level 2	601~700	전반	**외국인으로서 중상급 수준의 의사소통 능력** 중장기간 집중 교육을 받으면 일반분야 업무를 큰 어려움 없이 수행할 수 있음. (High Intermediate Level of Communicative Competence)
3+급 Level 3+	501~600	전반	**외국인으로서 중급 수준의 의사소통 능력** 중장기간 집중 교육을 받으면 한정된 분야의 업무를 큰 어려움 없이 수행할 수 있음. (Mid Intermediate Level of Communicative Competence)
3급 Level 3	401~500	전반	**외국인으로서 중하급 수준의 의사소통 능력** 중장기간 집중 교육을 받으면 한정된 분야의 업무를 다소 미흡하지만 큰 지장 없이 수행할 수 있음. (Low Intermediate Level of Communicative Competence)
4+급 Level 4	201~400	전반	**외국인으로서 하급 수준의 의사소통 능력** 장기간의 집중 교육을 받으면 한정된 분야의 업무를 대체로 어렵게 수행할 수 있음. (Novice Level of Communicative Competence)
5+급 Level 5	10~200	전반	**외국인으로서 최하급 수준의 의사소통 능력** 단편적인 지식만을 갖추고 있어 의사소통이 거의 불가능함. (Near-Zero Level of Communicative Competence)

Memo

TEPS

Test of English Proficiency
developed by
Seoul National University

넥서스 수준별 TEPS 맞춤 학습 프로그램

서울대 기출문제

기출·독해

서울대 텝스 관리위원회 텝스 최신기출 1200제 2015-2016 문제집 | 서울대학교 TEPS관리위원회 문제 제공 | 352쪽 | 19,500원
서울대 텝스 관리위원회 텝스 최신기출 1200제 2015-2016 해설집 | 서울대학교 TEPS관리위원회 문제 제공 · 넥서스 TEPS연구소 해설 | 480쪽 | 25,000원
서울대 텝스 관리위원회 공식기출 1000 Listening | 서울대학교 TEPS관리위원회 문제 제공 | 432쪽 | 19,000원
서울대 텝스 관리위원회 공식기출 1000 Grammar | 서울대학교 TEPS관리위원회 문제 제공 | 188쪽 | 12,000원
서울대 텝스 관리위원회 공식기출 1000 Reading | 서울대학교 TEPS관리위원회 문제 제공 | 376쪽 | 16,000원
서울대 텝스 관리위원회 최신기출 1000 | 서울대학교 TEPS관리위원회 문제 제공 · 양준희 해설 | 628쪽 | 28,000원
서울대 텝스 관리위원회 최신기출 1200/SEASON 2~3 문제집 | 서울대학교 TEPS관리위원회 문제 제공 | 352쪽 | 19,500원
서울대 텝스 관리위원회 최신기출 1200/SEASON 2~3 해설집 | 서울대학교 TEPS관리위원회 문제 제공 · 넥서스 TEPS연구소 해설 | 472쪽 | 25,000원

실전 모의고사

실전·어휘

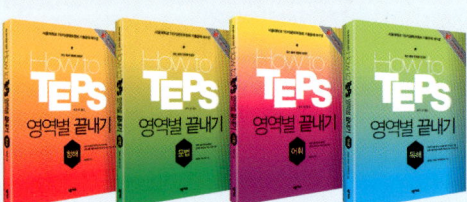
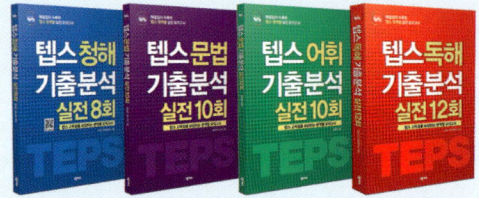

How to TEPS 영역별 끝내기 청해 | 테리 홍 지음 | 424쪽 | 19,800원
How to TEPS 영역별 끝내기 문법 | 장보금 · 쎄니 박 지음 | 260쪽 | 13,500원
How to TEPS 영역별 끝내기 어휘 | 양준희 지음 | 240쪽 | 13,500원
How to TEPS 영역별 끝내기 독해 | 김무룡 · 넥서스 TEPS연구소 지음 | 504쪽 | 25,000원

텝스 청해 기출 분석 실전 8회 | 넥서스 TEPS연구소 지음 | 296쪽 | 19,500원
텝스 문법 기출 분석 실전 10회 | 장보금 · 쎄니 박 지음 | 248쪽 | 14,000원
텝스 어휘 기출 분석 실전 10회 | 양준희 지음 | 252쪽 | 14,000원
텝스 독해 기출 분석 실전 12회 | 넥서스 TEPS연구소 지음 | 504쪽 | 25,000원

초급 (400~500점) / 중급 (600~700점)

영역별

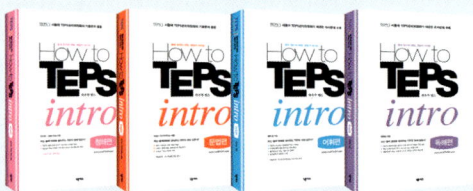

How to TEPS intro 청해편 | 강소영 · Jane Kim 지음 | 444쪽 | 22,000원
How to TEPS intro 문법편 | 넥서스 TEPS연구소 지음 | 424쪽 | 19,000원
How to TEPS intro 어휘편 | 에릭 김 지음 | 368쪽 | 15,000원
How to TEPS intro 독해편 | 한정림 지음 | 392쪽 | 19,500원

How to TEPS 실전 600 어휘편 · 청해편 · 문법편 · 독해편 | 서울대학교 TEPS관리위원회 문제 제공(어휘), 이기현(청해), 장보금 · 쎄니 박(문법), 황수경 · 넥서스 TEPS연구소(독해) 지음 | 어휘: 15,000원, 청해: 19,800원, 문법: 17,500원, 독해: 19,000원
How to TEPS 실전 700 청해편 · 문법편 · 독해편 | 강소영 · 넥서스 TEPS연구소(청해), 이신영 · 넥서스 TEPS연구소(문법), 오정우 · 넥서스 TEPS연구소(독해) 지음 | 청해: 16,000원, 문법: 15,000원, 독해: 19,000원

종합서

How to 텝스 뉴스타터 | 넥서스 TEPS연구소 지음 | 584쪽 | 25,900원
How to 텝스 초급용 모의고사 10회 | 넥서스 TEPS연구소 지음 | 296쪽 | 15,000원
How to 텝스 베이직 리스닝 | 고명희 · 넥서스 TEPS연구소 지음 | 320쪽 | 18,500원
How to 텝스 베이직 리딩 | 박미영 · 넥서스 TEPS연구소 지음 | 368쪽 | 19,500원

**해설집이 수록된
텝스 영역별 실전 모의고사**

텝스 어휘
기출분석
실전 10회

텝스 고득점을 보장하는 영역별 모의고사

양준희 지음

문제집

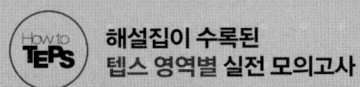

해설집이 수록된
텝스 영역별 실전 모의고사

텝스 어휘 기출분석 실전 10회

ACTUAL TEST 1	2
ACTUAL TEST 2	10
ACTUAL TEST 3	18
ACTUAL TEST 4	26
ACTUAL TEST 5	34
ACTUAL TEST 6	42
ACTUAL TEST 7	50
ACTUAL TEST 8	58
ACTUAL TEST 9	66
ACTUAL TEST 10	74

넥서스

★
actual test 1

Vocabulary

Directions

This part of the exam tests your vocabulary skills. You will have 15 minutes to complete the 50 questions. Be sure to follow the directions given by the proctor.

Part I Questions 1~25

Choose the best answer for the blank.

1. A: Did you write the report about that conference we attended? Alan wants to see it.
   B: I'm afraid I had other urgent things to take care of so I wasn't _____ to get it done.
   (a) enabled
   (b) capable
   (c) disabled
   (d) able

2. A: Did you do anything interesting Sunday afternoon?
   B: No, I just _____ at the mall with some friends.
   (a) hung in
   (b) hung out
   (c) hung on
   (d) hung up

3. A: According to the radio, it's going to rain on Saturday.
   B: In that case, we'd better _____ off our picnic.
   (a) break
   (b) take
   (c) call
   (d) stop

4. A: How many miles do you have on your car, Felix?
   B: 90,000, but it's still in good _____.
   (a) shape
   (b) faith
   (c) time
   (d) company

5. A: How are you planning to lose weight?
   B: First of all, I'm going to _____ out eating rich desserts.
   (a) cut
   (b) go
   (c) shut
   (d) work

6. A: A new Italian restaurant has just opened across the street. Would you want to try?
   B: I'd _____ it. Let's go there.
   (a) go after
   (b) go by
   (c) go down
   (d) go for

7. A: If you're not doing anything this weekend, Liz, why don't we get married?
   B: What? Marriage is not something you enter into on the _____ of the moment.
   (a) aspect
   (b) light
   (c) spur
   (d) whip

8. A: Did you know that Sarah and Mike used to date?
   B: How did you happen to _____ that information?
   (a) come by
   (b) come over
   (c) come up
   (d) come on

9. A: What are you giving Sue for her birthday?
   B: I can't tell you. You might _____ the secret.
   (a) give up
   (b) give away
   (c) give out
   (d) give off

10. A: You've gained some weight, haven't you?
    B: Yes, I'm trying to go on a diet, but I can't seem to _____ from snacking between meals.
    (a) get
    (b) keep
    (c) run
    (d) stay

11. A: How was your performance in the play?
    B: Great! It went off without a _____.
    (a) bit
    (b) trace
    (c) hitch
    (d) test

12. A: How did your brother take it when the doctor told him he had cancer?
    B: The news _____ a chord with him and made him realize he needs to start changing his way of living.
    (a) stretched
    (b) struck
    (c) rung
    (d) untangled

13. A: How do you feel about taking tests?
    B: I absolutely _____ taking tests. It really gets me stressed out.
    (a) abhor
    (b) abstain
    (c) abstract
    (d) ablate

14. A: What did the doctor say was wrong with you?
    B: The doctor _____ my illness as influenza.
    (a) distinguished
    (b) diminished
    (c) distributed
    (d) diagnosed

15. A: What happened after the forest fires were under control?
    B: Once the forest fires were contained, the insurance companies _____ the damage of the homes.
    (a) bewildered
    (b) managed
    (c) awarded
    (d) assessed

16. A: Do you know who the richest person in the world is?
    B: It's Carlos Slim from Mexico. His financial wealth reached a(n) _____ when he became head of the Mexican stock exchange.
    (a) alliance
    (b) climax
    (c) plaster
    (d) battery

17. A: What happened to Bill and Mary's relationship?
    B: After the divorce, they were no longer on good _____.
    (a) feelings
    (b) terms
    (c) talkative
    (d) condition

18. A: Doesn't this coke machine work?
    B: No, it doesn't. It's been _____ since last week.
    (a) out of order
    (b) out of time
    (c) out of town
    (d) out of sight

19. A: Steve really isn't a good team player.
    B: He needs to really get _____ with his other co-workers. Otherwise, he's going to be missing important details.
    (a) in trouble
    (b) indulgence
    (c) in tune
    (d) in driven

20. A: Good luck with the show tonight. Go out there and _____ a leg.
    B: Thanks! I'm going to need it. I'm really nervous.
    (a) break
    (b) shake
    (c) move
    (d) wiggle

21. A: Did you hear what he said?
    B: No, I didn't. His voice is so _____ compared to the other speakers.
    (a) feeble
    (b) similar
    (c) tiny
    (d) visible

22. A: What were the election results?
    B: The Republicans won and many of the Democrats felt _____ at the voting count.
    (a) aged
    (b) aggressive
    (c) aggrieved
    (d) aggrandized

23. A: My sister became a _____ after her husband was killed in Iraq.
    B: I'm so sorry to hear that.
    (a) widow
    (b) servant
    (c) server
    (d) savant

24. A: Were they able to find the man who committed the crime?
    B: No, not yet. Many of the leads were _____.
    (a) bogus
    (b) fatal
    (c) sanctified
    (d) salutary

25. A: How did he cure the woman's lower back pain?
    B: To _____ the pain, the doctor prescribed some medication.
    (a) calibrate
    (b) alleviate
    (c) agitate
    (d) domesticate

Part II Questions 26~50
Choose the best answer for the blank.

26. It is incredible that the 10-year-old managed to even reach the pedals, let _____ drive the car.
    (a) loose
    (b) along
    (c) alone
    (d) be

27. Joshua and his girlfriend had a big argument, but they _____ soon afterward.
    (a) made off
    (b) made for
    (c) made up
    (d) made out

28. Sarah will have to pay a high _____ for her neglect of duty.
    (a) price
    (b) tax
    (c) attention
    (d) regard

29. Telling a _____ stranger about your life is difficult.
    (a) complete
    (b) whole
    (c) distant
    (d) foreign

30. The clean technology is vital for the development and growth of new industries that could _____ more jobs across the country.
    (a) eliminate
    (b) create
    (c) squeeze
    (d) scratch

31. The accused _____ guilty to a misdemeanor and was placed on probation.
    (a) asked
    (b) deplored
    (c) pleaded
    (d) confessed

32. Male chauvinism in some societies is still _____ in law as a form of gender inequality in the workplace.
    (a) saved
    (b) featured
    (c) enshrined
    (d) enkindled

33. Although he originally _____ Tibetan independence, in recent years the Dalai Lama has called for a middle way.
    (a) shouted
    (b) advocated
    (c) insisted
    (d) called out

34. The rebel leader argued that the outbreak of epidemic should not _____ a change in policy.
    (a) provision
    (b) occasion
    (c) duplicate
    (d) forward

35. Most people feel uncomfortable with those _____ into their personal affairs.
    (a) reporting
    (b) prying
    (c) revealing
    (d) pleasing

36. More than 5,000 people _____ their homes following the attack.
    (a) got out
    (b) took
    (c) exited
    (d) fled

37. Foreign investors are being repelled by Argentina's labor unrest, which is the _____ point of their economy.
    (a) painful
    (b) pressure
    (c) unprofitable
    (d) weak

38. The doctor has _____ to the Supreme Court to stop his deportation.
    (a) appealed
    (b) asked
    (c) commanded
    (d) ruled

39. The CEO seemed like a person who would rather kill himself than _____ his principles.
    (a) content
    (b) commit
    (c) compromise
    (d) champion

40. The exhaust from vehicles is the biggest culprit for the pollution of the _____ of towns and cities.
    (a) situations
    (b) setting
    (c) conditions
    (d) atmosphere

41. It is a lot easier to learn a foreign language when you are in a country where it is spoken because you are _____ to the language all the time.
    (a) exposed
    (b) disclosed
    (c) produced
    (d) displaced

42. The _____ that will be discussed in today's meeting is whether the company should hire another accountant or not.
    (a) piece
    (b) issue
    (c) product
    (d) source

43. Instead of sketching first and then coloring the shapes later, impressionist painters drew and painted _____.
    (a) respectively
    (b) simultaneously
    (c) sequentially
    (d) progressively

44. As a(n) _____ person who revels in controversy, he likes to mingle with new people.
    (a) introvert
    (b) extrovert
    (c) reticent
    (d) consistent

45. The main _____ of the fairy tale goes through numerous troubles to save the princess.
    (a) actor
    (b) protagonist
    (c) activist
    (d) player

46. I tried my hardest, but the blow of his last words was _____.
    (a) penetrating
    (b) proverbial
    (c) pernicious
    (d) provisional

47. Both impressionism and cubism are _____ systems or practices of representation in art.
    (a) musical
    (b) mechanical
    (c) mimetic
    (d) mathematical

48. The well-being of the poor has not improved much since the dramatic _____ of the 1980s.
    (a) advantages
    (b) advent
    (c) advances
    (d) adventures

49. He advised her to forget about what happened in the past and start _____.
    (a) afresh
    (b) overall
    (c) nearly
    (d) newly

50. Fortunately, no one was _____ injured in the plane crash last night.
    (a) furiously
    (b) fully
    (c) absolutely
    (d) badly

This is the end of the Vocabulary section. Do NOT move on to the Reading Comprehension section until instructed to do so. You are NOT allowed to turn to any other section of the test.

★
Actual Test 2

VOCABULARY

DIRECTIONS

This part of the exam tests your vocabulary skills. You will have 15 minutes to complete the 50 questions. Be sure to follow the directions given by the proctor.

Part I Questions 1~25

Choose the best answer for the blank.

1. A: Thank you for stopping by. Let me _____ you out.
   B: No, thank you. Don't bother. You seem to be tied up.
   (a) see
   (b) hold
   (c) put
   (d) bring

2. A: If you need anything, just remember I'm just a phone call away.
   B: Thanks. It's _____ to know you're there for me.
   (a) relieving
   (b) discovering
   (c) rewarding
   (d) bewildering

3. A: It's 11:00 p.m. Why don't we call it a _____?
   B: OK. Right after I finish reading this report.
   (a) finish
   (b) time
   (c) day
   (d) break

4. A: Could you please _____ the noise down? I'm trying to relax.
   B: Sorry, I didn't realize we were talking so loud.
   (a) shut
   (b) turn
   (c) put
   (d) hold

5. A: How did your son react when he heard his dog had died?
   B: He took it pretty _____. He cried himself to sleep.
   (a) sadly
   (b) hard
   (c) much
   (d) loudly

6. A: On the bus, there are _____ bags ready in case you feel like throwing up.
   B: But it's better to go out and get some fresh air.
   (a) doggy
   (b) disposal
   (c) paper
   (d) game

7. A: I need to go to a doctor and get some aspirin.
   B: If you need it quick, you can buy it _____.
   (a) around the counter
   (b) under the counter
   (c) over the counter
   (d) upon the counter

8. A: Ah! That juice really hits the _____.
   B: Anything cold is good in this heat.
   (a) thirst
   (b) dryness
   (c) sweat
   (d) spot

9. A: How much for the beers, Sam?
   B: Since it's your birthday, they're on the _____.
   (a) home
   (b) house
   (c) saloon
   (d) bar

10. A: What will you tell your mother about the vase you broke?
    B: I'll tell her the truth and face the _____. That's always best.
    (a) tune
    (b) music
    (c) song
    (d) melody

11. A: Where were the dinosaur bones found?
    B: Near an _____ site outside of Salt Lake City, Utah.
    (a) excavation
    (b) execution
    (c) extraction
    (d) exile

12. A: What are some things we can do to save the environment?
    B: The most _____ thing we can do is recycle.
    (a) secondary
    (b) sentimental
    (c) fundamental
    (d) paradox

13. A: What is this umbrella used for?
    B: It's used to help _____ protection from the sun and the rain.
    (a) prevent
    (b) provide
    (c) breach
    (d) withhold

14. A: Why did you bring your sunblock?
    B: I was _____ that it would be a sunny day.
    (a) speculating
    (b) commentating
    (c) doubting
    (d) evaluating

15. A: I hate telemarketers. They can be so _____ sometimes.
    B: I know what you mean. I had one call me the other day, and he kept calling and calling.
    (a) tenacious
    (b) tremendous
    (c) tantalizing
    (d) traumatizing

16. A: What's the one thing you don't like about your girlfriend?
    B: The one thing I don't really like is how _____ she is. One minute she's doing one thing the next she's doing another.
    (a) flamboyant
    (b) frequent
    (c) capricious
    (d) continuous

17. A: How did you enjoy your vacation?
    B: It was wonderful. The only problem is that it went by too _____.
    (a) much
    (b) early
    (c) quickly
    (d) shortly

18. A: Who should I call about changing the combination on my door?
    B: The best person to call is an _____.
    (a) tenant
    (b) locksmith
    (c) stockbroker
    (d) builder

19. A: How much money can I transfer to the United States?
    B: No more than $10,000 per year. Any more than that and the United States Federal Government will _____ you on it.
    (a) charge
    (b) fraud
    (c) tax
    (d) commit

20. A: What are you going to do with all that sand on the ground?
    B: We are going to _____ it onto the back of the pick-up truck.
    (a) build
    (b) create
    (c) charge
    (d) load

21. A: What happened to the files that were on your computer desktop?
    B: I left my computer on and someone came over and _____ them all.
    (a) deleted
    (b) compiled
    (c) extracted
    (d) zipped

22. A: I can't afford this silverware set.
    B: Then buy the other one. It's much _____.
    (a) lower
    (b) easier
    (c) cheaper
    (d) pricier

23. A: It's important not to put all of your personal information on your home page.
    B: I agree. You don't know who could be out there _____ you.
    (a) finding
    (b) stalking
    (c) stealing
    (d) taking

24. A: Did you call the restaurant again to make sure that our table is still available?
    B: Don't worry. I already called and _____.
    (a) double-checked
    (b) double-banked
    (c) check-marked
    (d) double-acted

25. A: I wouldn't drink too much of that medicine. It can be very _____.
    B: I already did and I think I'm starting to feel the side effects.
    (a) weak
    (b) potent
    (c) solvent
    (d) diluted

Part II Questions 26~50

Choose the best answer for the blank.

26. Rachel appeared _____ and cool as usual.
    (a) clumsy
    (b) stunned
    (c) distracted
    (d) poised

27. I wish he wouldn't _____ back how he really feels all the time.
    (a) hold
    (b) put
    (c) pull
    (d) take

28. China needs to remain _____ about inflationary pressures spreading from food to other products, despite a dip in overall consumer prices in March.
    (a) vigorous
    (b) ubiquitous
    (c) vindicated
    (d) vigilant

29. Some immigration experts have taken a skeptical _____ of the program.
    (a) opinion
    (b) catch
    (c) view
    (d) eye

30. The Democratic _____ won the presidential election.
    (a) follower
    (b) candidate
    (c) customer
    (d) warrior

31. The dictator _____ power in a military coup in 1999.
    (a) seized
    (b) brought
    (c) stole
    (d) abused

32. The domestic film industry is under-developed, and the creativity of filmmakers is _____ by censorship.
    (a) encouraged
    (b) stifled
    (c) promoted
    (d) stiffened

33. The drop in illegal border crossings has been so dramatic that the success of the new program is hard to _____.
    (a) disagree
    (b) dispute
    (c) convert
    (d) transfer

34. The huge truck _____, and started to move.
    (a) glimmered
    (b) shouted
    (c) roared
    (d) yelled

35. Investors encouraged African leaders to commit to transparent government policies on trade and investment in order to _____ foreign investors.
    (a) chase
    (b) ignore
    (c) deviate
    (d) attract

36. I was supposed to meet him and go to a movie together tonight, but he _____ me up.
    (a) set
    (b) stood
    (c) made
    (d) gave

37. When there are not enough volunteers for the army, the authorities should _____ additional men.
    (a) issue
    (b) renew
    (c) conscript
    (d) suspend

38. The witness took a(n) _____ on the Bible.
    (a) survey
    (b) appointment
    (c) remark
    (d) oath

39. Wearing helmets can give skaters a false sense of _____ and encourage them to take risks.
    (a) satisfaction
    (b) security
    (c) deference
    (d) indifference

40. Even if you have already read the book, you will still really enjoy this wonderful _____ of the adventure in movie form.
    (a) account
    (b) imitation
    (c) exhibition
    (d) disclose

41. Health officials say some farmers in the affected area are _____ bird flu after being in contact with sick birds.
    (a) infecting
    (b) contracting
    (c) inheriting
    (d) contaminating

42. Accurate _____ method in the early stage of a disease will improve the possibility of full recovery.
    (a) diagnostic
    (b) ongoing
    (c) operational
    (d) designated

43. A new press ordinance bans publication of news about terrorist bombings and material that _____ the head of state.
    (a) respects
    (b) disrespects
    (c) admires
    (d) agrees

44. What I'm trying to do is to _____ people, to give them ways to help them get well.
    (a) embody
    (b) empower
    (c) order
    (d) permit

45. Wild plants can thrive best in its natural _____.
    (a) inhabitant
    (b) ecology
    (c) habitat
    (d) lodging

46. The coalition was so disappointed with the election results to find that they just won a _____ five seats.
    (a) prodigious
    (b) paltry
    (c) pouty
    (d) phenomenal

47. Artistic creativity and _____ craftsmanship of our designers have satisfied even the most demanding customers.
    (a) gawky
    (b) adroit
    (c) gangling
    (d) clumsy

48. Women should have the right to dress as they _____.
    (a) dislike
    (b) please
    (c) care
    (d) go

49. The traditional _____ and the power behind paternalism is fading fast in the modern society.
    (a) independence
    (b) deference
    (c) contentment
    (d) security

50. The author made _____ to the Bible to give his text a religious tone.
    (a) reference
    (b) comment
    (c) remark
    (d) preference

This is the end of the Vocabulary section. Do NOT move on to the Reading Comprehension section until instructed to do so. You are NOT allowed to turn to any other section of the test.

★
Actual Test 3

TEPS

Vocabulary

DIRECTIONS

This part of the exam tests your vocabulary skills. You will have 15 minutes to complete the 50 questions. Be sure to follow the directions given by the proctor.

Part I Questions 1~25

Choose the best answer for the blank.

1. A: I need to borrow a car and you need some help with writing that report.
   B: Maybe we can work something _____.
   (a) off
   (b) over
   (c) out
   (d) useful

2. A: Samuel is really _____ on himself, isn't he?
   B: I think he blames himself for his wife's accident.
   (a) strict
   (b) rough
   (c) brash
   (d) hard

3. A: I can let you have that bracelet for only $162.00.
   B: If you'll _____ for $150.00, I'll take it.
   (a) settle
   (b) saddle
   (c) scratch
   (d) stretch

4. A: If you're not busy, Sam, I'd like to have _____ with you.
   B: No, I'm not at all busy. I was just typing a few letters.
   (a) the wording
   (b) a word
   (c) wording
   (d) words

5. A: Do you know how long I've been waiting here?
   B: Yeah, I know. I was _____ a bit late.
   (a) going
   (b) coming
   (c) running
   (d) showing up

6. A: I really hate my job, but I know I should stick to it if I want to succeed.
   B: Well, people say success is never a _____—it is a journey.
   (a) stop
   (b) destination
   (c) target
   (d) picnic

7. A: Are you still gambling?
   B: Yes, it's a tough habit to _____.
   (a) cut
   (b) break
   (c) develop
   (d) have

8. A: I heard that he tried to _____ suicide.
   B: What? What happened to him?
   (a) do
   (b) commit
   (c) make
   (d) perform

9. A: Watch out! That truck almost hit you. Stay out of the road.
   B: You're right. That was a _____ call.
   (a) close
   (b) dangerous
   (c) worried
   (d) near

10. A: You're late again, Richard! That's already twice this week.
    B: I'm very sorry. The _____ traffic delayed me.
    (a) crowded
    (b) packed
    (c) cramped
    (d) heavy

11. A: Why was Martha so embarrassed during the kissing scene of *Sex and the City*?
    B: The reason is that she is so _____.
    (a) womanish
    (b) female
    (c) prudish
    (d) ladylike

12. A: Is this a new couch?
    B: No, it was just _____.
    (a) replenished
    (b) purchased
    (c) refurbished
    (d) revised

13. A: What do you like about this house?
    B: It is _____ of something from my childhood house.
    (a) reminiscent
    (b) stylish
    (c) relevant
    (d) established

14. A: What was wrong with your biology class?
    B: The construction outside _____ our class several times. It got so bad that the professor canceled the class.
    (a) destroyed
    (b) disrupted
    (c) limited
    (d) constrained

15. A: How did you like your hotel room?
    B: It was really big and beautiful. It was very _____.
    (a) regular
    (b) raging
    (c) regal
    (d) regional

16. A: What is Jane doing this summer?
    B: She's _____ down at the homeless shelter.
    (a) volunteering
    (b) providing
    (c) servicing
    (d) brunching

17. A: Doesn't Daniel live in New York?
    B: No, he _____ in Miami now.
    (a) migrates
    (b) moves
    (c) resides
    (d) changes

18. A: How is your new English Professor?
    B: He's pretty easy-going, but very _____ when it comes to correcting essays.
    (a) judgmental
    (b) meticulous
    (c) curious
    (d) absent-minded

19. A: What happened to the painting that was here?
    B: It was sent to Italy for _____.
    (a) restoration
    (b) reservation
    (c) recognition
    (d) recall

20. A: Would you help me with my presentation?
    B: Sorry, my _____ are full now.
    (a) baskets
    (b) times
    (c) hands
    (d) ears

21. A: What do you want us to do with this report?
    B: It's way too long. You have to _____ it.
    (a) widen
    (b) further
    (c) truncate
    (d) lay

22. A: Why do we have to be here on a Sunday?
    B: The company is going through an _____, so we have to help maintain the inventory.
    (a) audition
    (b) audit
    (c) audience
    (d) audio

23. A: I wish I would have sold our house 5 years ago.
    B: I know. In recent months, the value of our house _____.
    (a) increased
    (b) plummeted
    (c) grounded
    (d) skyrocketed

24. A: How much did the tornados affect the Santos county?
    B: Many of the homes were _____, and most of the residents had to remodel or rebuild after the storms.
    (a) damaged
    (b) condemned
    (c) leveled
    (d) relocated

25. A: The economy seems to be doing really well.
    B: I noticed that, too. I read somewhere the unemployment _____ is decreasing.
    (a) benefit
    (b) analysis
    (c) rate
    (d) line

Part II Questions 26~50

Choose the best answer for the blank.

26. At the moment, our semiconductor technology is more advanced than that of our competitors, but some of them are _____ up with us.
    (a) coming
    (b) catching
    (c) going
    (d) meeting

27. Before you sign the contract, make sure that they _____ everything down in writing.
    (a) put
    (b) run
    (c) turn
    (d) break

28. The area has had a bad harvest this year and the people are in _____ of assistance.
    (a) desperation
    (b) cry
    (c) help
    (d) need

29. The link between tobacco use and cancer is so well _____ and well known that they decided to focus on other areas.
    (a) set
    (b) established
    (c) created
    (d) found

30. The organization will help Africa _____ UN Millennium Development Goals in information technology.
    (a) make
    (b) survive
    (c) overcome
    (d) reach

31. The participants _____ with topics such as boosting mass transit and financing solar power projects.
    (a) armed
    (b) fought
    (c) met
    (d) grappled

32. The president is _____ his worst political crisis since coming to power in 2008.
    (a) waiting
    (b) facing
    (c) challenging
    (d) focusing

33. The jury has reached the agreement that the reporter committed _____ by publishing false stories about the painter.
    (a) culprit
    (b) libel
    (c) fugitive
    (d) ransom

34. As man becomes more and more a social being, communication grows even more _____.
    (a) agile
    (b) imperative
    (c) expensive
    (d) bustling

35. He predicted the country could not avoid the war if the government _____ it necessary.
(a) deemed
(b) deduced
(c) reflected
(d) rebuked

36. There were perfectly _____ reasons why they believed that he was right.
(a) languid
(b) futile
(c) dubious
(d) cogent

37. To put it _____, he became a pain in the neck.
(a) politely
(b) sharply
(c) bluntly
(d) adequately

38. As the room was a little _____, the man closed all the windows.
(a) muggy
(b) drafty
(c) humid
(d) stuffy

39. The actress enjoyed wide popularity, being _____ with elegance, beauty and style in the 1920s.
(a) anonymous
(b) identical
(c) integral
(d) synonymous

40. The police are desperately looking for anyone who may know the _____ of the suspect.
(a) place
(b) apprehension
(c) position
(d) whereabouts

41. It is always important to reach a _____ between what you want to do and what you can do.
(a) negotiation
(b) delivery
(c) engagement
(d) compromise

42. Regular exercise is a good way to _____ high blood pressure.
(a) respond
(b) counteract
(c) counterattack
(d) erase

43. Countries at war and those battling droughts and other climatic _____ have worried about food security.
(a) advantages
(b) weaknesses
(c) hardships
(d) wrongdoings

44. These extinguishers can put out fires from ordinary _____ such as wood, plastic, or paper.
(a) consumables
(b) combustibles
(c) confusables
(d) commodities

45. The old pagers disappeared to be _____ by mobile phones with the advance of communication technology.
   (a) replaced
   (b) covered
   (c) overwhelmed
   (d) overtaken

46. Wireless internet is certainly an epoch-making development to _____ data between those who are far away from each other.
   (a) submit
   (b) emit
   (c) commit
   (d) transmit

47. His indecisiveness _____ serious problems for the fate of the country.
   (a) poses
   (b) throws
   (c) asks
   (d) gives

48. She could not but feel a _____ of guilt about having left her friends in danger.
   (a) remorse
   (b) pang
   (c) sound
   (d) state

49. To be _____ for severance pay, an employee must have completed at least 12 months of continuous service by the date of separation.
   (a) eligible
   (b) able
   (c) appropriate
   (d) competent

50. His company provides its employees with room and _____ for free.
   (a) bed
   (b) board
   (c) bathroom
   (d) closet

This is the end of the Vocabulary section. Do NOT move on to the Reading Comprehension section until instructed to do so. You are NOT allowed to turn to any other section of the test.

★
actual test 4

TEPS

Vocabulary

Directions

This part of the exam tests your vocabulary skills. You will have 15 minutes to complete the 50 questions. Be sure to follow the directions given by the proctor.

Part I Questions 1~25

Choose the best answer for the blank.

1. A: I really wish you'd stop _____ in on my conversations all the time.
   B: Oh, sorry. I didn't realize I was doing that.
   (a) standing
   (b) going
   (c) breaking
   (d) speaking

2. A: My wife has a beautiful sister I'd like you to meet.
   B: I don't _____ that she's beautiful, but I'm already engaged.
   (a) doubt
   (b) realize
   (c) suspect
   (d) pretend

3. A: This house is like a palace! Do you own it?
   B: Unfortunately, no. We _____ it from my wife's uncle.
   (a) hire
   (b) lend
   (c) borrow
   (d) rent

4. A: These pianos go completely over my budget.
   B: Then let's look for something _____.
   (a) secondhand
   (b) recycled
   (c) shinier
   (d) fancy

5. A: How is my child doing in English?
   B: She seems to have a great _____ for languages.
   (a) arrangement
   (b) likelihood
   (c) coverage
   (d) aptitude

6. A: It's payday! Let's go drinking!
   B: I can't. My entire _____ has to go toward bills.
   (a) paycheck
   (b) payback
   (c) payload
   (d) payoff

7. A: What's the reason you are requesting more funding?
   B: Unfortunately, we _____ the initial costs by about 10,000 dollars.
   (a) exaggerated
   (b) underestimated
   (c) consolidated
   (d) withdrew

8. A: For a rich man, he's very _____.
   B: Yes, I heard he has been wearing the same glasses for 10 years.
   (a) generous
   (b) frugal
   (c) wasteful
   (d) lavish

9. A: Welcome to Canada. Do you have any items to _____?
   B: Yes, I have some electronic equipment that I brought for work.
   (a) propound
   (b) declare
   (c) denounce
   (d) admit

10. A: Let's go shopping for shoes today.
    B: Okay, but I can only afford to _____.
    (a) search
    (b) inspect
    (c) browse
    (d) glance

11. A: I was so tired at work from playing poker with friends all night.
    B: You should _____ a habit of getting to bed before midnight no matter what.
    (a) continue
    (b) perfect
    (c) adopt
    (d) get

12. A: Who do I need to talk to about buying an exercise machine?
    B: Dennis is a fitness trainer at my gym. He's the one you need to _____ to.
    (a) speak
    (b) converse
    (c) contact
    (d) say

13. A: What's wrong?
    B: I have to _____, or I'm going to be late for my next meeting.
    (a) get going
    (b) get along with
    (c) get over
    (d) get down

14. A: Where is your bicycle?
    B: I _____ it to my little sister's friend.
    (a) lent
    (b) sent
    (c) broke
    (d) remodel

15. A: What is the night guard doing?
    B: He's _____.
    (a) making his rounds
    (b) playing in the sand
    (c) building a castle
    (d) fixing a car

16. A: Yesterday, my boyfriend stopped by my house and gave me flowers for no reason.
    B: Your boyfriend sounds like a _____. I would be careful not to lose him.
    (a) beloved
    (b) loser
    (c) owner
    (d) keeper

17. A: In case I forget, remind me that I left my car key in the drawer.
    B: Ok. We'll need it to _____ us to where we need to go tonight.
    (a) bring
    (b) send
    (c) deliver
    (d) return

Actual Test 4 29

18. A: How long did it take you to get from your house to here?
    B: Not very long. We were able to _____ by taking the expressway.
    (a) make good time
    (b) make a go of it
    (c) make it work
    (d) make it from scratch

19. A: _____, please. Let the doctor through.
    B: I guess standing next to the door wasn't a good idea.
    (a) Step on
    (b) Set aside
    (c) Step over
    (d) Step aside

20. A: After he kept bothering you, what did you tell him?
    B: I told him to _____.
    (a) get lost
    (b) get by
    (c) get over it
    (d) get a grip

21. A: Who are you _____ for?
    B: I want New York Yankees to win.
    (a) sounding
    (b) rooting
    (c) looting
    (d) rousing

22. A: Why can't you reach Ted?
    B: He's impossible to reach. He's always on the _____.
    (a) place
    (b) statement
    (c) move
    (d) pedestal

23. A: Where is she going?
    B: She's leaving. She was _____ up in her dorm room all day and now wants to get out.
    (a) cooped
    (b) coped
    (c) carped
    (d) cropped

24. A: What does he do?
    B: He's a _____. He helps keep order during a debate.
    (a) ruler
    (b) dictator
    (c) president
    (d) mediator

25. A: Why did they get divorced?
    B: The wife found out her husband was _____ her.
    (a) marrying
    (b) two-timing
    (c) engaging
    (d) separating

Part II Questions 26~50

Choose the best answer for the blank.

26. According to a recent survey, only 25% of college students see a need to _____ current affairs.
    (a) keep up with
    (b) keep out
    (c) keep together
    (d) keep in with

27. After his parents died in a plane crash, his aunt had to _____ him and his little brother up.
    (a) bring
    (b) raise
    (c) grow
    (d) rear

28. By and _____, the casualties were limited to those that wandered into the battle zone from the surrounding villages.
    (a) by
    (b) large
    (c) usual
    (d) over

29. The president's critics and political opponents were detained or _____ under house arrest.
    (a) thrown
    (b) brought
    (c) taken
    (d) placed

30. Their desultory response indicated that they had no awareness of the severity of the _____.
    (a) precinct
    (b) predecessor
    (c) predicament
    (d) prediction

31. A Ministry of Foreign Affairs and Trade official warned that this could lead to another diplomatic _____.
    (a) breakthrough
    (b) blackout
    (c) overthrow
    (d) standoff

32. The summit intends to promote foreign investment in Africa in order to _____ the so-called digital divide.
    (a) tie
    (b) cut
    (c) bridge
    (d) widen

33. The exposition was a good opportunity to display recent _____ that the nation has made in infrastructure and telecommunications.
    (a) feat
    (b) effort
    (c) trials
    (d) strides

34. The convicted criminal is sentenced to a lifetime in prison, and now he is destined to spend the rest of his life _____.
    (a) incarcerated
    (b) recriminated
    (c) incinerated
    (d) repatriated

35. Many factory workers fear that _____ machines will eventually replace them.
    (a) autonomous
    (b) autographic
    (c) autocratic
    (d) automated

36. Anyone who has _____ to the Internet can enter and edit information for entries in some 250 languages.
    (a) entrance
    (b) access
    (c) exit
    (d) contact

37. She was diplomatic enough to know how to present this unpleasant topic in a way that would not _____ the relationship.
    (a) upgrade
    (b) degrade
    (c) build
    (d) establish

38. The explorers knew exactly how to _____ the river to serve all their needs.
    (a) exploit
    (b) expend
    (c) abuse
    (d) access

39. People under the age of eighteen are not _____ to drink in most countries.
    (a) favored
    (b) allowed
    (c) predicted
    (d) marketed

40. Reluctantly, they put their building up _____.
    (a) on sale
    (b) in sale
    (c) to sell
    (d) for sale

41. We can identify _____ differences between these molecules by microscopes.
    (a) eccentric
    (b) fabulous
    (c) minute
    (d) gigantic

42. The crowd was smaller than the _____ 50,000 protesters who rallied in front of the parliament building.
    (a) guessed
    (b) figured
    (c) estimated
    (d) counted

43. The ICRC is the first _____ organization being able to distribute relief supplies on the spot.
    (a) humanitarian
    (b) human
    (c) humane
    (d) humorous

44. The new museum features life-like wax _____ of some the world's best-known celebrities.
   (a) replicas
   (b) imitations
   (c) mimics
   (d) twins

45. With a rapidly expanding middle class, China could be a very _____ market for Hollywood.
   (a) lucrative
   (b) poor
   (c) bleary
   (d) lurid

46. We would like to see much stronger _____ Chinese film industry so that more Chinese films are produced for the market in China.
   (a) individual
   (b) ingenuous
   (c) indigent
   (d) indigenous

47. The organization has _____ more than 2.7 billion dollars to help treat poor children.
   (a) risen
   (b) raised
   (c) put off
   (d) put away

48. How the murderer could have gotten into the locked room was an _____ mystery to Watson.
   (a) immaterial
   (b) impenitent
   (c) imbecile
   (d) impenetrable

49. A British teacher was convicted of _____ Islam after her class named a teddy bear Mohammad.
   (a) insulting
   (b) admiring
   (c) aspiring
   (d) inspiring

50. Severance pay must be paid at the same interval that the _____ would be made if the recipient were still employed.
   (a) salary
   (b) insurance
   (c) premium
   (d) installment

This is the end of the Vocabulary section. Do NOT move on to the Reading Comprehension section until instructed to do so. You are NOT allowed to turn to any other section of the test.

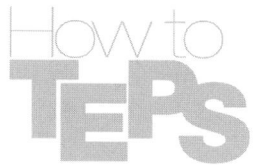

★ Actual Test 5

TEPS

Vocabulary

Directions

This part of the exam tests your vocabulary skills. You will have 15 minutes to complete the 50 questions. Be sure to follow the directions given by the proctor.

Part I Questions 1~25

Choose the best answer for the blank.

1. A: Who is responsible for the accident?
   B: I'm the one to _____. Sorry about that.
   (a) blame
   (b) report
   (c) misbehave
   (d) arrest

2. A: Why are you so pissed off?
   B: The man in the black suit cut in _____!
   (a) space
   (b) line
   (c) people
   (d) row

3. A: Why don't you get rid of all these old things? You don't need to _____ on to them?
   B: But it would feel like throwing away my past.
   (a) hang
   (b) get
   (c) give
   (d) keep

4. A: I want to marry Brad, Mom.
   B: Over my dead _____!
   (a) state
   (b) soul
   (c) mind
   (d) body

5. A: Who let the _____ out of the bag? It was off the record.
   B: I guess it's Tanya, the bigmouth.
   (a) bean
   (b) pea
   (c) cat
   (d) dog

6. A: I cannot make up my mind. What should I do?
   B: Why don't you flip a coin? Heads you go and _____ you stay.
   (a) backs
   (b) tails
   (c) bottoms
   (d) feet

7. A: How much do I owe you?
   B: It's $15.20. But I can _____ it down to $15 for you.
   (a) round
   (b) shorten
   (c) charge
   (d) lessen

8. A: What's wrong with your computer?
   B: I'm not sure, but fortunately, I _____ up everything.
   (a) made
   (b) messed
   (c) backed
   (d) saved

9. A: Now, do you get the _____?
    B: I still don't understand what is going on.
    (a) rope
    (b) hang
    (c) knack
    (d) picture

10. A: I'm embarrassed to say that I'm computer _____.
    B: Why don't you sign up for Computer 101? It's really easy to learn.
    (a) illiterate
    (b) uneducated
    (c) blind
    (d) helpless

11. A: What do you want me to do?
    B: I need you to put your _____ on the dotted line at the bottom of the paper.
    (a) John Doe
    (b) Dear John
    (c) Richard Roe
    (d) John Hancock

12. A: How did the fight start?
    B: The drunk guy was _____ on the bartender and wouldn't leave him alone.
    (a) serving
    (b) egging
    (c) drinking
    (d) falling

13. A: How are you going to pay for this car?
    B: I'm going to pay for this car in one _____.
    (a) debit
    (b) credit
    (c) lump sum
    (d) loan

14. A: How did you find this couch?
    B: I was _____ through a magazine, and I found it in one of the advertisements there.
    (a) turning
    (b) leafing
    (c) lifting
    (d) managing

15. A: Why do you smoke?
    B: After 20 years of smoking, I think it's become a _____.
    (a) force of practice
    (b) routine of habit
    (c) force of habit
    (d) custom

16. A: You missed the exam last month.
    B: Yeah, but I _____.
    (a) made it off
    (b) made it up
    (c) made it for
    (d) made it

17. A: Thanks for attending on such urgent notice.
    B: No problem. It's no _____ at all.
    (a) factor
    (b) trouble
    (c) stain
    (d) concern

Actual Test 5 37

18. A: My watch got stolen while I was sightseeing.
B: Very sorry, but we're not responsible for lost or stolen _____.
(a) articles
(b) portions
(c) particles
(d) elements

19. A: I just got a one-year _____ at a language institute.
B: Good for you. I'm sure you'll enjoy it.
(a) enlistment
(b) membership
(c) contract
(d) certificate

20. A: Would you want to go out for lunch with me today?
B: Thanks, but I _____ a sandwich from home.
(a) bagged
(b) made
(c) brought
(d) carried

21. A: Catherine sure looks _____ today.
B: You would too if you got a promotion.
(a) brilliant
(b) overjoyed
(c) terrible
(d) wretched

22. A: Mom called and said she's not feeling well but I'm too busy to go.
B: Don't worry. I'll _____ her after work.
(a) go in with
(b) check in on
(c) take it out on
(d) do away with

23. A: If someone _____ me up, tell them I went out.
B: I'm not going to lie for you.
(a) checks
(b) gives
(c) brings
(d) calls

24. A: You are going to _____ to their unfair demands, aren't you?
B: I hate to do it, but I have no choice.
(a) give out
(b) give up
(c) give over
(d) give in

25. A: Let's watch *The Letter* tonight.
B: Well, I don't particularly like these _____ movies where people are always crying and dying.
(a) fantasy
(b) willowy
(c) weepy
(d) mellow

Part II Questions 26~50

Choose the best answer for the blank.

26. A corrupt tree cannot _____ good fruit.
    (a) churn out
    (b) turn into
    (c) bring forth
    (d) make over

27. They _____ what they believed to be right.
    (a) stood for
    (b) stood down
    (c) stood back
    (d) stood up for

28. The senator says she is taking nothing for _____ as she campaigns in Iowa.
    (a) gratitude
    (b) grace
    (c) granted
    (d) seriously

29. The Supreme Court was expected to _____ a verdict in the coming days.
    (a) publish
    (b) mention
    (c) call
    (d) deliver

30. The strategies the police _____ last night are under heated criticism.
    (a) hid
    (b) applied
    (c) covered
    (d) protected

31. The UN has _____ detailed criteria for who should be allowed to vote.
    (a) sought
    (b) took
    (c) established
    (d) interpreted

32. About 50 tenants with cholera _____ an isolation ward of the hospital.
    (a) emptied
    (b) borrowed
    (c) sold
    (d) occupied

33. It is not ethical to _____ other people's misfortune.
    (a) cash in
    (b) cash in on
    (c) carry on
    (d) carry off

34. He was forced to _____ all of his assets in an effort to avoid filing for bankruptcy.
    (a) eradicate
    (b) accrue
    (c) liquidate
    (d) retail

35. We will be much stronger if we can get all the different groups to form a(n) _____ to fight corruption.
    (a) assemblage
    (b) membership
    (c) cessation
    (d) coalition

Actual Test 5 39

36. The attendees of the international conference wanted to find out if the hotel has any _____ during the event.
    (a) vacancies
    (b) spaces
    (c) places
    (d) bookings

37. With so many ethnic minorities living in the country, India is one of the most culturally _____ countries.
    (a) prevalent
    (b) diverse
    (c) limited
    (d) restricted

38. The _____ brochure presents a vast array of gardening equipment and materials you can choose from.
    (a) enclaved
    (b) encoded
    (c) enclosed
    (d) encapsulated

39. Talks had _____ down earlier than expected because of developing nations' opposition to Japan's early suggestion.
    (a) stuck
    (b) stalled
    (c) caught
    (d) bogged

40. Recent _____ in the economy indicate that the cost of gas may soon fall.
    (a) signs
    (b) stories
    (c) reasons
    (d) debates

41. She was born with a _____ heart defect, and she's had two open heart surgeries before her second birthday.
    (a) co-related
    (b) cordial
    (c) congenital
    (d) congenial

42. Illegal aliens are prosecuted and are _____ to fines and imprisonment for illegal entry.
    (a) supposed
    (b) subject
    (c) eligible
    (d) allowed

43. There are a number of language _____ where Chinese is taught.
    (a) institutions
    (b) installations
    (c) inspectors
    (d) institutes

44. The _____ caused at least $120 million in financial damage.
    (a) walkout
    (b) workout
    (c) walk-down
    (d) walkabout

45. The sight of the skyscrapers always _____ a sense of awe to her.
- (a) invoked
- (b) provoked
- (c) evoked
- (d) revoked

46. If you are _____ to a particular disease, you don't need to be vaccinated against it.
- (a) immature
- (b) immortal
- (c) immune
- (d) immaculate

47. I asked the passenger next to me to _____ the volume because I could not bear the noise from his cassette player.
- (a) turn up
- (b) turn down
- (c) turn on
- (d) turn off

48. When the opposing team took the field, they looked _____, but we could defeat them.
- (a) infamous
- (b) indolent
- (c) impregnable
- (d) inert

49. He was scheduled to _____ off around nine o'clock, but he didn't leave work until ten.
- (a) get
- (b) take
- (c) start
- (d) kick

50. It is _____ that you fill the basin with warm water before adding the detergent.
- (a) informed
- (b) guided
- (c) ordered
- (d) recommended

This is the end of the Vocabulary section. Do NOT move on to the Reading Comprehension section until instructed to do so. You are NOT allowed to turn to any other section of the test.

★ Actual Test 6

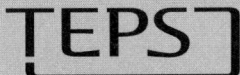

VOCABULARY

DIRECTIONS

This part of the exam tests your vocabulary skills. You will have 15 minutes to complete the 50 questions. Be sure to follow the directions given by the proctor.

Part I Questions 1~25

Choose the best answer for the blank.

1. A: What is so urgent? Can't it _____ till tomorrow?
   B: No, we have to take care of it right away.
   (a) come
   (b) wait
   (c) stay
   (d) stop

2. A: I can't believe it. The ceiling is leaking again.
   B: Relax, let's ask the _____ to fix it.
   (a) tenant
   (b) inmate
   (c) occupant
   (d) caretaker

3. A: Any news about the arson?
   B: Yes, the police arrested a _____, and they're drilling him with questions.
   (a) suspect
   (b) criminal
   (c) prosecutor
   (d) witness

4. A: If they don't sign the contract, we will be in trouble.
   B: Don't worry. If they don't, I'll eat my _____.
   (a) word
   (b) hat
   (c) shoes
   (d) gloves

5. A: Hey, why don't we have a drink after work?
   B: I'd love to, but I have to pass. I have a previous engagement. Can I take a(n) _____?
   (a) moment
   (b) rain check
   (c) drink
   (d) appointment

6. A: I _____ to make our boss upset today.
   B: How on earth did you do that? He seemed to be very happy this morning.
   (a) created
   (b) managed
   (c) disappointed
   (d) intended

7. A: Are you _____ along with your boyfriend?
   B: Not at all. Recently, it seems that we have just been hurting each other.
   (a) taking
   (b) going
   (c) getting
   (d) doing

8. A: Why was Congress so disappointed with the President?
   B: The President made a _____ point when he said he would veto the bill.
   (a) firm
   (b) poignant
   (c) established
   (d) congressional

9. A: How did you hit that street sign?
   B: My car suddenly hit a patch of ice and _____ out of control.
   (a) turned
   (b) spun
   (c) pulled
   (d) driven

10. A: Let's call Chris and see if he can make it to the 5 p.m. meeting.
    B: Save your _____. He's always preoccupied with something around 5 p.m.
    (a) money
    (b) self
    (c) trouble
    (d) breath

11. A: I heard Kelly did not hand in her term paper again.
    B: Her professor must have _____.
    (a) beaten up
    (b) blown up
    (c) hit out
    (d) jumped up

12. A: My new vacuum cleaner doesn't seem to work smoothly.
    B: Why don't you take it back to the _____, then?
    (a) expert
    (b) dealer
    (c) supervisor
    (d) donor

13. A: I bet the German team will win the game.
    B: Yes, none of the teams are any _____ for them.
    (a) buddy
    (b) peer
    (c) mate
    (d) match

14. A: Are you going to _____ me off at the airport?
    B: I'm afraid that's impossible. I have to work.
    (a) see
    (b) look
    (c) show
    (d) watch

15. A: Why does Mr. Lee look so depressed today?
    B: He asked Ms. Hong to marry him, but she _____ the proposal.
    (a) broke
    (b) laughed at
    (c) turned down
    (d) pulled out

16. A: I'm going to _____ up Jane tonight. Want to come?
    B: Sure, I haven't seen her in ages.
    (a) show
    (b) pass
    (c) run
    (d) look

17. A: What did you buy the flashlight for?
    B: It comes in _____ during a power failure.
    (a) handy
    (b) easy
    (c) fast
    (d) helpful

18. A: What is the meaning of FTA?
    B: It _____ for Free Trade Agreement.
    (a) stands
    (b) counts
    (c) makes
    (d) ranks

19. A: At the time of high inflation like this, many poor people barely manage to make ends meet.
    B: We average wage-earners are all in the same _____.
    (a) car
    (b) track
    (c) boat
    (d) house

20. A: It's getting late. Shall we go home now?
    B: No, let's stick _____ a while longer.
    (a) about
    (b) among
    (c) across
    (d) around

21. A: Your wife will definitely get upset when she hears the news.
    B: Yes, she has such a hot _____.
    (a) voice
    (b) character
    (c) temper
    (d) personality

22. A: The stock market is going down.
    B: You'd better not buy in this _____ market.
    (a) bear
    (b) bull
    (c) sheep
    (d) snail

23. A: I told them we would be there by 5 o'clock.
    B: That means we should _____ out right after lunch.
    (a) set
    (b) give
    (c) break
    (d) hang

24. A: I have a lunch meeting with a new client today.
    B: Good luck. Let me know how it turns _____.
    (a) on
    (b) in
    (c) into
    (d) out

25. A: If you happen to run _____ her, would you ask her to call me?
    B: Sure. What's your phone number?
    (a) over
    (b) out
    (c) up
    (d) across

Part II Questions 26~50

Choose the best answer for the blank.

26. The key ingredient in _____ changes in troubled youth is in finding good mentors who can guide them.
    (a) bringing about
    (b) bringing across
    (c) getting over
    (d) going about

27. This event _____ three respected names: the Children's Miracle Network, the Professional Golf Association, and Walt Disney World.
    (a) calls for
    (b) brings in
    (c) brings up
    (d) brings together

28. The prosecution couldn't determine from witness reports who was _____ in the accident.
    (a) irresponsible
    (b) at fault
    (c) at mistake
    (d) guilty

29. They had pledged to reduce local carbon emissions below their 1990 levels, in _____ with the international Kyoto Protocol.
    (a) arms
    (b) lockstep
    (c) par
    (d) line

30. They are now under a great deal of pressure to _____ their airport security.
    (a) stiffen
    (b) render
    (c) lengthen
    (d) tighten

31. They certainly want someone who can _____ the attacks from the opposition party.
    (a) win
    (b) claim
    (c) beat
    (d) weather

32. They felt a strong need to improve _____ products and develop new lines.
    (a) surviving
    (b) replaced
    (c) pursued
    (d) existing

33. This car is used only to _____ to and from school.
    (a) pull
    (b) push
    (c) turn
    (d) carry

34. In most cases, teachers should _____ the students by giving verbal warnings instead of corporal punishment.
    (a) praise
    (b) scold
    (c) reward
    (d) grow

35. We had to try to _____ our conversation to arguments relevant to the topic because he kept diverting the attention of the people from the real issues.
    (a) confide
    (b) retort
    (c) confine
    (d) resort

36. The UN-led conference was to consider the draft in a _____ session later in the evening.
    (a) plenary
    (b) plethora
    (c) pompous
    (d) corporate

37. Younger generations tend to think that the latest _____ is to look cool.
    (a) legacy
    (b) tradition
    (c) fad
    (d) moments

38. It is not uncommon for office workers to feel like becoming _____ in meaningless daily routines.
    (a) estranged
    (b) enmeshed
    (c) infringed
    (d) insulated

39. A long illness had _____ the patient.
    (a) elongated
    (b) emaciated
    (c) emanated
    (d) educed

40. His _____ argument has confused everyone in the group.
    (a) insightful
    (b) timely
    (c) incongruous
    (d) prosperous

41. The blind man ran his finger over the letters to see if they had been _____.
    (a) eluded
    (b) written
    (c) embodied
    (d) embossed

42. Greenpeace is an environmental organization trying to protect some _____ species.
    (a) endangered
    (b) extinguishing
    (c) extinct
    (d) enchanted

43. He also _____ in the 35th Infantry and was appointed adjutant.
    (a) listed
    (b) registered
    (c) entered
    (d) enlisted

44. He was so deeply _____ in the book he was reading that he did not even hear us enter the room.
    (a) immersed
    (b) drenched
    (c) saturated
    (d) imbued

45. The minister addressed the group via satellite link-up and _____ them to play a leading role in the fight against global warming.
 (a) exhaled
 (b) exhausted
 (c) exhorted
 (d) exhumed

46. They believed that the federal government can do more to _____ the challenge of climate change.
 (a) combat
 (b) convene
 (c) conform
 (d) confide

47. If you subscribe to *Dance* now, you'll _____ 30% off the newsstand price.
 (a) take
 (b) get
 (c) make
 (d) try

48. Although it wasn't all his fault, his _____ apology made me pissed off.
 (a) appropriate
 (b) courteous
 (c) belated
 (d) rambunctious

49. Luckily enough, Mr. Lee was _____ of disorderly behavior by magistrates.
 (a) stratified
 (b) acquitted
 (c) interdicted
 (d) demarcated

50. Pupils could be expelled from school for their _____ attitude.
 (a) clement
 (b) gallant
 (c) insolent
 (d) prerogative

This is the end of the Vocabulary section. Do NOT move on to the Reading Comprehension section until instructed to do so. You are NOT allowed to turn to any other section of the test.

★
Actual Test 7

TEPS

VOCABULARY

DIRECTIONS

This part of the exam tests your vocabulary skills. You will have 15 minutes to complete the 50 questions. Be sure to follow the directions given by the proctor.

Part I Questions 1~25

Choose the best answer for the blank.

1. A: Why are you buying all these houses?
   B: I want to _____ for my retirement.
   (a) replenish
   (b) create
   (c) develop
   (d) invest

2. A: Have you heard Tim speak French? He's really good!
   B: I can imagine. He's been studying it for 12 years so he must sound almost like a(n) _____.
   (a) immigrant
   (b) native
   (c) domestic
   (d) foreigner

3. A: I don't enjoy taking my kids to Church on Sundays.
   B: I don't, either. They can be so _____ during the mass.
   (a) mundane
   (b) sophisticated
   (c) disciplined
   (d) garrulous

4. A: After getting married, how have you been able to maintain a healthy _____ for 40 years?
   B: A lot of patience and a high tolerance for bad cooking.
   (a) relationship
   (b) relative
   (c) resolution
   (d) reliability

5. A: I think the problems you have now are _____.
   B: I would agree. I don't think they will last that long.
   (a) transparent
   (b) transport
   (c) transient
   (d) teleport

6. A: What is that awful smell?
   B: It's mosquito repellent. I sprayed it to _____ mosquitoes from entering our house.
   (a) protect
   (b) encourage
   (c) prevent
   (d) entourage

7. A: How did you do on the science exam?
   B: Not very good. Most of my points were _____ due to simple mistakes.
   (a) deducted
   (b) totaled
   (c) tallied
   (d) accumulated

8. A: How do you manage your finances at home?
   B: We sit down together and figure out a _____.
   (a) budget
   (b) profit
   (c) assign
   (d) keepsake

9. A: How did the man die?
   B: His ability to breathe was _____ by the water in his lungs.
   (a) masked
   (b) clogged
   (c) hampered
   (d) belated

10. A: What is this survey about?
   B: We are _____ customer feedback and opinions.
   (a) exchanging
   (b) gathering
   (c) asking
   (d) giving

11. A: He's the son of Tom Perkins, the famous actor.
   B: I bet his Dad pulled a few _____ to get him into the movie.
   (a) contacts
   (b) favors
   (c) wires
   (d) strings

12. A: How did the police know where Rocky was hiding?
   B: They arrested his brother, Joe, who _____ the beans.
   (a) mentioned
   (b) confessed
   (c) spilled
   (d) leaked

13. A: You'd better go _____ on that whiskey, Paul. You have to drive home.
   B: Don't worry. I'm taking a cab home.
   (a) less
   (b) smooth
   (c) fewer
   (d) easy

14. A: He plays the guitar really well, but he can't read music.
   B: A lot of musicians play everything by _____.
   (a) ear
   (b) listening
   (c) tones
   (d) sound

15. A: How can I get there?
   B: The fastest way is to go straight down the street for one block and _____ a right at the corner.
   (a) hang
   (b) go
   (c) get
   (d) give

16. A: It's 9:00! Aren't you ready to go yet?
   B: Don't worry. I'll be ready in a _____. I just need to find my shoes.
   (a) flash
   (b) spark
   (c) burst
   (d) twinkle

17. A: Mommy, please buy me a new bicycle. I want one!
    B: Be quiet, Kyle. You're _____ me crazy.
    (a) pushing
    (b) dragging
    (c) forcing
    (d) driving

18. A: Do you want to see a love story or another murder mystery?
    B: It's _____ to you. I chose last time.
    (a) over
    (b) as
    (c) up
    (d) first

19. A: Your room's such a mess! You're the sloppiest guy I know.
    B: OK, OK, I'll clean it. Don't _____ me a hard time.
    (a) give
    (b) cause
    (c) make
    (d) force

20. A: There's a sale on at that shoe store I like so much.
    B: I'll hide the credit card. Last time you really got _____ away.
    (a) spent
    (b) wasted
    (c) eaten
    (d) carried

21. A: Did you buy something for your Mom for her birthday?
    B: Oh, no! It completely _____ my mind.
    (a) evaded
    (b) slipped
    (c) escaped
    (d) left

22. A: I'm going out to play ball with the guys.
    B: It's 10 below zero outside. You must be out of your _____!
    (a) league
    (b) depth
    (c) element
    (d) mind

23. A: Please _____ an eye on my bag while I go to the bathroom.
    B: Of course.
    (a) keep
    (b) cast
    (c) maintain
    (d) place

24. A: Why does Jeff look so depressed today?
    B: He's in hot _____ with the boss for arriving late.
    (a) times
    (b) onions
    (c) water
    (d) lava

25. A: Hey, where's Lucy? Have you seen her?
    B: She said she was going to come, but I guess she didn't _____ it.
    (a) lose
    (b) reach
    (c) want
    (d) make

Part II Questions 26~50

Choose the best answer for the blank.

26. A judge should be _____.
    (a) immature
    (b) immortal
    (c) immune
    (d) impartial

27. The assault, which killed 10 soldiers and wounded eight, was _____ by an armed opposition group.
    (a) put out
    (b) put up with
    (c) carried up
    (d) carried out

28. The body and mind are _____ interrelated, so they cannot be thought separately.
    (a) inaptly
    (b) inextricably
    (c) inaccurately
    (d) inadequately

29. The victory has opened a new _____ in the history of sports in Korea.
    (a) lap
    (b) stage
    (c) term
    (d) chapter

30. Three French men _____ 100,000 dollars each in damages from the foundation.
    (a) sought
    (b) found
    (c) tried
    (d) covered

31. At first I did not know who they were because all the police officers were in _____ clothes.
    (a) uniform
    (b) plain
    (c) police
    (d) formal

32. We were all _____ dumb for a minute to see such a terrible sight.
    (a) hit
    (b) made
    (c) struck
    (d) stopped

33. The square was filled with a large _____ of people.
    (a) disciple
    (b) concourse
    (c) conciliation
    (d) concave

34. Luxury hotels provide all the _____ for their guests.
    (a) discomforts
    (b) amenities
    (c) inconveniences
    (d) capacities

35. No one could _____ whose side the jury will be on.
    (a) allow
    (b) prohibit
    (c) hinder
    (d) predict

36. The rebels' only _____ of weapons are those they smuggled into the region from the faceless dealers.
    (a) amount
    (b) demand
    (c) number
    (d) supply

37. The law was _____ to allow for the housing of refugees on government property.
    (a) amended
    (b) patched
    (c) outlawed
    (d) mutated

38. Tasha was with me when everyone else turned their backs on me, and I'll always _____ that.
    (a) please
    (b) expect
    (c) appreciate
    (d) request

39. As the price of wheat, maize, corn and other commodities that make up the world's basic foodstuffs is soaring, the poorest people in the poorest countries are the hardest _____.
    (a) price
    (b) hit
    (c) victims
    (d) proponents

40. The pickle was neither sour nor sweet, tasting _____ and insipid.
    (a) spicy
    (b) bland
    (c) delicious
    (d) hot

41. A pack of hyenas crouched on the _____ of a dead buffalo.
    (a) carcass
    (b) cadaver
    (c) hulk
    (d) wreckage

42. Days of heavy rains have caused river banks in the region to overflow, _____ much of the oil-rich region underwater.
    (a) submerging
    (b) leaving
    (c) flooding
    (d) brushing

43. The exchange rate of currencies _____ depending on the strength of their economy and other factors at any given time.
    (a) fluctuates
    (b) flutters
    (c) flickers
    (d) flaps

44. The _____ contraction and relaxation of muscles appear to have a beneficial effect on blood circulation.
    (a) alternative
    (b) alteration
    (c) altercation
    (d) alternate

45. The President, whose term in office _____ next year, worries about how history will remember him.
    (a) aspires
    (b) conspires
    (c) expires
    (d) inspires

46. Using too many different colors in a single room may result in _____ and a lack of unity in style.
    (a) disillusion
    (b) discord
    (c) discard
    (d) disband

47. It is not a _____ behavior to call people after midnight.
    (a) discredited
    (b) discrete
    (c) discreet
    (d) discourse

48. Regrettably, the preliminary contest within the conservative party caused serious _____ among the electorate for the lowly manners exhibited by the rival camps.
    (a) disfigure
    (b) disentanglement
    (c) disinterest
    (d) disdain

49. The more the moon _____ in its monthly cycle, the bigger the size gets.
    (a) suffuses
    (b) waxes
    (c) eclipses
    (d) ablates

50. The editorial will _____ caution about military intervention in the Middle East.
    (a) consult
    (b) console
    (c) counsel
    (d) council

This is the end of the Vocabulary section. Do NOT move on to the Reading Comprehension section until instructed to do so. You are NOT allowed to turn to any other section of the test.

★
Actual Test 8

VOCABULARY

DIRECTIONS

This part of the exam tests your vocabulary skills. You will have 15 minutes to complete the 50 questions. Be sure to follow the directions given by the proctor.

Part I Questions 1~25

Choose the best answer for the blank.

1. A: Were you able to get the new sofa right away?
   B: No, we had to wait. They didn't have any in stock at the time, but they had several on _____ order.
   (a) side
   (b) front
   (c) back
   (d) layaway

2. A: What exactly is the panel looking for?
   B: The panel is going to _____ you on your talent, not just your appearance alone.
   (a) look
   (b) judge
   (c) decide
   (d) choose

3. A: What did you think of Jimmy?
   B: He's a very nice person with a high self- _____.
   (a) established
   (b) made
   (c) esteem
   (d) raising

4. A: Where did you buy that dress?
   B: At the department store. It was on _____ for 50% off.
   (a) brand
   (b) sale
   (c) price
   (d) discount

5. A: How is the baby?
   B: After the checkup, the doctor _____ us that the baby is healthy and fine.
   (a) reassembled
   (b) reassured
   (c) recline
   (d) re-established

6. A: Where can I get these _____ done to my clothes?
   B: There is a tailor down on the lower level of this department store.
   (a) alterations
   (b) fixations
   (c) altercations
   (d) solutions

7. A: What happened to Major Robert James?
   B: After he was found guilty of the crime, they gave him a dishonorable _____.
   (a) pension
   (b) discharge
   (c) charge
   (d) release

8. A: I'm impressed! It's Steve's first time to play golf, and he's really good!
   B: He seems to have a(n) _____ for the game.
   (a) inability
   (b) queue
   (c) knack
   (d) knock

9. A: I think the ideas and plans they have for the new buildings are great!
   B: I do, too. They just need to _____ them.
   (a) imperative
   (b) implement
   (c) impossible
   (d) impressive

10. A: How often does it rain here?
    B: For this area of the United States, rain isn't too _____.
    (a) common
    (b) sparse
    (c) sometimes
    (d) few

11. A: So, did your parents kill you for failing chemistry?
    B: I studied like crazy and passed the final. It was a _____ escape.
    (a) slim
    (b) tight
    (c) narrow
    (d) thin

12. A: How much is it going to be to fix the heater?
    B: A _____ guess would be around $300.
    (a) rough
    (b) near
    (c) close
    (d) general

13. A: You shouldn't drive if you're sleepy.
    B: It's OK. I'm _____ awake now. I had coffee at the resting place.
    (a) awfully
    (b) wide
    (c) wholly
    (d) almost

14. A: You erased the entire file! I worked for weeks on that.
    B: I'm very sorry. I didn't do it on _____.
    (a) accident
    (b) chance
    (c) purpose
    (d) plan

15. A: How did you pay the hotel bill?
    B: I paid it _____ cash.
    (a) for
    (b) through
    (c) in
    (d) from

16. A: How did you like studying in London?
    B: It was so nice to be _____ my own, but I was lonely sometimes.
    (a) to
    (b) by
    (c) for
    (d) on

17. A: What will you say if Malcom asks to marry you?
    B: I don't know the answer _____ that question.
    (a) about
    (b) of
    (c) with
    (d) to

18. A: What time does the train for Wisconsin depart?
    B: The train leaves _____ the hour.
    (a) after
    (b) at
    (c) on
    (d) in

19. A: Does this instruction manual have any information _____ how to enlarge pictures?
    B: Yes, that is covered in chapter 5.
    (a) for
    (b) with
    (c) at
    (d) on

20. A: Hey, why the _____ face?
    B: Nobody remembered my birthday today.
    (a) short
    (b) long
    (c) shallow
    (d) narrow

21. A: In fact, Sally and I are from the same hometown.
    B: Really? What a _____ world!
    (a) little
    (b) small
    (c) close
    (d) wonderful

22. A: I'm sorry. I didn't catch that. Would you mind repeating the last sentence?
    B: I was _____ that young people nowadays don't pay very close attention to anyone.
    (a) telling
    (b) talking
    (c) speaking
    (d) saying

23. A: Andy always seemed like a nice boy. Why do you suspect he smokes?
    B: His school bag was open, and I noticed a _____ of cigarettes inside.
    (a) packet
    (b) packing
    (c) package
    (d) packer

24. A: Marisol has dyed her hair again. It's pure black this time.
    B: Yes. I know. I ran into her on the street, and I hardly _____ her.
    (a) realized
    (b) recognized
    (c) remembered
    (d) knew

25. A: I called to remind you that you have _____ in your insurance payment.
    B: Oh, sorry. I'll transfer the money right away.
    (a) been overdue
    (b) been undue
    (c) fallen behind
    (d) fallen back on

Part II Questions 26~50

Choose the best answer for the blank.

26. He has not paid enough attention to his family, _____ in his career.
    (a) ended up
    (b) gave up
    (c) wrapped up
    (d) brought up

27. If the terms stated herein are _____ to you, please sign this letter and email back to me as soon as possible.
    (a) aggravating
    (b) agreed
    (c) aggressive
    (d) agreeable

28. My parents are too _____ to go to the gala ball.
    (a) high-flier
    (b) close call
    (c) down-to-earth
    (d) to the point

29. New cars are cheaper than used cars in the long _____ because of greater fuel efficiency.
    (a) time
    (b) run
    (c) way
    (d) trip

30. When a _____ employee heard a rumor that the company was in danger of bankruptcy, he was not sure if he should take the job.
    (a) terminal
    (b) transitory
    (c) prodigious
    (d) prospective

31. He _____ his tie and took a deep breath trying to relax.
    (a) tightened
    (b) eased
    (c) loosened
    (d) comforted

32. Later he _____ his attention to the desperate state of housing in the province.
    (a) turned
    (b) threw
    (c) poured
    (d) obeyed

33. The album _____ performances by Henry Gray and other famous musicians.
    (a) features
    (b) shows
    (c) carries
    (d) holds

34. The company has to make its accounts and operations as _____ as possible to improve its image in the international market.
    (a) opaque
    (b) transparent
    (c) dubious
    (d) obvious

35. With this password, anyone is able to gain _____ to classified information.
    (a) access
    (b) excess
    (c) hold
    (d) reach

36. The agreement between the countries has _____ hopes that the war may end soon.
    (a) found
    (b) risen
    (c) answered
    (d) raised

37. Developing weapons of mass destruction _____ me as being a great waste of energy and time.
    (a) hits
    (b) slaps
    (c) strikes
    (d) slams

38. I am confident that the man is not innocent and that he deserves _____.
    (a) employment
    (b) punishment
    (c) requirement
    (d) qualification

39. Many _____ animals also have teeth that help them eat both plants and animals.
    (a) omnipotent
    (b) omnivorous
    (c) omnipresent
    (d) omnibus

40. People in different cultures tend to _____ distinctive behaviors in the same social situation.
    (a) reveal
    (b) see
    (c) arrange
    (d) exhibit

41. When you move, you should notify the post office of your _____ address.
    (a) remote
    (b) previous
    (c) rewarding
    (d) forwarding

42. Yoga poses range from the seemingly easy to those that are more obviously difficult and take years of practice to _____.
    (a) oversee
    (b) dominate
    (c) master
    (d) command

43. His _____ habits alienated many of his countrymen.
    (a) pleasant
    (b) typical
    (c) eccentric
    (d) friendly

44. He is a _____ Christian, far different from the so-called "Sunday Christians."
    (a) deviant
    (b) devout
    (c) devour
    (d) dismal

45. Most people feel _____ when they are dumped by their girlfriends or boyfriends.
    (a) detached
    (b) indigent
    (c) despondent
    (d) destitute

46. If you decided to strike while the iron is hot, you should not _____ what you have to do today.
    (a) deluge
    (b) defer
    (c) devoid
    (d) digress

47. Anyone caught driving under the influence of alcohol twice within a period of less than one year will have his or her license _____.
    (a) revoked
    (b) revamped
    (c) revealed
    (d) rebuked

48. The _____ involved in the merger of the software companies will make millions of dollars from the deal.
    (a) principles
    (b) priorities
    (c) principals
    (d) patrons

49. The British company, Charles has been producing MontBlanc writing instruments and other high quality _____ products since 1925.
    (a) stationary
    (b) stationery
    (c) statistical
    (d) statuary

50. Unsuspecting foreign tourists are often _____ in by dishonest taxi drivers and shop owners.
    (a) carried
    (b) given
    (c) brought
    (d) taken

This is the end of the Vocabulary section. Do NOT move on to the Reading Comprehension section until instructed to do so. You are NOT allowed to turn to any other section of the test.

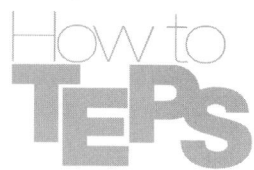

★
Actual Test 9

TEPS

VOCABULARY

DIRECTIONS

This part of the exam tests your vocabulary skills. You will have 15 minutes to complete the 50 questions. Be sure to follow the directions given by the proctor.

Part I Questions 1~25

Choose the best answer for the blank.

1. A: What's happening to the United States work force?
   B: Many companies are losing money because much of their cheap labor is being _____ back to other countries.
   (a) detained
   (b) deported
   (c) departed
   (d) despaired

2. A: When did you see Beck last?
   B: _____ I ran into him at the coffee shop.
   (a) Sentimentally
   (b) Sensitively
   (c) Incidentally
   (d) Instantly

3. A: What did you do with all the fruit in the basket?
   B: I ate most of it, and the _____ I threw away because it was bad.
   (a) rest
   (b) most
   (c) supplement
   (d) pulse

4. A: How did you get that scratch on your car?
   B: My wife was parking it, and she _____ it along the wall.
   (a) smashed
   (b) crashed
   (c) scraped
   (d) bashed

5. A: How was your public defendant?
   B: He did such a great job. His argument was very _____ during the cross examination.
   (a) tenable
   (b) serene
   (c) audible
   (d) bigoted

6. A: Please _____ to whatever you want.
   B: Thanks, but all I would like is a glass of water.
   (a) show yourself
   (b) help yourself
   (c) tell yourself
   (d) make yourself

7. A: What are we going to _____ for this time?
   B: If my team wins, you buy me dinner.
   (a) take
   (b) get
   (c) play
   (d) bet

8. A: If you think it's okay for a man to smoke and isn't okay for a woman, isn't it a bit _____?
   B: I see your point. On second thought, I guess it's not a good idea for either men or women to smoke.
   (a) pedantic
   (b) chauvinistic
   (c) radical
   (d) stubborn

9. A: What is the favorite gift you have ever received in your life?
   B: The thing I _____ the most is the watch my grandfather gave me.
   (a) worship
   (b) esteem
   (c) treasure
   (d) gain

10. A: Are you _____?
    B: I can't leave yet. I have to still take a shower.
    (a) going to make it
    (b) ready to go
    (c) going to fly
    (d) making a bed

11. A: If our company keeps _____, I'm going to lose my job.
    B: Yeah. My department has already begun layoffs.
    (a) expediting
    (b) optimizing
    (c) downsizing
    (d) deducing

12. A: My check to the gas station _____. I was fined $20.00!
    B: Did you forget to put money in your account?
    (a) rebounded
    (b) deposited
    (c) endorsed
    (d) bounced

13. A: Could you lend me some money?
    B: I'd like to, but I'm a little bit _____ myself recently.
    (a) poor
    (b) short
    (c) low
    (d) tight

14. A: Is there any cake left over from Jane's wedding?
    B: If there was, it would surely be _____ by now.
    (a) raw
    (b) rusty
    (c) stale
    (d) edible

15. A: The Democratic _____ will be held in New Jersey this October.
    B: Oh, no. That means all the hotels will be full.
    (a) compartment
    (b) conversion
    (c) convention
    (d) collusion

16. A: I love to go for a walk right after a big rain.
    B: So do I. It's so pleasant when the air is still _____, but you won't get soaked.
    (a) drizzling
    (b) dusky
    (c) drowsy
    (d) damp

17. A: Did you see the pictures of the damage done by that earthquake?
    B: What a(n) _____! The whole town was devastated.
    (a) distortion
    (b) apprehension
    (c) catastrophe
    (d) mischief

18. A: Come on, let's cross the street here!
    B: No, let's wait at the light. I don't want to get caught _____ again.
    (a) trespassing
    (b) zigzagging
    (c) zapping
    (d) jaywalking

19. A: Have you seen the movie *Titanic*?
    B: It was so sad, especially the scene where it _____.
    (a) floats
    (b) dwindles
    (c) capsizes
    (d) spills

20. A: Now that you're divorced, how often do you see your kids?
    B: Every day. The judge gave me full _____.
    (a) supremacy
    (b) custody
    (c) sovereignty
    (d) captivity

21. A: Look, everything in this box is broken!
    B: You should have warned someone that it was _____.
    (a) exquisite
    (b) fragile
    (c) robust
    (d) crisp

22. A: Experts say that we're going to _____ all of the world's fossil fuel in the near future.
    B: Yeah, that's why people are trying to find alternative energy sources now.
    (a) exhaust
    (b) expel
    (c) eject
    (d) delete

23. A: Do you think the U.S. economy is recovering?
    B: No, I think we're not out of the _____ yet.
    (a) forest
    (b) well
    (c) woods
    (d) hole

24. A: I'm so sorry I forgot our anniversary.
    B: It's OK, but I wish you would have _____.
    (a) recorded
    (b) cancelled
    (c) forgotten
    (d) remembered

25. A: What can I do for you, Mrs. Joan?
    B: I just found out I'm pregnant. Can I get some information about _____ leave?
    (a) maternity
    (b) marriage
    (c) pregnancy
    (d) separation

Part II Questions 26~50
Choose the best answer for the blank.

26. Last week's tsunami _____ southern Asia affecting fisheries in many countries.
    (a) detente
    (b) deteriorated
    (c) devastated
    (d) deterred

27. Clinton first seemed to embrace the idea, but then _____ it.
    (a) backed up
    (b) backed out
    (c) backed away from
    (d) backed in

28. The allies are at _____ with one another over which strategy to try first.
    (a) odds
    (b) least
    (c) ends
    (d) favor

29. Around these peaks _____ by daily sunshine, grass and shrubbery flourish in spectacular abundance.
    (a) invigorated
    (b) inebriated
    (c) inveigled
    (d) invoiced

30. Copies of all receipt and warranties are needed when _____ a complaint with the Consumer Protection Agency.
    (a) saying
    (b) nagging
    (c) bothering
    (d) filing

31. Online privacy has been _____ debated as the Internet becomes increasingly commercialized and abuses have got rampant.
    (a) richly
    (b) firmly
    (c) hotly
    (d) deeply

32. She felt overjoyed because her restaurant _____ a large profit last year.
    (a) extended
    (b) yielded
    (c) hatched
    (d) promoted

33. _____ us to five friends and earn a discount coupon.
    (a) Refer
    (b) Sustain
    (c) Relieve
    (d) Enroll

34. This research lab has many _____ to help develop simulation models and conduct scientific experiments.
    (a) outfits
    (b) crafts
    (c) missions
    (d) apparatuses

35. It is still controversial if the new malaria vaccine protects infants against _____.
    (a) injection
    (b) sanitation
    (c) infection
    (d) impact

36. When two moving things strike each other, they are said to _____.
    (a) collide
    (b) evade
    (c) avoid
    (d) avert

37. This incident _____ off violence against the Arabs in the local area.
    (a) kicked
    (b) set
    (c) caused
    (d) brought

38. She warned the workers against supporting these anti-social politics which she declared would _____ rather than alleviate the plight of the common people.
    (a) destroy
    (b) aggravate
    (c) inhibit
    (d) impair

39. The Millennium Development Goals _____ to reduce poverty, disease and illiteracy in developing nations.
    (a) aim
    (b) get
    (c) target
    (d) claim

40. Appalling _____ conditions in the barracks led to widespread disease.
    (a) sanitary
    (b) nutritious
    (c) compounded
    (d) crippled

41. A very active cold _____ brought dramatic weather changes to Kansas on Wednesday.
    (a) area
    (b) center
    (c) front
    (d) line

42. Many believe that sustainable development will be able to be achieved only if population growth is held in _____.
    (a) position
    (b) location
    (c) together
    (d) check

43. If your goal is to become a successful engineer, you need an aptitude for both math and science, and must _____ the effort to get an engineering degree.
    (a) export
    (b) expend
    (c) expound
    (d) expand

44. Since the king was diagnosed with cancer, his younger brother has been the _____ leader of the nation.
    (a) effective
    (b) efficient
    (c) effectual
    (d) effluent

45. This deeply _____ attitude toward elders is a hallmark of traditional Korean society.
 (a) respective
 (b) respectively
 (c) respectable
 (d) respectful

46. Cats have very good night vision because the pupils _____ to allow in more light.
 (a) dilate
 (b) dilute
 (c) dilapidate
 (d) demolish

47. Economic conditions are expected to _____ when the government increases the income tax by 20 percent on average.
 (a) deteriorate
 (b) deter
 (c) detest
 (d) detain

48. Habitat for Humanity International is _____ to housing and shelter for homeless people around the world.
 (a) prepared
 (b) committed
 (c) accountable
 (d) agreeable

49. With the skyrocketing cost of tuition, a growing number of students are _____ their way through college.
 (a) borrowing
 (b) hesitating
 (c) working
 (d) managing

50. Researchers believe that children _____ languages best when they are young.
 (a) test
 (b) acquire
 (c) grow
 (d) direct

This is the end of the Vocabulary section. Do NOT move on to the Reading Comprehension section until instructed to do so. You are NOT allowed to turn to any other section of the test.

★
actual test 10

Vocabulary

Directions

This part of the exam tests your vocabulary skills. You will have 15 minutes to complete the 50 questions. Be sure to follow the directions given by the proctor.

Part I Questions 1~25

Choose the best answer for the blank.

1. A: Why doesn't he have many friends?
   B: His problem is he's not good at _____ with others.
   (a) socializing
   (b) trading
   (c) mating
   (d) spending

2. A: Have you met my college buddy?
   B: Yeah, I have. Our _____ first crossed when we were at the library.
   (a) sight
   (b) sidewalk
   (c) trails
   (d) paths

3. A: What's wrong?
   B: I'm in the _____ with my wife because I stayed out too late last night.
   (a) shack
   (b) doghouse
   (c) fire
   (d) mask

4. A: Why can't they reach an agreement?
   B: Because both sides won't meet each other _____.
   (a) halfway
   (b) face to face
   (c) in the face
   (d) in the middle

5. A: When can you help me with these questions?
   B: My schedule is _____. I can help you any time.
   (a) arranged
   (b) set
   (c) dated
   (d) flexible

6. A: Where do you like shopping for food?
   B: I love shopping at the Quickie Mart because they _____ their products.
   (a) grant
   (b) guarantee
   (c) gratify
   (d) grade

7. A: Who's responsible for managing this store?
   B: I am. I'm _____ for all that happens here.
   (a) accountable
   (b) manager
   (c) developed
   (d) taken

8. A: Why are you so upset?
   B: My boss just _____ me out for something I didn't do.
   (a) promoted
   (b) chewed
   (c) told
   (d) extracted

9. A: What's wrong? Don't you like my jokes?
   B: I do. But sometimes there is a point where I have to _____ the line.
   (a) make
   (b) straighten
   (c) thicken
   (d) draw

10. A: How many games did the Yankees win?
    B: They extended their _____ to 37 games.
    (a) winning streak
    (b) winning series
    (c) losing streak
    (d) ending streak

11. A: May I ask one more question? When do the job interviews start?
    B: All the _____ for this position should show up at 9 tomorrow morning with their Curriculum Vitae.
    (a) appliances
    (b) applicants
    (c) applications
    (d) applicators

12. A: I regret having missed Professor Kim's special lecture.
    B: You shouldn't. It was _____ and he didn't say anything new.
    (a) pedestrian
    (b) impromptu
    (c) improvident
    (d) poignant

13. A: Can you _____ me my umbrella?
    B: How about doing it yourself?
    (a) take
    (b) restore
    (c) fetch
    (d) entrust

14. A: Why didn't you say _____ before the meal?
    B: I was so preoccupied with something that I entirely forgot about it.
    (a) hello
    (b) grace
    (c) congratulations
    (d) mercy

15. A: Excellent job! I'm so impressed.
    B: Thanks for your _____.
    (a) reply
    (b) compliment
    (c) measurement
    (d) evaluation

16. A: Can I buy two _____ of *Vogue* magazine?
    B: I'm sorry, but it's out of stock.
    (a) books
    (b) publications
    (c) reprints
    (d) issues

17. A: I don't mean to be rude, but are you gaining weight?
    B: In fact, I'm _____. I'll be a mom in three months.
    (a) marrying
    (b) losing
    (c) expecting
    (d) fattening

18. A: Today, Internet connection is _____ to most companies, schools, banks, etc.
    B: That's quite true. We can't do anything without it nowadays.
    (a) indispensable
    (b) inescapable
    (c) inadvertent
    (d) uncontrollable

19. A: Let's take _____ cooking.
    B: OK, you do it this week, and I'll do it next week.
    (a) steps
    (b) turns
    (c) order
    (d) choice

20. A: Can I use a garbage _____ for food waste in this town?
    B: No, it's not permitted for environmental reasons.
    (a) collector
    (b) mixer
    (c) blender
    (d) disposal

21. A: Who is the _____ in the household?
    B: I am. I need to earn money to support my family.
    (a) landlady
    (b) breadwinner
    (c) housekeeper
    (d) homemaker

22. A: I'm _____ to talk about others' personal lives.
    B: That's probably a good idea. I think we need to respect people's privacy.
    (a) obliged
    (b) reluctant
    (c) itching
    (d) indifferent

23. A: Should we take my car to the meeting?
    B: I think we're better off _____ by bus.
    (a) taking
    (b) getting
    (c) going
    (d) driving

24. A: What happened to Harry? He looks _____.
    B: He got a long-awaited promotion.
    (a) down
    (b) up
    (c) excited
    (d) desperate

25. A: I've lost my job. What am I going to do?
    B: Don't worry. The harder you fall, the higher you _____.
    (a) bounce
    (b) jump
    (c) leap
    (d) run

Part II Questions 26~50

Choose the best answer for the blank.

26. Development _____ upon investment and aggressive policies rather than dependence on foreign aid.
    (a) nails
    (b) hinges
    (c) focuses
    (d) knobs

27. He played the violin, and he _____ from all the other musicians.
    (a) stood out
    (b) stood up
    (c) stood up for
    (d) stood for

28. The incompetent king did not have a _____ in making big decisions.
    (a) spot
    (b) talk
    (c) time
    (d) say

29. The newly arrived refugees faced many difficulties as they struggled to survive, living from _____ to mouth.
    (a) hand
    (b) pocket
    (c) mouth
    (d) foot

30. Our company is _____ of capital at the moment and it is time to aggressively attract foreign investment.
    (a) away
    (b) back
    (c) less
    (d) short

31. The activists _____ a demonstration in front of the embassy to protect against unfair trade practices.
    (a) performed
    (b) did
    (c) staged
    (d) made

32. While I would agree that Bach is the most _____ composer, there were other composers among his contemporaries who also cranked out vast quantities of music.
    (a) prolific
    (b) precarious
    (c) gluttonous
    (d) poignant

33. *The Times* has filed an innovative antitrust suit against junk e-mailers that has a _____ chance of succeeding.
    (a) little
    (b) slim
    (c) thin
    (d) few

34. Usually coins are _____ in a mint.
    (a) manufactured
    (b) designed
    (c) processed
    (d) authorized

35. The strategy must _____ the problems of juveniles in order to be effective in reducing inner city crime.
    (a) address
    (b) harass
    (c) impress
    (d) express

36. His employers could not complain about his work because he was _____ in the performance of his duties.
    (a) derelict
    (b) penetrating
    (c) assiduous
    (d) mandatory

37. The opposition party expressed concern over the unfair and biased manner of the police _____ into the case of bribery.
    (a) survey
    (b) inquiry
    (c) infringement
    (d) criticism

38. The assassination of J.F. Kennedy is a _____ in American history.
    (a) landslide
    (b) landmark
    (c) trifle
    (d) triviality

39. While using the vehicle, the renter must pay for insurance and assume _____ for any damage that may occur.
    (a) liability
    (b) vindication
    (c) impediment
    (d) corrodibility

40. People _____ having such facilities as nuclear power plants or dumping grounds near residential areas.
    (a) shun
    (b) trust
    (c) herald
    (d) protect

41. More than 100 mayors from across the United States _____ in Seattle to discuss how cities can play a role in fighting global warming.
    (a) brought together
    (b) convened
    (c) put together
    (d) conversed

42. In need of labor, Australia welcomes _____ from all over the world.
    (a) reformers
    (b) fugitives
    (c) candidates
    (d) immigrants

43. The rescue plan was _____ by the chaotic leadership of the military.
    (a) hindered
    (b) prohibited
    (c) prevented
    (d) avoided

44. You can make this chair more comfortable by _____ the armrest, backrest, height and tilt of the seat.
    (a) maneuvering
    (b) arranging
    (c) adjusting
    (d) folding

45. Due to its high population _____, the region emerged as a very promising market for their new products.
    (a) depth
    (b) density
    (c) size
    (d) width

46. The president argued against the scientific _____ on which the alternative fuel theory is based.
    (a) resolution
    (b) proposal
    (c) confidence
    (d) assumption

47. Due to the car accident in the main street yesterday, 2 people _____ their lives.
    (a) fail
    (b) lost
    (c) died
    (d) took

48. Companies are strengthening their screening process in recruiting new employees in order to _____ unqualified applicants.
    (a) keep off
    (b) weed out
    (c) root out
    (d) strain

49. The audit and _____ session will be followed by addresses by representatives of the three major parties.
    (a) investigation
    (b) inspection
    (c) probe
    (d) inquiry

50. Some firms do not grant the paid leave as prescribed in their contract, a(n) _____ that is illegal in many western countries.
    (a) agenda
    (b) principle
    (c) practice
    (d) proposal

This is the end of the Vocabulary section. Do NOT move on to the Reading Comprehension section until instructed to do so. You are NOT allowed to turn to any other section of the test.

TEPS

Test of English Proficiency
developed by
Seoul National University

TEPS Test of English Proficiency Seoul National University

어휘 Vocabulary

Memo

Memo

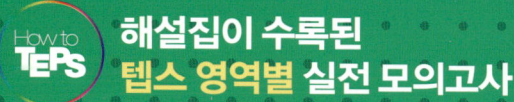

해설집이 수록된
텝스 영역별 실전 모의고사

텝스 어휘 기출분석 실전 10회

텝스 고득점을 보장하는 영역별 모의고사

- ✓ 텝스 영역별 최다 실전 문제 수록
- ✓ 텝스 어휘 50문제×10회분
- ✓ 서울대 최신기출 유형 분석을 통한 문제 구성

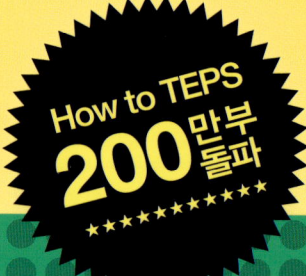

How to TEPS
200만부 돌파

학습 효과를 2배 올려 주는
특별 부가자료
www.nexusbook.com

TEPS 빈출 관용 표현

단어장

어휘 테스트

독해 · 청해 · 문법

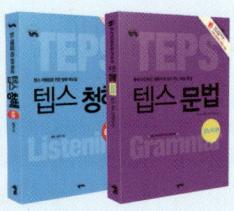

서울대 텝스 관리위원회 최신기출 Listening | 서울대학교 TEPS관리위원회 문제 제공 · 넥서스 TEPS연구소 해설 | 320쪽 | 19,800원
서울대 텝스 관리위원회 최신기출 Reading | 서울대학교 TEPS관리위원회 문제 제공 · 넥서스 TEPS연구소 해설 | 568쪽 | 24,800원
서울대 텝스 관리위원회 최신기출 스피킹·라이팅 | 서울대학교 TEPS관리위원회 문제 제공 · 유경하 해설 | 340쪽 | 28,000원
서울대 텝스 관리위원회 최신기출 i-TEPS | 서울대학교 TEPS관리위원회 문제 제공 · 넥서스 TEPS연구소 해설 | 296쪽 | 19,800원

How to 텝스 독해 기본편 | 양준희 · 넥서스 TEPS연구소 지음 | 312쪽 | 17,500원
How to 텝스 독해 중급편 | 장우리 지음 | 360쪽 | 17,500원
How to 텝스 독해 고난도편 | 넥서스 TEPS연구소 지음 | 324쪽 | 17,500원
How to 텝스 청해 중급편 | 양준희 지음 | 276쪽 | 18,500원
How to 텝스 문법 고난도편 | 테스 김 · 넥서스 TEPS연구소 지음 | 160쪽 | 12,500원

어휘

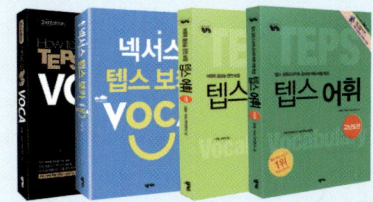

텝스 기출모의 1200 | 넥서스 TEPS연구소 지음 | 456쪽 | 18,500원
How to TEPS 실전력 500 · 600 · 700 · 800 · 900 | 넥서스 TEPS연구소 지음 | 308쪽 | 실전력 500~800: 16,500원, 실전력 900: 18,000원
서울대 텝스 관리위원회 텝스 실전 연습 5회+1회 | 서울대학교 TEPS관리위원회 문제 제공 | 200쪽 | 9,800원
텝스 기출모의 5회분 | 넥서스 TEPS연구소 지음 | 364쪽 | 14,500원

서울대 최신기출 TEPS VOCA | 넥서스 TEPS연구소 · 문덕 지음 | 544쪽 | 15,000원
How to TEPS VOCA | 김무룡 · 넥서스 TEPS연구소 지음 | 320쪽 | 12,800원
How to TEPS 넥서스 텝스 보카 | 이기헌 지음 | 536쪽 | 15,000원
How to 텝스 어휘 기본편 | 고명희 · 넥서스 TEPS연구소 지음 | 304쪽 | 15,500원
How to 텝스 어휘 고난도편 | 김무룡 · 넥서스 TEPS연구소 지음 | 296쪽 | 17,000원

고급 (800점 이상)

How to TEPS 시크릿 청해편 · 독해편 | 유니스 정(청해), 정성수(독해) 지음 | 청해: 22,500원, 독해: 14,500원
텝스, 어려운 파트만 콕콕 찍어 점수 따기(청해 PART 4 · 문법 PART 3,4) | 이성희 · 전종삼 지음 | 176쪽 | 13,000원

How to TEPS 실전 800 어휘편 · 청해편 · 문법편 · 독해편 | 넥서스 TEPS연구소(어휘, 청해, 독해), 테스 김(문법) 지음 | 어휘: 12,800원, 청해: 19,000원, 문법: 16,000원, 독해: 19,000원
How to TEPS 실전 900 청해편 · 문법편 · 독해편 | 김철용(청해), 이용재(문법), 김철용(독해) 지음 | 청해: 17,000원, 문법: 16,500원, 독해: 17,500원

How to TEPS L/C | 이성희 지음 | 400쪽 | 19,800원
How to TEPS R/C | 이정은 · 넥서스 TEPS연구소 지음 | 396쪽 | 19,800원

How to TEPS Expert L | 박영주 지음 | 340쪽 | 21,000원
How to TEPS Expert GVR | 박영주 지음 | 520쪽 | 28,000원
How to TEPS Expert 고난도 실전 모의고사 | 넥서스 TEPS연구소 지음 | 388쪽 | 21,500원